제4판

사회복지조사론

박창제 · 김준환 · 모아라 · 김종희

창지사

사회복지조사방법론은 사회복지학문을 연구하는 데 필요한 과학적인 연구방법을 안내할 뿐만 아니라 사회복지실천현장에서 시급히 요구되는 지식과 정보를 습득하고 활용할 수 있는 방법을 제시한다. 사회복지조사방법론을 공부하는 1차적인 목적은 사회복지분야에 대한 경험적 연구를 수행할 수 있는 능력을 습득하는 것이다.

이러한 맥락에서 본서에서는 사회복지학도들이 경험적 연구의 수행능력과 경험적 연구문헌의 분석능력을 갖출 수 있도록 도움을 주고, 사회복지조사방법론의 일반적인 설계원리와 분석기법을 충실히 소개하고자 하였다. 내용의 범위는 한 학기 동안 가르치고 학습할 수 있는 정도를 넘어서지 않도록 노력하였다.

개정판이 출판된 이후에도 저자들이 교재로 사용하면서 수정·보완의 필요성을 느꼈던 내용이 있었다. 이번엔 내용의 수정·보완에 더하여 한 학기 강의 교재로써 용이하게 사용할 수 있도록 목차도 약간의 변화를 시도했다.

개정된 본서는 크게 5부로 구성하였다. 제1부 「사회복지조사의 이해」에서는 1장 과학과 사회복지, 2장 사회복지조사의 형태와 과정으로 구성되었다. 제2부 「조사연구의 설계」에서는 3장 연구문제와 가설설정, 4장 인과관계의 확인과 조사설계의 타당성, 5장 연구설계의 유형으로 구성되었다. 제3부 「측정과 척도」에서는 6장 측정의 수준과 척도, 7장 측정의 타당도와 신뢰도로 구성되었다. 제4부 「표본조사와 자료수집」에서는 8장 표본조사, 9장 서베이 자료수집, 10장 질적연구, 11장 관찰, 내용분석, 12장 욕구사정과 프로그램 평가로 구성되었다. 제5부 「자료분석과 보고서 작성」에서는 13장 기초통계, 14장 연구보고서의 작성으로 재

구성하였다.

각 장의 집필자를 소개하자면 박창제 교수는 1장, 2장, 3장, 12장, 김준환 교수는 4장, 5장, 6장, 7장을 집필하였다. 모아라 교수는 10장, 11장, 김종희 교수는 8장, 9장, 13장, 14장을 집필하였다.

이번 개정판에서 여러 가지 보완과 수정을 통해 책의 완성도를 높이려고 했으나 여전히 미흡한 점이 많이 발견된다. 앞으로도 부족하고 미진한 부분은 다음 기회에 보완하여 더욱 진전된 성과를 내기로 다짐한다.

개정 작업에 도움을 주신 많은 분들에게 감사드린다. 개정판의 수준이 나아졌다면 이 분들의 공헌에 기인한다. 마지막으로, 이 책의 원고를 헌신적으로 다듬어 준 편집부에 깊은 사의를 표한다. 이 책을 저술하고 개정하는 데 각별한 관심과 지지를 보내주셨던 창지사 김기섭 사장님과 이상대 전무님께도 감사를 드린다.

2023년 3월

저자 일동

차 례

PART 04 표본조사와 자료수집

ESEARCH METHODS IN SOCIAL WELFARE

PART 01

사회복지조사의 이해

01 CHAPTER

과학과 사회복지

01 과학의 정의

1) 과학의 개념

과학(science)은 '알다'라는 의미를 지닌 라틴어 'Scire'에서 연유한다. 즉, 과학은 우리를 둘러싸고 있는 여러 현상들에 대한 지식을 습득하고 그 지식을 탐구하는 방법을 의미한다고 할 수 있다. 따라서 모든 자연 현상, 사회 현상은 과학적 탐구의 대상이 될 수 있다. 오늘날 과학은 특정한 지식획득의 과정 및 절차를 의미하며, 그러한 지식과정을 거쳐서 산출된 지식을 과학적 지식으로 간주한다. 그러므로 과학적 방법에 있어서는 과정 또는 절차의 중요성이 강조된다.

2) 과학적 지식의 특징

과학적 지식의 특징을 정리하면 다음과 같다(김기원, 2007: 19–23; 한승준, 2007: 20–24).

① 체계적이고 논리적이다

과학적 지식은 경험적 자료를 체계적으로 분류하고 정리한 지식이다. 과학적 지식은 근본적으로 합리적 사고활동에서 나온 지식으로써 논리적이어야 한다. 논리적이라는 것은 상반된 사항을 동시에 갖출 수 없다. 예를 들어, 공부를 하지 않으면 공부를 잘한다고 하는 것은 논리적이지 못한 말이다.

② 실증적·경험적이다

과학적 지식은 경험적 관찰에 근거한다. 경험적으로 자료를 수집하여 얻은 지식이 아니면 과학적 지식으로 보기 힘들다. 경험성이란 연구대상이 궁극적으로 인간의 감각기관에 의해 지각될 수 있음을 의미한다. “소는 풀을 먹고 사는 초식동물이다” 혹은 “여성은 남성에 비하여 평균적으로 수명이 길다” 등은 경험적으로 관찰할 수 있는 명제이다. 그러나 “조상 묘를 잘 써야 후손이 잘 산다” 또는 “사람의 인생은 사주팔자에 달려 있다” 등의 명제는 경험적 관찰에 의한 것이 아니기 때문에 과학적 지식이라 하기 힘들다.

③ 비규범적이다

과학적 지식은 현재의 어떤 현상이 왜 일어나는가에만 주된 관심이 있다. 과학적 지식은 바람직한가, 정당한가 하는 규범적 문제는 상관하지 않는다.

④ 객관성을 가져야 한다

객관성이란 건전한 감각기관을 가진 여러 사람이 이 같은 대상을 인식하여 얻은 인상의 일치를 말한다. 즉, 누구에게나 동일하게 인식되는 사건이나 현상은 객관성이 있다고 말할 수 있다. 과학적 지식은 모든 정상인에 대하여 객관적으로 인식되는 것이어야 한다.

⑤ 재생 가능해야 한다

만일 연구대상이나 현상에 대한 조사설계 및 자료수집과정을 포함한 연구과정이 객관적이라면, 서로 다른 연구자가 각기 독립적으로 조사한다 하더라도 동일한 결과를 얻을 수 있다는 것이다. 즉, 과학적 연구는 비록 연구자들이 주관을 달리하더라도 동일한 연구과정을 통해 동일한 결론을 얻을 수 있어야 한다.

⑥ 수정 가능하다

과학적 지식의 속성상 미래에 다른 연구가 현재 우리가 알고 있는 지식을 바꾸어 놓을 가능성이 있다. 궁극적으로 영원불변의 진리를 찾는 것은 불가능할 것이다. 과학적 지식도 주어진 제약하에서 이루어지는 지식이다. 더 나은 연구방법과 도구가 개발되어 좀 더 나은 탐구가 이루어지면 기존의 과학적 지식을 수정하는 일이 일어난다. 따라서 과학적 지식도 잠정적인 지식이다.

3) 지식의 습득방법

지식을 습득하는 방법에는 여러 가지가 있다. 찰스와 피어스(Charles & Pierce)는 의문을 해결하고 지식을 얻는 방법을 관습에 의한 방법(method of tenacity), 권위에 의한 방법(method of authority), 직관에 의한 방법(method of intuition), 과학적 방법(scientific method)으로 분류하였고, 왈라스(Wallace, 1971) 등은 권위적 방법, 신비적 방법, 논리적-합리적 방법, 과학적 방법으로 분류하였다(남궁근, 2015). 황성동(2015)은 가치(value), 직관(intuition), 경험(experience)에 의한 직접적 방법과 권위(authority), 전통(tradition)에 의한 간접적 방법, 과학(science)에 의한 과학적 방법으로 분류하였다.

① 권위에 의한 방법

권위에 의한 방법이란 사회적·정치적으로 지식생산자의 자격을 인정받는 사람들(예를 들어, 정치인, 시민단체 종사자, 언론인 등)의 권위에 의존하여 의문을 해결하고 지식을 얻는 방법이다. 우리는 한 가지 사실에 관하여 찬성과 반대의 견해가 맞서면 종종 주어진 문제에 대해 전문적인 지식을 갖춘 사람의 판단을 신뢰한다. 권위에 의한 방법이란 지식의 원천을 권위가 있는 타인 또는 다른 조직에 의존하여 형성하는 방법으로, 주장의 설득력을 높이고자 하는 경우에 자주 쓰인다. 그러나 권위적 방법은 권위의 원천이 서로 다른 경우, 지식의 진위 여부를 판단할 수 없다. 2008년 5~6월에 미국 쇠고기의 크로이츠펠트-야콥병(Creutzfeldt-Jakob disease: 일명 인간 광우병) 인체감염 가능성과 관련하여 권위가 있어 보이는 사람들의 상반된 주장으로 한국 사회가 혼란을 겪은 바 있다.

전문가는 과학적 지식을 전달하는 역할을 담당하고 있으며, 그들의 의견은 과학적 지식에 근거를 두고 있다. 하지만 권위적 방법과 전문가에 의존하는 방법은 다르다. 권위적 방법은 공인된 권위자가 선언한 것을 무조건 받아들이는 것이다. 그러나 전문가에게 의존할 때 전문가의 판단을 무조건 수용하여야 하는 것은 아니다. 전문가의 의견을 수용할 것인가 또는 거부할 것인가를 지식추구자가 자유롭게 결정할 수 있다면, 이는 권위에 의한 방법과는 구분되어야 한다(남궁근, 2010).

② 관습 또는 전통에 의한 방법

이는 전통적으로 내려오는 어떤 관습이나 규범 또는 전통에 의해 지식을 형성하는 방법이다. 관습에 의한 방법은 이미 사람들이 전통에 의해 진리라 믿는 것으로 그대로 수용하는 방법이다. "산모가 출산 후 찬 음식을 먹으면 치아가 크게 손상된다" 또는 "첫째 자녀가 딸이면 가정에 복이 든다" 등은 관습적 지식이라고 할 수 있다.

그러나 사회적 관습이나 전통에 의해 형성된 지식이 반드시 옳은 것은 아니며, 오류로 인하여 새로운 지식의 발전을 저해할 수도 있다.

③ 직관에 의한 방법

직관(intuition)은 수많은 방식, 즉 통찰을 통한 계시, 이유 없는 확신, 합리적인 사고를 거치지 않는 즉각적인 이해 등으로 설명된다(Grinnel and Unrau, 2005: 8). 간단히 말해 어떻게 알고 있는지에 대한 단서도 없이 어떤 것을 알고 있는 것이다. 직관이 잠재의식 수준에서 합리적 과정을 통해 튀어나왔을 수도 있다. 판단의 단서가 너무나 적고 빨라서 의식수준에서는 기록되지 못할 정도로 잊었던 사실, 친숙한 장면, 느끼지 못한 촉감 등과 혼합하여 잠재의식에서는 그것을 포착할 수 있다. 직관이 이러한 방식으로 작용을 하기도 하고 그렇지 않기도 한다. 따라서 직관을 신뢰하는 사람도 있지만 신뢰하지 않는 사람도 있다.

여하튼 직관을 경험 있는 사회복지사의 전문가적 판단(professional judgement)과 혼동해서는 안 된다. 전문가적인 판단은 합리적 결정의 바탕이 되는 경험에서 생성된 지식이 보충되는 의식적인 과정(conscious process)이다. 이성적 전문가적 판단(reasoned professional judgement)은 아무리 불확실하다 하더라도 직관적 육감보다는 클라이언트에게 더 큰 혜택을 준다(Grinnel and Unrau, 2005).

④ 과학적 방법

과학적 방법이란 과학적 지식을 습득하는 방법을 의미한다. 커링거(Kirlinger)는 과학적 방법을 "일반 현상 가운데 있을 것이라고 생각하는 가설적인 명제들을 논리적, 체계적, 경험적, 객관적으로 탐구하는 활동"이라고 정의하였다(채서일, 2002: 23). 이처럼 과학적 방법은 연구의 과정 또는 절차가 엄밀하여야 함을 강조한다(채구묵, 2007).

과학적 방법에는 관찰과정에 개인적인 편견을 배제하고 과학공동체의 구성원이 관찰결과의 진위 여부에 대하여 합의에 도달할 수 있도록 해 주는 규칙들이 존재한다(남궁근, 2010). 그러한 절차에 관한 규칙들은 과학공동체 구성원들이 논쟁과 비판을 거쳐서 합의한 것이다. 따라서 과학적 지식과 비과학적 지식의 구분은 그 결과보다는 결과에 도달하기까지의 절차와 과정에 의해 결정된다고 볼 수 있다. 그러나 우리들이 가지고 있는 지식은 반드시 과학적인 방법에 의해 산출된 것만은 아니며, 또한 과학적 방법에 의해 산출된 지식(과학적 지식)이라고 해서 완전무결한 것도 아니다.

4) 조사연구방법의 특성[1)]

지식을 습득하는 방식은 조사연구방법(Research Mothod)을 통해서 이루어진다. 우리는 이를 문제해결방법(the problem-solving method), 과학적 방법(the scientific method) 또는 조사연구과정(the research process)이라고 부른다.

조사연구방법은 비교적 새로운 발명품이다. 예를 들어, 아리스토텔레스는 여성이 남성보다 치아 수가 적다는 견해를 갖고 있었다(Grinnll and Unrau, 2005: 10). 그는 두 번이나 결혼을 하였고, 당시 여성과 남성의 치아 수가 논쟁거리였고, 아내의 입을 벌려서 치아 수를 관찰하고 셀 수 있었음에도 불구하고 그렇게 하지 않았다. 20세기에 태어난 사람이라면 관찰을 하여 품고 있는 가정을 평가하는 데 익숙하기 때문에 입을 벌려 달라고 해서 확인하였을 것이다.

사회복지전문직, 그리고 현대사회는 조사연구방법을 이용하여 지식을 개발하는 일을 선호한다. 조사연구방법으로 도출된 연구결과를 이용하여 지식을 습득하는 것은 어떤 지식을 습득하는 가장 객관적인 방법이다. [그림 1-1]에서 보는 바와 같이, 연구자가 다음과 같은 사실을 갖추고 조사연구를 하여야 한다. 즉, (1) 가치인식 (2) 회의적 호기심, (4) 다른 사람과의 공유, (4) 정직이다.

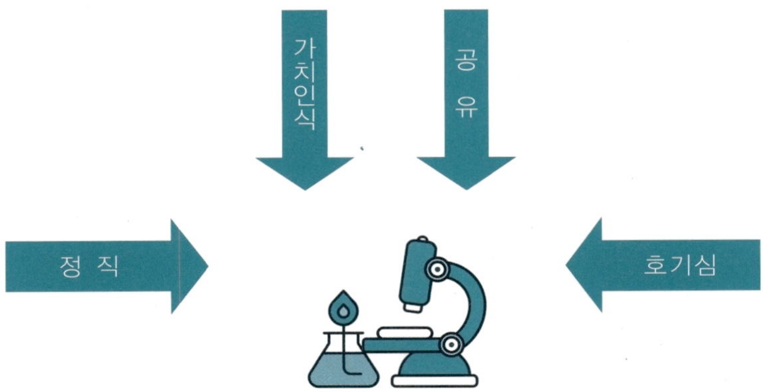

[그림 1-1] 조사연구방법의 특성

1) 이 내용은 Grinnell과 Unrau(2005: 10-12)의 저서를 주로 참고하였음.

(1) 가치인식

조사연구를 할 때 가치를 인식하여야 한다. 판사처럼 공정하여야 한다. 조사연구에서 연구자가 획득한 연구결과를 평가할 때 개인적 가치(personal value)를 반영시키지 않아야 한다.

예를 들어, 보건의료는 모든 사람이 공적인 재원으로 평등하게 이용할 수 있어야 한다는 개인적 가치체계가 작동한다면, 민영화된 보건의료체계의 유·불리에 관한 지식을 습득하기 위한 연구방법을 활용하려 할 것이다. 연구자 자신의 개인적 가치체계와 상반된다고 해도 연구에서 획득된 경험적 증거가 민영화된 보건의료가 자기의 믿음보다 더 우수하다는 것을 보여주었다면 이러한 증거를 객관적으로 평가할 수 있어야 한다.

(2) 회의적 호기심

연구자는 끊임없는 호기심을 갖고 있어야 한다. 조사연구방법을 활용하여 습득하는 지식은 결코 확실하지 않다. 과학적인 "진실"은 그것이 진실이 아니거나 부분적으로만 옳다는 새로운 증거가 나올 때까지이다. 회의적인 호기심(skeptical curiosity)은 조사연구방법으로부터 도출한 모든 연구결과에 대하여 의심을 가져야 하며, 가장 중요한 것은 반드시 의심해야 한다는 뜻이다. 가능하다면 동일한 연구결과를 다시 얻을 수 있는지 확인하기 위하여 다른 연구자들이 새로운 연구를 하여야 한다.

다른 연구자가 동일한 연구를 반복해도 동일한 결과를 얻을 수 있다면 첫 연구의 결과가 편의(bias), 부정직 또는 오류라는 영향을 받을 가능성이 경감된다.

(3) 공유

조사연구의 결과와 그 연구에 사용된 방법은 모든 사람이 활용할 수 있어야 한다. 그렇게 해야 그 연구결과를 비평할 수 있고 그러한 연구가 반복될 수 있다.

(4) 정직

정직이라는 용어는 연구자 측이 연구자의 가치와 생각이 무엇인지에 관하여 명백히 하는 의무를 수반한다. 연구자는 자기 가치체계를 확인하고 이 가치체계가 연구에 미치는 효과를 인식할 수 있도록 충분히 자각하여야 한다. 연구자는 자신의 입장을 명백히 진술할 수 있도록 아주 정직하여야 한다. 이는 다른 사람이 이 연구에서 얻은 결론을 평가할 수 있게 해 준다.

02 과학적 연구과정과 사회복지

1) 연역적 논리와 귀납적 논리

과학적 연구방법으로 가장 오래되고 널리 활용되는 기초적인 방법이 연역적 논리와 귀납적 논리이므로 이를 살펴보기로 한다.

(1) 연역적 논리

연역적 논리(deduction)는 일정한 이론적 전제에서 출발하여 가설화, 조작화, 관찰, 검증을 거치는 연구방법이다. 연역적 논리에 대해 고전적인 사례로 널리 활용되는 예는 유명한 삼단논법이다. 즉, ① 모든 사람은 죽는다. ② 소크라테스는 사람이다. 그러므로 ③ 소크라테스는 죽는다.

이 삼단논법의 전제가 된 이론을 검증하기 위해서는 소크라테스의 사망을 경험적으로 검증하면 된다. 소크라테스의 사망 여부에 대한 검증을 통해 이론을 확증하거나 반증할 수 있다.

가 설	조직화	관찰, 경험	검 증
모든 사람은 죽는다	소크라테스는 사람이다	그러므로 소크라테스는 죽는다	모든 사람은 죽는다

연역적 방법은 문제를 논리적으로 검토하는 데서 시작한다. 노인에 대한 사회적 지지가 많아지면 자아통합감이 높아진다는 관계를 논리적으로 살펴보면 다음과 같다. 사회적 지지를 많이 받으면 자아통합감이 증가하고 자아통합감이 증가한다는 것은 자신의 과거 및 현재의 인생을 바라던 대로 살았다고 받아들이는 긍정적인 태도가 증가한다는 논리를 가질 수 있다. 에릭슨(Erikson, 1978)에 따르면 자아통합감을 가진 사람은 자신의 삶을 수용하고 책임지는 자세를 지니는 반면, 절망감을 가진 사람은 자기의 일생을 후회스럽고 불만스럽게 생각하며 절망적인 태도를 갖게 된다. 이러한 논리에 따라 노인의 사회적 지지와 자아통합감 사이에는 정(+)의 관계가 있을 것이라는 가설(hypothesis)을 세울 수 있다. 연역적 논리의 다음 단계는 가설을 검증하는 단계인데 적절한 관찰이 이루어져야 한다.

(2) 귀납적 논리

귀납적 논리(induction)는 특수한 사실로부터 일반적 원리를 이끌어 내는 방법이다. 귀납적 논리는 관찰, 검증, 경험적 일반화, 이론으로 이어지는 연구방법이다. 고전적인 사례를 귀납적 논리에 적용시켜 보면 다음과 같다. ① "소크라테스는 죽었다"는 것을 관찰한다. ② "다른 많은 사람들도 모두 죽었다"는 것을 관찰한다. ③ "모든 사람은 죽는다"는 결론에 이른다.

주제선정	관 찰	유형 발견	임시 결론
사람의 죽음	소크라테스가 죽는다	다른 많은 사람들의 죽음을 관찰한다	그러므로 모든 사람들은 죽는다

앞서 살펴본 사회적 지지와 자아통합감 간의 관계에 대하여 귀납적 추론과정을 거쳐서 결론을 이끌어 낼 수 있다. 즉, 노인에 대한 사회적 지지와 자아통합감 간의 관계가 어떤지 관심을 가지고 관련자료를 수집한다. 수집한 자료를 정리하여 그 관계를 가장 잘 표현할 수 있는 자료의 공통적인 유형, 즉 규칙성을 요약한다. 귀납법은 경험의 세계에서 관찰된 많은 사실 중에서 공통적인 유형을 찾아내고 이들 유형을 객관적으로 증명한다.

(3) 연역적 논리와 귀납적 논리의 관계

연역적 논리와 귀납적 논리는 별개의 과학적 접근방법이라기보다는 상호보완적 접근방법이라고 할 수 있다. 실제로 연구과정에서 연역적 논리와 귀납적 논리 중 어느 한 가지에만 의존하는 것이 아니고 연역, 귀납의 과정이 끊임없이 되풀이되면서 이론과 조사연구가 순환적으로 연결된다. 즉, 이론에서 가설을 정립하고, 이러한 가설은 관찰을 가능하게 하며, 관찰을 통하여 경험적 일반화가 이루어지고 일반화를 거쳐 이론이 수정되는데, 이러한 과정은 분명한 시발점과 종착점이 없는 끝없는 순환과정이다.

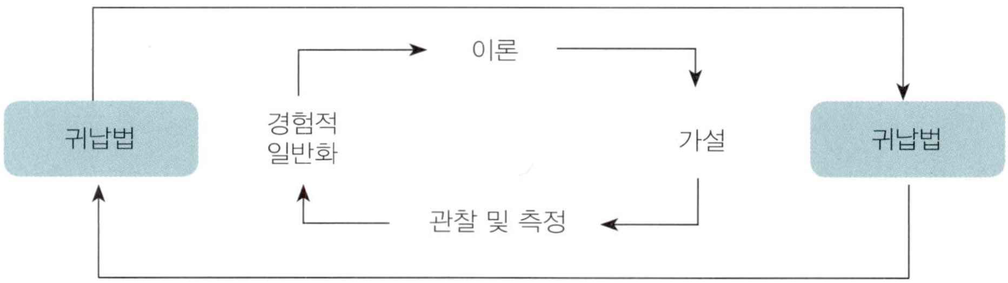

[그림 1-2] 귀납법과 연역법의 순환

자료: Grinnel & Unrau(2005).

2) 연구방법의 단계

연구방법은 매우 일반적인 수준에서 [그림 1-3]과 같이 4개의 일반적인 상호 관련된 단계(phases)를 갖고 있다(Grinnel & Unrau, 2005: 12). 연구방법은 첫 번째 단계인 어떤 형태의 관찰이나 측정으로부터 시작된다. 예를 들어, 길에서 무슨 종류인지 모르는 씨앗이 담긴 자루를 주웠다고 가정해 보자. 자루에서 무작위로 씨앗을 끄집어내어 땅에 심었더니 그 씨앗이 토마토로 자라났다. 만일 같은 자루에서 31개의 씨를 더 끄집어내어 심었는데 모두가 토마토로 자랐다면 자루에 있는 모든 씨가 토마토 종자일 거라고 가정하게 될 것이다. 두 번째 단계는 이 관찰을 바탕으로 가정을 행하는 단계이다.

세 번째 단계는 가정을 검정하는 것이다. 이것은 이전과 동일한 방식으로 다른 씨(32번째 씨)를 심어 봄으로써 행한다. 32번째 씨 역시 토마토로 자란다면 자루의 모든 씨가 토마토 씨라고 더욱 확신하게 될 것이다.

만일에 32번째 씨가 수박으로 자란다면 그 자루 속의 모든 씨가 토마토 종자라고 한 원래의 가정이 틀렸을지 모른다는 의심을 하게 된다. 이 단계가 네 번째 단계이다.

또 다른 예를 통해 연구방법의 단계를 알아보자. 아동의 엄마에 대한 애착의 강도가 아동의 사교 기술에 영향을 주는지 알고 싶다고 하자. 가정을 세워서 검정하려면 아동의 연령(가령 6세 이하)을 파악하고 아동들과 그들의 엄마들을 모집하여야 한다.

그 다음에는 애착이 의미하는 바를 결정해야 하고 아동이 엄마에게 얼마나 애착을 갖고 있는지를 관찰해야 한다. 관찰치를 측정해야 하기 때문에 관찰한 행동의 정도에 따라 “강한 애착”, “중도애착”, “약한 애착”으로 구분한다. 그리고 “사교기술”(social skills)을 정의한 다음, 아동의 사교기술을 관찰하고 측정하여야 한다. 이들 정의, 관찰, 측정 모두가 조사연구의 1단계를 구성한다.

1단계 자료를 바탕으로 “아동의 어머니에 대한 애착이 강하면 강할수록 아동의 사교기술은 높다”는 효과에 대하여 가정 또는 가설을 구성할 수 있다. 또는 달리 말해 어머니에 대한 애착이 강한 아동은 그렇지 않은 아동보다 사교기술이 더 좋다는 가정을 세울 수 있다. 1단계에서 얻은 상세한 관찰이나 측정으로 시작해서 더 추상적인 일반화나 아이디어로 움직이게 된다. 이것은 연구방법의 2단계이고 귀납적 논리를 수반한다.

가정이 옳다면 이를 사용하여 "어머니에 대한 애착이 강한 아동은 사교기술이 좋다"고 예측할 수 있다. 이 단계가 3단계이다. 이는 연역적 논리의 예이다. 여기서는 일반적인 사실에서 특별한 사실로 연역한다. 3단계에서는 할 수 있다면 많은 다른 아동들에 대하여 가정을 검증하고 애착수준과 사교기술을 관찰하고 측정한다.

이 단계에서 확보한 자료는 가정에 대하여 확신을 주거나 의구심을 제기한다. 이 자료를 보면 애착이 생각만큼 단순한 개념이 아니라는 것을 알 수 있다. 이는 애착의 강도 문제만이 아니라 애착의 유형도 한 요인이 된다(가령, 안정적인 애착, 불안한 애착, 무질서한 애착).

이 다음은 4단계이다. 여기서 관찰을 통해 추측을 수정하고(귀납적 논리) 다시 수정된 예측을 검증한다(연역적 논리).

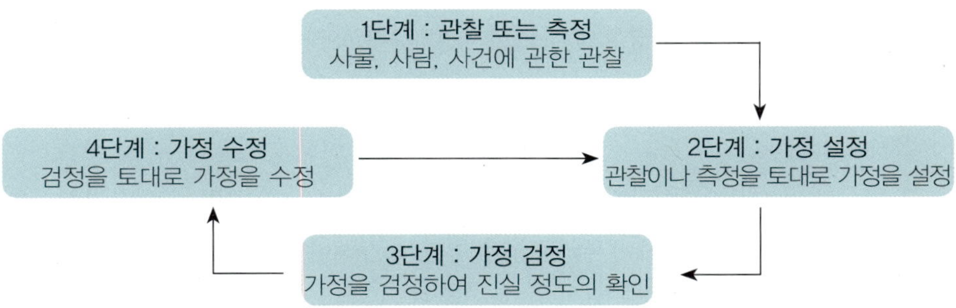

[그림 1-3] 연구방법의 단계

자료: Grinnel & Unrau(2005).

3) 지식수준의 연속성

지식수준의 연속성에 관하여는 그린넬과 언라우(Grinnel & Unrau, 2005)가 저술한 내용을 중심으로 설명을 전개하고자 한다. 연구가 탐색(exploration)을 목적으로 하는가, 기술(description)을 목적으로 하는가, 설명(explanation)을 목적으로 하는가에 따라서 지식의 수준과 연구방법이 다르다. 조사연구는 해당 주제가 얼마나 많이 알려져 있는가에 따라 지식수준의 연속선상 어딘가에 속한다([그림 1-3] 참조)(Grinnel & Unrau, 2005: 16). 연구주제가 얼마나 많이 알려져 있는가가 연구의 목적을 결정하게 된다. 예를 들어, 주제에 대하여 알려져 있는 것이 없다면 조사연구에서는 주제와 관련된 영역을 단순히 탐색하여 기초자료를 수집하는 데 그친다. 탐색을 목적으로 하는 연구는 탐색적 연구(exploratory study)로써 충분히 논리적이고 타당하다. 탐색적 연구는 [그림 1-3]에서는 지식수준의 하위에 해당한다. 일반적으로 탐색적 연구는 질적연구방법을 채택한다.

탐색적 연구를 통해 조사대상의 주제영역에 관한 지식을 얻었다면, 그 다음 단계의 연구에서는 낱말(words)과 수치(numbers)를 이용하여 주제영역의 특수한 측면을 더 상세히 기술할 필요가 있다. 기록하여 설명하는 것이 목적인 연구들은 기술적 연구(descriptive studies)라고 한다. 기술적 연구는 [그림 1-4]에 제시된 바와 같이 지식수준에서 중앙에 위치한다. 이러한 방식의 연구는 양적 연구방식이나 질적 연구방식을 선택한다.

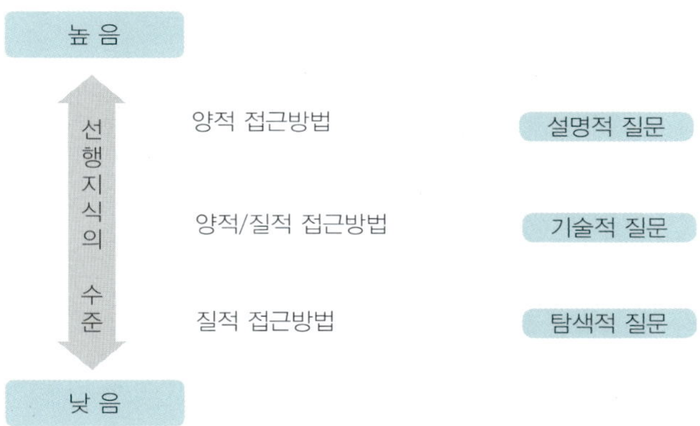

[그림 1-4] 지식의 수준과 연구방법

자료: Grinnel & Unrau(2005).

연구주제영역 안에서 기술적 연구로서 상당한 지식기반을 제공한 다음에는 인과관계에 대한 질문과 같이 매우 구체적이고 더 복잡한 연구질문을 할 수 있다. 이런 종류의 연구를 설명적 연구(explanatory studies)라고 부른다. 지식수준의 연속체로서 세 파트, 즉 탐색, 기술, 설명으로 구분하는 것은 연구목적, 답변할 수 있는 질문유형, 연구방법에 의하여 조사연구를 분류하는 데 유용한 방법이다. 그러나 모든 분류체계에서와 같이 연구방법을 세 가지로 분할하는 것은 전반적으로 자의적인 분류이다. 일부 사회복지조사연구는 이러한 구분을 무시하여 탐색적 연구와 기술적 연구 간, 또는 기술적 연구와 설명적 연구 간 어디에 속하는지 파악하기 어렵다. 이는 지식수준 연속체가 본래 깔끔한 범주로 이루어진 집합(collection of categories)이 아니라 연속체(continuum)이기 때문이다. 탐색적 연구, 기술적 연구, 설명적 연구를 더 자세하게 살펴보자.

(1) 탐색적 조사연구

탐색연구는 연구주제영역이 비교적 새로울 때 가장 유용한 방법이다. 예를 들어, 우리나라에서 지역사회중심보호가 강조되면서 정부가 지역사회 정신보건센터에 대하여 획기적인 지원정책을 실시한다고 하자. 또한 정신질환증상을 통제하는 신약도 개발되었다고 하자. 이로 인하여 정신병원 등 정신보건입소시설에서 대규모 인원의 퇴소가 일어난다고 가정해 보자.

일부 사람들은 이러한 움직임이 정신장애자에게 시민으로서의 자유를 회복시켜 주었다는 입장을 취한다. 다른 사람들은 이러한 조치가 지역사회시설 퇴소자와 가족들의 욕구를 충족시켜 주기에는 충분하지 못한다고 우려할 수 있다. 사회복지사들은 사회정책의 영향요인과 퇴소자와 가족들의 상황을 탐구하여 퇴소자와 가족들의 욕구(need)를 충족시키키기 위한 프로그램을 개발하고 싶어 할 것이다.

이러한 문제의 주제영역은 매우 폭넓어서 수많은 다른 질문들이 제기될 수 있다. 정신장애인의 대량 퇴소가 초래하는 결과는 무엇일까? 퇴소자는 지금 어디에서 살고 있을까? 홀로 살고 있을까? 사회복귀시설에서 생활하고 있을까? 가족과 함께 지내게 될까? 길거리에서 살고 있을까? 약품복용과 영양섭취는 적절할까? 소득은 있을까? 시간을 어떻게 보내게 될까? 그들이 어떤 스트레스를 받을까? 가족과 지역사회에 어떤 영향을 줄까? 이용 가능한 서비스는 무엇이 있나? 퇴소를 어떻게 생각할까?

탐색질문
최근 시설 보호 정신장애인의 대량 퇴소가 초래한 결과는 무엇인가?

↓

예산, 음식, 생활계획, 약품복용, 지지, 스트레스

↓

탐색질문
퇴원 후 어떻게 생활하고 있는가?

↓

사회복귀시설, 쉼터, 가족의 품, 친구집, 길거리

↓

기술적 질문
퇴소정신장애인의 수용가족과 거부가족 간에 실질적 차이가 있는가?

↓ 수용가족 ↓

설명적(인과관계)질문
수용가족은 왜 퇴소자를 가정으로 받아들이는가?

↓ 거부가족 ↓

설명적(인과관계)질문
거부가족은 왜 퇴소자를 가정으로 받아들이지 않는가?

설명적(인과관계) 질문
거부가족에게 정신보건에 관한 교육을 시키면 정신장애인을 받아들이게 될까?

[그림 1-5] 질문의 구체화 과정

이러한 질문 모두에 대하여 답변을 줄 수 있는 연구는 있을 수 없다. 그러므로 큰 구멍을 가진 체(sieve)처럼 일반적인 주제를 걸러 내는 절차가 필요하다. 각각의 일반적인 테마는 더 구체적인 연구질문을 할 수 있을 때까지 걸러 낼 필요가 있다([그림 1-5]).

예를 들어, 이러한 퇴소자 집단을 모아서 기초적인 탐색적 질문을 함으로써 대량 퇴소의 결과를 탐색하게 된다. 퇴소한 후 어떤 경험을 했는가? 퇴원경험의 구성요소는 무엇인가? 이러한 질문들은 질적자료를 이용하여 답변을 구할 것이다. 개별적인 답변은 공통의 주제를 산출할 것이다. 예를 들어, 환자들마다 퇴원 시 예산, 여가, 음식, 약물복용을 관리할 능력이 크게 다르고 거부감이나 지지감, 스트레스 정도가 다르기 때문에 퇴소자들의 생활채비는 다양하게 나타날 것이다.

그렇다면 이들 주제테마 중 하나를 맡아서 그것을 다시 정의하고 다른 주요 주제는 다른 사람이 후일에 탐색할 수 있도록 남겨 두게 된다. 생활채비를 선택해서 응답자에게 퇴소 후 경험한 생활채비가 무엇인가를 질문함으로써 두 번째 탐색연구를 한다고 가정하자. 이제 시설에 장기간 입소한 자는 사회복귀시설, 쉼터, 길거리로 이동하는 경향이 있는 반면에 단기간 입소자는 가족의 수용 여부와는 관계없이 먼저 가족의 품으로 돌아간다는 사실을 파악하였다고 하자.

이 시점에서 수치로 표현할 필요가 있다. 퇴소자들은 어디에 얼마만큼 거주하고 있는가? 이사는 평균 몇 번 했을까? 가족의 품으로 돌아간 퇴소자의 비율은? 등의 내용은 퇴소자들의 정확한 프로필을 기술하거나 제공하는 데 목적을 둔 기술적 질문(descriptive questions)이다.

탐색적 연구의 일반적 목적을 요약하면 다음과 같다(Neuman, 2003).

- 기본적 사실, 사람, 관련 관계사항과 친숙해진다.
- 일어나는 내용을 나타내는 데 적절한 정신적 상황을 개발한다.
- 수많은 아이디어를 생성하여 시험적인 이론과 추측을 개발한다.
- 부가적인 연구의 실행 가능성을 결정한다.

- 질문을 구성하고 더 체계적인 탐구를 위한 이슈들을 다듬는다.
- 장래 연구를 위한 기법과 방향감을 개발한다.

(2) 기술적 조사연구

기술적 수준(descriptive level)에서 가족의 품으로 돌아간 사람들에게 초점을 맞추었다고 하자. 선행 탐색연구를 바탕으로 시설에서 보낸 시간의 길이와 퇴원 후 가족의 품으로 돌아가는 것과 관계가 있는지 시험적인 생각을 할 수 있다. 기술적 연구에서는 탐색적 연구보다 더 많은 응답자 집단을 이용하여 이 관계를 확인하거나 반박하게 된다.

탐색수준에서의 시험적 관계는 가정에서 가족과 지내는 것과 가족이 보여준 수용수준 간의 관계였다. 우리는 집단이 큰 경우에도 이 관계가 유효한지 알고 싶어 한다. 수용가족과 거부가족 간에 실질적 차이가 있는지도 알고 싶을 것이다. A집단과 B집단 간 차이가 있는가? 퇴원가족원의 수용이나 거부에 영향을 주는 요인들은 무엇일까? 결국 사회복지사는 가족이 정신장애인의 수용을 촉진하는 요인이 무엇인지 알고 싶지만 이를 설명할 수 있는 자료가 충분하지 못한 상태이다. 일반적으로 기술적 연구의 목적은 다음과 같다(Neuman, 2003).

- 한 집단의 정확한 프로필을 제공한다.
- 과정, 메커니즘, 또는 관계를 기술한다.
- 말이나 수치적 상황(가령, 연령비율)을 제공한다.
- 새로운 설명을 촉진시킬 정보를 구한다.
- 일련의 단계, 조치를 명확히 한다.
- 주제에 관한 이전의 믿음에 관하여 확인해 주거나 반박하는 정보를 문서화한다.

(3) 설명적 조사연구

이제 수용가족과 거부가족 간에 어떤 차이가 있으며 이들 차이가 퇴소자가 가족의 품으로 돌아가는 데 주요한 영향을 끼친다는 사실을 기술적 연구에서 알았다고 하자. 두 개의 관련 인과적 질문을 하려고 한다고 하자. 수용가족은 퇴소자가 집에서 같이 사는 것을 허용하게 되지만 거부가족은 함께 사는 것을 허용하게 되지 않을까? 두 경우의 답변은 어느 정도 "그렇다"일 것이다. 가정으로 돌아가는 결정의 30%는 수용가족에 설명되고 나머지 70%는 다른 요인들, 가령 퇴소자의 정신병 증상의 강도, 또는 가족 밖의 지역사회 구성원들의 수용 정도 등에 의해 설명될 수도 있다.

이제 퇴소자가 가정으로 돌아가 머무는 데 미치는 영향요인으로 가족의 수용이 지역사회의 수용보다 더 큰지 알아볼 필요가 있다. 이 질문에 대한 답변을 얻으면 가능한 개입전략의 방향을 제시할 수 있을 것이다. 퇴소자가 가정으로 돌아가도록 도와주려는 프로그램이나 정책을 개발하기 위해서는 개별가족에 주의를 기울여야 할지 전체 지역사회에 초점을 맞추어야 할지 알게 될 것이다.

예를 들어, 설명적 연구를 바탕으로 가족에 초점을 맞추고 가족의 수용을 증가시키는 개입방법으로 정신병에 관한 교육이 가장 적절하다고 가정하자. 개입의 효과성을 평가하기 위하여, 결국 다른 설명적(인과관계적) 질문을 할 필요가 있다. 가족에 대한 정신병교육이 가족의 퇴소자 수용을 증가시키는가? 이 질문에 대한 답변을 얻게 되면, 퇴원경험에 관한 폭넓은 탐색적 질문에서 퇴소자와 그 가족을 돕기 위하여 설계된 검증된 개입으로 이동함으로써 주제를 걸러 내는 절차를 마무리하게 된다.

- 일반적으로 설명적 연구의 목적은 다음과 같다(Neuman, 2003).
- 원리나 이론의 정확성을 결정한다.
- 경합적인 설명 중 어느 것이 나은지 밝힌다.
- 일반적 진술문(general statement) 하에서 상이한 이슈나 주제를 연결시킨다.

- 더 복잡해지는 이론을 세우거나 정교화한다.
- 이론이나 원리를 새로운 영역이나 이슈로 확장시킨다.
- 설명을 지지하거나 반박할 증거를 제시한다.

03 과학철학의 전개

과학철학은 과학의 토대(foundations), 방법(methods) 및 함의(implications)와 관련된 철학에 속한다(Wikipedia, 2019). 로지(Losee, 1993)는 과학철학을 "과학적 설명의 절차와 논리에 관한 분석"이라고 정의하였고, 신중섭(2002)은 "과학자들이 과학 활동을 하면서 갖추어야 할 규범 또는 원리를 연구하는 철학적 활동"이라고 정의하고 있다(채구묵, 2016: 30).

위에서 살펴본 바와 같이 과학적 연구방법으로 가장 오래되고 널리 활용되는 논리는 연역적 논리와 귀납적 논리이다. 과학철학은 이러한 논리에 기반하여 발달하여 왔다.

과학철학의 이론적 발달과정을 다음과 같이 정리해 볼 수 있다.

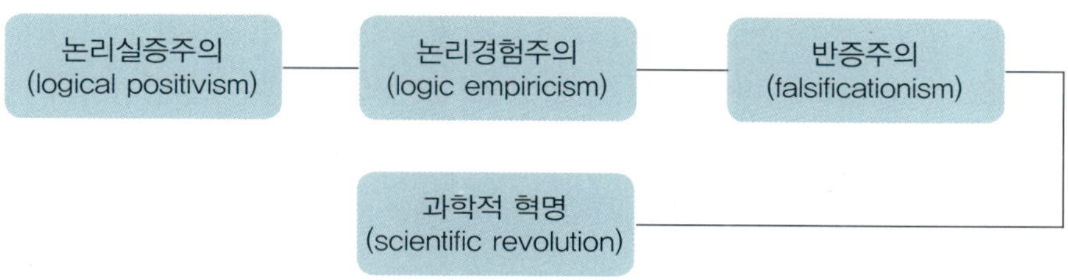

[그림 1-6] 과학철학의 전개 과정

1) 논리실증주의

논리실증주의(logical positivism)는 나중에 논리적 경험주의(logical empiricism)라고 불리기도 한다(Wikipedia, 2019). 논리실증주의는 검증을 원칙(verification principle)으로 삼고 있으며 검증이 되어야만 의미가 있다는 철학이다. 이 논리실증주의는 1920년대 후반 비엔나학파(Vienna Circle)와 베를린학파(Berlin Circle)가 제기한 개념이다. 주요한 학자로는 물리학자 필립 프랭크(Philipp Frank), 수학자 한스 한(Hans Hahn)과 리처드 폰 마이스(Richard von Mises), 경제학자 겸 사회학자 오토 노이라(Otto Neurath)가 있다.

논리실증주의는 다양한 상황 하에서 충분히 많은 관찰을 통해 경험적으로 검증되었을 때만 정당화될 수 있다(채구묵, 2016). 따라서 논리실증주의는 귀납적 논리에 기반한다는 것을 알 수 있다. 한계점으로는 직접 관찰하지 않은 이론적 실체(예: 원자론, 이론 물리학)를 인정하지 못하거나 관찰자의 주관이나 편견의 개입 가능성 등이 있다.

2) 논리경험주의

실증주의는 도구주의(instrumentalism)와 현상주의(phenomenalism)[2]라는 콩트-마흐전통(Comte-Mach tradition)과 강하게 결부되어 있었다.

그러나 관찰된 실증적 사실만을 강조하고 원자이론과 일반화된 이론적 실체(theoretical entities)에 대하여 부정적인 태도를 취하는 것은 근대 과학의 정신에 더 이상 부합하기 어려웠다(Britannica, 2019). 그러나 좀 더 유연하고 관용적일 수는 있겠지만 가설과 이론이 경험적으로 검증 가능하여야 한다는 필요조건은 포기할 수는 없었다. 자연스럽게 경험주의(empiricism)라는 새로운 단어가 생

---

2) 도구주의란 과학이론을 관측가능한 현상을 조직화·예측화하도록 하는 형식적인 도구·장치라고 여기는 관점을 갖는다. 관측가능한 현상의 배후에 있는 관측불가능한 감추어진 실재의 참모습은 알 수 없다고 여긴다. 현상주의는 과학의 대상을 직접적인 감각 경험(Empfindungen)에 주어지는 현상들에 국한시킨다. 이러한 감각적 경험들은 이를테면 의식이니 사물이니 하는 형이상학적 실체들을 구성하는 경험적 요소들이다.

졌다. 따라서 논리적이라는 용어는 전과 같은 의미로 사용하면서 "논리적 경험주의"(logical empiricism)라는 새로운 이름이 만들어졌다(Britannica, 2019). 논리경험주의는 논리실증주의에 비해 검증 가능성 또는 입증 가능성의 기준이 좀 더 관대한 입증을 취하고 있다.

3) 반증주의

반증주의(falsificationism)는 논리경험주의에 내재되어 있는 문제들을 극복하기 위해 칼 포퍼(Karl Popper)에 의해 제시되었다. 그는 논리실증주의에 맞서 반증 가능성을 제시하는 방법론을 전개하였는데, 이를 반증주의라 한다.

칼 포퍼는 과학의 발전은 기존의 이론과 상충되는 현상을 관찰하는 데서 출발하며 계속적인 반증과정을 통해 이루어진다고 생각했다. 반증된 이론이 현상을 설명할 수 있는 이론으로 대체된다(Wikipedia, 2019).

각 단계에서 실험적인 관찰이 어떤 이론을 방어할 수 없도록(즉, 거짓임을 알리고) 만들고 설명력이 더 훌륭한(즉, 전에는 설명되지 않았던 현상을 설명할 수 있는) 새로운 이론이 발견된다. 결과적으로 반증에 대해 더 많은 기회를 제공한다(Wikipedia, 2019).

반증주의는 이론의 유도를 받은 관찰증거에 의해 이론이 참임을 밝힐 수는 없지만, 관찰이나 실험의 결과에 의해 어떤 이론이 거짓임을 밝힐 수는 있다고 주장한다(채구묵, 2016). 예컨대 99마리의 백조가 희더라도 그것은 "모든 백조가 희다"는 증명이 되지 못하므로 오히려 1마리의 검은 백조를 찾아내어 "모든 백조가 희지 않다"며 기존의 진리를 반증한다. 과학은 이론과 가설의 '검증 가능성'보다는 '반증 가능성'의 측면에서 정의되어야 하고 과학적 지식의 본질적인 일시성이 인정되어야 한다고 보았다.

논리경험주의가 점증적으로 확증을 증가시키는 귀납법에 의존하고 있는 데 반해, 반증주의는 가설이 하나의 예외로 반증되는 연역법에 의존하고 있다(채구묵,

2016).

따라서 반증주의에서는 이론이란 확정적으로 검증될 수는 없고, 기존이론의 예측이 실패(반증)한다면 새로운 이론이 필요하다는 것이다. 반증되지 않은 경우 살아남은 이론은 반증될 때까지 채택되는 과정을 반복해 나가는 것이 과학이라는 관점을 갖고 있다.

4) 과학적 혁명(scientific Revolution)

토마스 쿤(Thomas Kuhn)은 혁명을 통한 과학적 진보의 과정을 패러다임[3)]의 이동(paradigm shifts)으로 보았다. 쿤은 혁명적 변화 또는 "패러다임의 이동"이 과학에서 중요하다는 점을 인식하였다(Kaiser, 2012).

쿤은 과학 전반이 발달단계가 같다고 보았다. 먼저 어떤 연구 분야든 관련 공동체의 구성원 대부분이 동의하는 일단의 지도적인 개념, 이론 그리고 방법들로 구성된 패러다임을 구성함으로써 성숙하게 된다. 그다음엔 연구자들이 패러다임을 구체적인 상황의 함의를 나타낼 수 있도록 정교화하면서 "정상과학"(normal science)의 시대가 된다.

과학혁명은 근대 초기에 근대 과학 등장을 표시한 일련의 사건들이 있었다. 수학, 물리학, 천문학, 생물학, 화학은 사회의 관점을 전환시켰다. 예를 들어, 코페르니쿠스의 지동설, 뉴턴의 양자역학, 아인슈타인의 상대성 원리, 제너(Jenner)의 천연두 백신, 다윈의 진화론, 프로이트 정신분석학, 달톤의 새로운 체계, 마르크스주의, 케인즈주의 등이 있다.

논리경험주의자들은 과학적 지식이 계속적인 관찰과 실험을 통해 누적적으로 진보되어 간다고 설명한다. 그런데 쿤은 그러한 식의 설명은 관찰과 실험에서 패러다임이 길잡이 역할을 하고 있다는 점을 무시하고 있다는 점에서 잘못으로 보

3) 패러다임(paradigm)은 어떤 한 시대 사람들의 견해나 사고를 근본적으로 규정하고 있는 테두리로서의 인식의 체계, 또는 사물에 대한 이론적인 틀이나 체계를 의미하는 개념이다. 간단히 말해, 세상을 바라보는 틀로써 과학자 공동체가 공유하고 있는 세계관이나 기본 틀을 말한다.

았다(채구묵, 2016: 38). 패러다임은 그 패러다임 내에서 일하고 있는 과학에 대해서만 설득력 있는 영향을 미치기 때문에 하나의 패러다임에서 다른 하나의 패러다임으로의 대체는 혁명적일 수밖에 없다는 것이다(채구묵, 2016, 재인용).

쿤은 과학적 변화의 과정을 여러 단계로 이루어지는 패러다임 변화의 결과로 설명하였다(Wikipedia, 2019).

- 제1단계

한 번만 존재하는 전 패러다임 단계(pre-paradigm phase)이다. 이 단계는 여러 가지 양립할 수 없고 불완전한 이론들로 구성되어 있는 단계이다. 결국 대부분의 과학적 조사는 장서의 형태를 취한다. 여기서 당연한 것으로 여겨질 수 있는 공통적으로 인정할 수 있는 본질적인 사실은 존재하지 않는다. 전 패러다임 공동체의 구성원들이 결국 이러한 개념적 틀 중 하나에 끌리고 궁극적으로 적절한 방법의 선택에 폭넓은 합의를 하게 된다면 전문용어와 공헌 가능한 실험의 종류에 대한 통찰력이 증가하게 된다.

- 제2단계

퍼즐이 지배적인 패러다임의 맥락 안에서 해결되면, 정상과학(normal science)이 시작된다. 해당 학문 영역 내에서 공감대가 형성되는 한 정상과학은 계속된다. 대개 이러한 이상 징후는 해결되지만, 어떤 경우에는 정상과학이 곤란을 겪게 되고 구패러다임의 약점이 드러날 정도로 축적될 수도 있다.

- 제3단계

패러다임이 만성적으로 이상 현상을 설명할 수 없는 것으로 판명되면, 해당 공동체는 위기 기간에 접어들게 된다. 위기는 정상과학의 맥락 안에서 해결되는 경우가 많다. 그러나 정상과학이 패러다임 내에서 해결하기 위하여 상당한 노력을 해도 실패하면 과학은 다음 단계로 진입할 수 있다.

- 제4단계

패러다임의 이동 또는 과학적 혁명은 해당 분야의 기본적인 가정들이 재검토되고 새로운 패러다임이 설정되는 단계이다.

- 제5단계

후혁명(Post-Revolution), 새로운 패러다임의 지배가 확립되어 과학자들이 새로운 패러다임 안에서 퍼즐을 풀면서 정상과학으로 돌아가는 단계이다. 쿤이 말하였듯이, 이러한 이동(shifts)이 자주 혹은 쉽게 일어나지 않는 것이 과학에 좋은 일이긴 하겠지만, 과학은 이런 사이클을 반복적으로 겪게 될 것이다.

위의 과학적 혁명의 단계를 그림으로 그려 보면 다음과 같이 나타낼 수 있다.

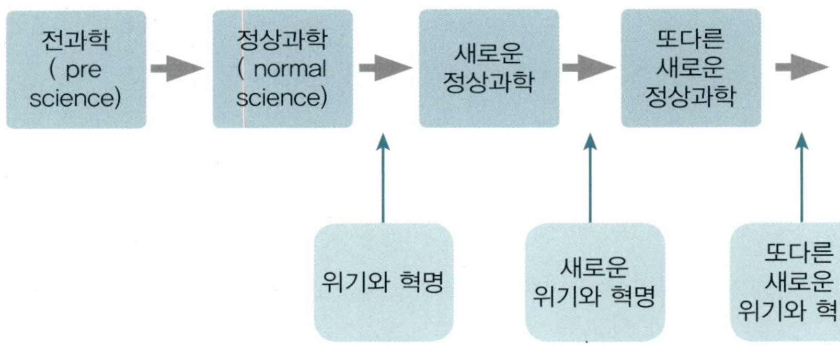

[그림 1-7] 패러다임의 이동과정

04 사회복지조사의 중요성

사회복지조사방법은 사회복지 관련 문제, 현상에 대한 새로운 사실이나 지식, 그리고 그들 간의 관계를 논리적, 체계적, 경험적, 객관적으로 찾아가는 방법이라고 할 수 있다. 따라서 사회복지조사는 사회복지와 관련된 경험적 증거를 제시함으로써 올바른 과학적 지식체계를 형성하고 일반화시킨다. 이를 통해 사회복지실천기술을 축적하고 사회복지정책의 기반을 형성하는 데 기여할 수 있다. 즉, 사회복지조사는 사회복지의 과학적인 실천적·이론적 기반을 구성하는 데 기여하며, 과학적인 사회복지실천과 사회복지정책형성을 뒷받침한다.

05 사회과학의 특징 및 한계성

사회복지를 비롯한 사회과학은 자연과학에 비하여 과학적 방법을 활용하여 연구하는 데 어려움이 더 크다. 사회과학 방법의 한계를 다음과 같이 열거할 수 있다.

첫째, 자연과학에 비해 일반화가 용이하지 않다. 사회과학 조사대상자들은 윤리적인 문제와 접근성 문제로 자연과학 대상자에 비하여 통제와 조작이 어렵다. 따라서 일부 제한된 대상자와 조사조건의 제한 때문에 조사결과를 일반화하기 어렵다.

둘째, 사고의 가능성이 제한되고 명확한 결론을 내리기 어렵다. 사회과학 대상자들은 각자 다양한 사고를 하고 있고, 의식이 있어서 명확한 정보를 얻기 힘들다.

셋째, 인간의 행태와 사고를 대상으로 한다. 사회과학은 인간의 상호작용을 위한 행태와 사고를 중심으로 연구한다. 인간은 인종, 문화, 연령, 성별, 계층 등에서 너무나 다양하다. 이렇게 인간은 다양한 요인에 따라 행태와 사고가 다르기 때문에 연구가 쉽지 않다.

넷째, 사고의 도식화에 대한 타당성에 의문을 제기하고 사회문화적 특성에 영향을 받는다. 자연과학과 달리 사회과학에서는 인간의 사고에 대하여 일정한 공식이나 수식으로 이루어진 도식화나 모형을 구축하기 어렵다. 더욱이 인간은 사회문화적 특징에 따라 다른 사고를 하는 경향이 있다.

다섯째, 누적적이 아닌 독창적이고 유일한 성격의 학문이다. 자연과학은 기존 이론이나 과학에서 구축된 지식이 누적되어 발전하는 경우가 많다. 그러나 사회과학은 누적적이 아닌 독창적이고 고유한 성격을 지니는 경우가 많다. 가령, 사회문제를 해결하는 접근방법으로 구조기능주의에서 상징적 상호작용주의로, 사회진단에 따른 조치에서 욕구사정에 의한 임파워먼트 강화로 국면을 전환시키는 경우가 많다.

여섯째, 연구자 개인의 심리상태, 개성, 가치관, 세계관 등에 의해 영향을 받는다. 사회과학에서도 객관성과 타당성을 강조하지만 연구자의 주관성이 개입될 소지가 크다. 특히 귀납적 연구방법을 사용할 경우 연구자의 주관성이 적극적으로 수용된다. 따라서 사회과학적 연구는 연구자 개인의 심리상태, 개성, 가치관, 세계관 등에 영향을 받는다.

06 사회복지조사의 윤리성

사회복지조사연구와 평가 관련 윤리적 이슈들은 연구조사활동이나 프로젝트를 진행하는 모든 단계에서 발생한다. 일부 윤리적 문제들은 조사질문을 구성하고 기본적 방법론을 설계하는 시작단계에서 발생한다. 또한 윤리적 이슈들은 연구조사와 평가 연구가 실행되는 동안 발생하고, 결론, 자료분석 시에도 발생한다 (Weinbach, 2005: 36-43).

1) 조사연구의 초기단계 윤리적 이슈

조사연구에서는 특별히 최초의 연구설문지의 구성, 표본선정, 고지된 동의, 기관 조사위원회검토에 관한 윤리적 이슈를 확인하여야 한다.

(1) 연구설문지 구성

연구설계와 방법론의 기술적 측면과 관련된 윤리적 이슈들을 다루기 전에 연구조사의 광범위한 목적에 부합하는 훌륭한 설문지를 탐색하여야 한다. 우선 연구조사 질문이 강력한 설득력이 있는지? 이 설문으로 사회복지 클라이언트를 돕는 데 중요한 정보를 산출할 수 있는지? 설문지가 취약계층, 억압을 받는 사람, 빈곤층의 욕구와 임파워먼트에 특별히 주의하면서 모든 인간의 욕구를 향상시키는 데 도움을 줄 수 있는지? 등이다.

(2) 표본 선정

표본 선정(sample selection)에서 문화적, 인종적, 사회적 다양성 등의 이슈들을 다룰 때 방법론적으로 적절하려면 표본은 다양하고 집단과 클라이언트를 충분히 대표할 수 있도록 하여야 한다. 표본 선정은 다양성과 사회적 정의라는 이슈들을 다루어야 한다는 윤리적 의무에 부응하는 정보를 담고 있어야 한다.

(3) 고지된 동의

비도덕적인 NAZI 의료실험과 미국의 Tuskege 매독연구의 가장 큰 부산물은 엄격한 고지된 동의에 관한 지침을 개발하게 한 것이다(Weinbach, 2005). 이 개념에 따르면 조사참여자는 반드시 조사의 목적, 방법, 그리고 위험에 대하여 고지받아야 하며 자발적으로 해당 조사에 참여하는 데 동의하여야 한다. 미국 사회복지사협회(1996)의 윤리강령에는 이와 관련하여 다음과 같은 내용을 포함하고 있다(Weinbach, 2005: 36).

"평가나 조사연구에 참여하는 사회복지사는 연구참여자로부터 자발적인 서면의 고지된 동의를 획득하여야 한다. 고지된 동의를 구하는 가운데 참여거부에 대하여 묵시적 혹은 실질적으로 권리를 박탈하거나 불이익을 주지 않아야 한다. 지나친 참여 유도가 있어서도 안 된다. 또한 참여자의 안녕, 사생활, 존엄성을 충분히 존중하여야 한다. 고지된 동의는 요청된 참여의 성격, 범위, 기간, 그리고 연구참여의 위험과 혜택에 관한 정보를 반드시 포함시켜야 한다."

① 자발적 참여

사회복지연구조사에서 대상자에게 참여를 강요해서는 안 된다. 참여자는 자신의 의사로 자발적으로 참여하는 데 동의하여야 한다. 특히 사회복지클라이언트가 조사참여자일 경우 사회서비스나 기타 급여를 받는 조건으로 참여하도록 강요받는다고 믿을 가능성이 크기 때문에 이는 중요하다.

② 판단능력 확인

동의는 참여자가 연구조사활동의 성격, 가능한 편익, 관계 위험을 실질적으로 이해할 때만 타당하다. 참여자가 정신장애, 글자 해독력, 또는 언어 장애로 인하여 관련 내용을 이해하지 못해서는 안 된다. 판단능력(competence)이 떨어지거나 의심스러운 사람이 동의를 요구받아서는 안 된다. 그러한 사람은 조사연구에서 배제되거나 법적인 대리인으로부터 동의를 획득하여야 한다.

불행히도 판단능력에 대하여 명확하고 폭넓게 받아들여진 정의가 없다. 그러나 이러한 경우, 미국 사회복지사협회(1996)의 윤리강령은 좋은 참조가 될 수 있겠다. 관련 윤리강령은 다음과 같다(Weinbach, 2005: 37).

"평가나 조사 참여자가 고지된 동의를 제공할 능력이 없을 경우, 사회복지사는 참여자에게 적절한 설명을 하여 참여자의 능력범위에서 할 수 있는 동의를 얻고, 적절한 대리인으로부터 서면의 동의를 획득하여야 한다."

③ 동의거부나 철회 권리

사회복지사는 잠재적 참여자가 동의를 거부하거나 철회할 권리를 이해할 수 있도록 하여야 한다. 참여자가 동의 양식에 서명하는 것으로 충분하지 않다. 고지된 동의는 체계적이고 사려 깊게 정보를 밝히며 잠재적 참여자가 조사연구에 관하여 논의하고 질문을 할 기회를 제공하는 하나의 과정이다.

(4) 기관윤리위원회 검토

조사연구의 윤리에 관한 가장 중요한 발전 중의 하나는 기관윤리위원회(IRBs: Institutional Review Boards)의 설립이다. 기관윤리위원회는 미국에서 윤리문제에 대한 관심이 크게 관심을 받은 1970년대에 인기를 끌었다. 미국 사회복지사협회(1996)의 윤리강령은 이와 관련하여 다음과 같은 내용을 포함하고 있다(Weinbach, 2005: 37).

"조사연구평가에 종사하는 사회복지사는 가능한 결과에 대하여 조심스럽게 고려하여야 하며 평가와 조사연구참여자를 보호하기 위해 개발한 지침에 따라야 한다. 적절한 기관윤리위원회(IRBs)와 논의를 거쳐야 한다."

2) 조사연구방법의 윤리적 이슈

(1) 조사설계의 윤리적 측면

변수 간의 인과관계를 탐구하는 조사설계를 할 경우 윤리적 이슈가 발생한다. 집단설계에서 외생요인들(가령, 동시적 사건, 인구학적 요인, 측정효과)을 통제하기 위하여, 사회복지사는 참여자들을 실험집단과 통제집단에 무작위로 배정하기를 원할 것이다.

그러나 한편으로는 통제집단구성, 무작위 배정 등을 하지 않고 외생요인을 통제하는 것이 어렵고, 다른 한편으로는 심각한 욕구가 있는 클라이언트를 배제하거나 클라이언트에 유효한 개입을 포기하기 어렵다.

(2) 대상자 속이기

조사연구에서 유의미한 정보를 얻기 위하여 적당히 속이는 것이 도움이 될 수도 있을 것이다. 그러나 합리적인 조사자라면 누구라도 조사에서 어떤 형태의 속임수가 합당하거나 수용 가능하다고 동의하지 않을 것이다.

(3) 비밀보장과 사생활보장

비밀보장(confidentiality)과 사생활보장(privacy)은 사회복지조사에서 반드시 보장되어야 할 중요한 윤리원칙이다. 사회복지조사에서 자료수집은 클라이언트의 문제 감정, 불법 행위, 논란이 있는 태도, 행정 문제 같이 매우 민감한 문제이다. 사회복지 연구자는 이러한 자료를 보호하는 데 철저하여야 한다.

또한 클라이언트와 기타 자료 출처에서 얻을 수 있는 매우 사적이고 민감한 문제에 관한 정보를 밝히는 것은 이들에게 불편을 초래할 수 있다. 따라서 참여자에게 불필요한 침해를 해서는 안 된다.

(4) 이해의 상충

조사연구가 참여자의 이익에 반하지 않아야 한다. 연구목적을 위해 클라이언트가 이용당하거나 위험에 빠지게 해서는 안 된다. 즉, 직업적 목적이나 개인적 목적을 충족시키기 위하여 조사대상자가 부당한 스트레스와 불편을 감수하지 않아야 한다.

(5) 결과의 보고

최종연구결과의 비밀보장을 보호하고 정확하게 결과를 보고하는 데 신중을 기하여야 한다. 사회복지 실천가는 조사에서 확보한 민감한 정보를 불리하게 사용해는 안 된다. 심지어 조사에서 확보한 클라이언트의 과거 불법행동에 관한 정보도 사법기관 공무원에게 넘겨서는 안 된다.

결과 보고는 정확하게 하는 것이 필수적이다. 비록 실패한 연구나 의도하지 않은 결과, 또는 부정적인 조사결과라 하더라도 정확하게 보고되어야 한다.

02 CHAPTER 사회복지조사의 형태와 과정

01 사회복지조사의 형태

사회복지조사의 형태는 기존의 과학적 조사형태를 바탕으로 몇 가지로 재구성할 수 있다. 이를 각각의 기준에 따라 분류하면 다음과 같다(김기원, 2001; 강종수, 2013; 남궁근, 2010).

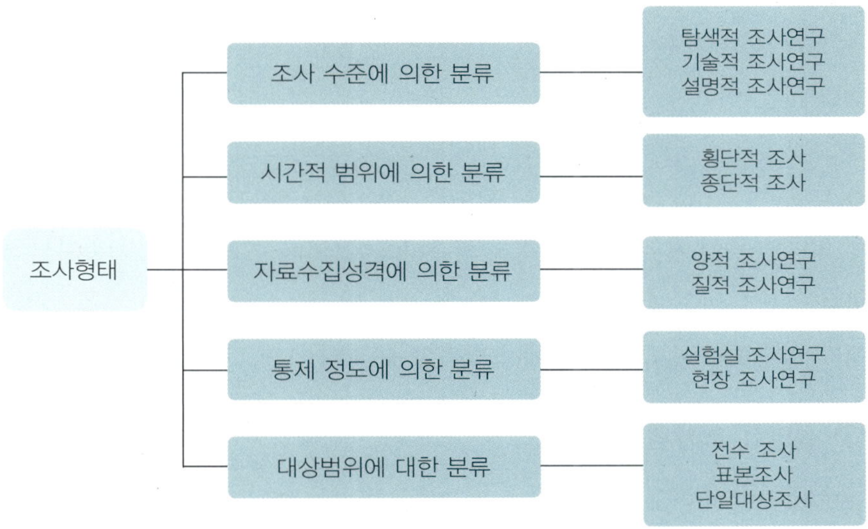

[그림 2-1] 사회복지조사의 형태

1) 조사수준에 의한 분류

(1) 탐색적 조사연구

탐색적 조사연구(exploratory research)는 예비조사라고도 한다. 탐색조사는 특정 조사설계를 확정하기 전에 주로 문제를 구명하기 위해서 예비적으로 실시하는 조사를 말한다. 탐색적 조사는 미개척 분야를 개척하기 위한 도구로써, 또 가설을 설정하기 위한 명제를 정립하거나 정립된 이후 좀 더 충실한 조사를 위해 실시되는데, 기술적으로 엄밀한 제한을 받지 않고 조사를 할 수 있다.

탐색적 조사연구의 방법으로는 문헌연구, 경험자 조사 또는 전문가 의견 조사, 통찰력을 얻을 수 있는 소수사례분석 등이 있다.

더 자세한 내용은 Chapter 1에서 확인할 수 있다.

(2) 기술적 조사연구

기술적 조사연구(descriptive research)는 특정 개인, 상황, 집단의 특성에 관하여 정확하게 묘사하는 연구와 어떤 사건의 발생빈도와 다른 사건과의 연관정도를 파악하는 연구가 포함된다(남궁근, 2010: 71). 양적인 기술에는 현상에서 나타나는 모집단에 관한 주요변수의 크기와 분포, 그리고 변수들 간 관계의 정도와 방향 등이 포함된다. 이러한 것들은 도수분포, 중앙경향값 및 산포도, 그리고 연관도 및 공동변화 등 계량적 형태로 기술된다. 그러나 인과관계를 기술하는 것은 아니다.

더 자세한 내용은 Chapter 1에서 확인할 수 있다.

(3) 설명적 조사연구

설명적 조사연구(explanatory research)는 원인이 되는 사실과 결과가 되는 사실간의 인과관계(causal relation, causality)를 구명하거나, 미래의 사실에 대하여 미리 예측하는 조사를 말한다. 기술적 조사는 요인들의 특성이 어떠하며 이들 요인들이 어떻게 상호 관련되어 있는가를 보여주는 데 비하여, 설명적 조사는 이 단계를 넘어서서 이들 요인들이 어떠한 인과관계를 갖고 있으며 어떻게 예측하고 있는지를 설명해 준다.

더 자세한 내용은 Chapter 1에서 확인할 수 있다.

2) 시간적 범위에 의한 분류

(1) 횡단조사

횡단조사(cross-sectional study)란 한 시점을 단면으로 잘라서 동시에 필요한 모든 자료를 수집하는 방법이다. 즉, 일정 시점에서 특정 표본이 가지고 있는 특성을 파악하거나 이 특성에 따라 집단을 분류하는 것이므로 표본의 크기가 커야 하며, 사회복지 분야에서 널리 사용된다.

횡단조사는 주로 표본조사를 행하며, 측정이 단 한 번만 이루어질 뿐, 반복해서 이루어지지 않기 때문에 정태적인 성격을 갖는다. 따라서 횡단적 조사의 목적은 일정 시점에서 특정 표본이 갖고 있는 특성을 파악하거나 이들 특성에 따라 집단을 분류하려는 것이다(김기원, 2001: 87). 종단적 조사에 비해 상대적으로 비용과 시간이 적게 든다는 장점이 있으나, 시간의 흐름에 따라 나타나는 어떤 현상의 진행이나 변화과정을 관찰할 수 없으며 오직 현재의 상태만을 관찰한다는 단점이 있다. 횡단조사는 탐색적 조사, 기술적, 조사, 설명적 조사에 모두 사용될 수 있으나 일반적으로 기술적 조사에 많이 사용된다.

(2) 종단조사

종단조사(longitudinal study)는 시간의 흐름에 따라 조사 대상이나 상황의 변화를 측정하는 것으로 일정한 시간 간격을 두고 적어도 두 번 이상 반복적으로 측정하여 자료를 수집하는 조사방법이다. 수주일 혹은 수개월의 장기간 동안 일정한 시간적 간격을 두고 측정하기 때문에, 횡단종사는 동태적 특성을 갖는다. 그리고 유형에 따라 서로 다른 시점에서 동일 대상자를 추적하여 조사해야 하므로 표본의 크기가 횡단조사에 비해 상대적으로 작다.

종단조사는 횡단조사에 비해 복잡하고 비용과 시간이 많이 든다는 단점이 있지만, 장기간에 걸쳐 조사대상자와 상황의 변화 또는 특정한 경향을 조사할 수 있어 중요한 자료를 수집하는 데 효과적이라는 장점이 있다. 종단조사는 일반적으로 탐색적 조사나 설명적 조사에 많이 사용된다. 종단조사는 대상자의 특성에 따라 패널조사, 경향조사, 동년배조사로 나뉜다.

① 패널조사

패널조사(pannel study)는 동일한 주제에 대해 동일한 응답자에게 장기간 반복적으로 면접이나 관찰을 행하는 방법을 말한다. 동일한 주제에 대해 만일 올해 500명을 조사하고 내년에 500명을 조사한다면 올해 조사대상자였던 사람을 찾아내 내년에 또 조사하는 것이다. 패널조사는 동일한 대상자에 대해 조사하기 때문에 그 변화를 쉽게 파악할 수 있는 장점이 있지만, 시간이 지남에 따라 조사대상자들이 여러 가지 사정(질병, 사망, 해외이주, 이사, 행방불명, 조사거부 등)으로 인해 대상자가 줄어들 가능성이 존재한다. 또 동일한 대상자를 조사해야 하기 때문에 주기적으로 확인해야 하는 번거로움이 있어 시간과 비용이 많이 든다.

② 동년배(코호트)조사

동년배조사(cohort study)는 동시집단연구 또는 동년배집단연구라고도 한다. 이는 좀 더 좁고 구체적인 범위에 속한 인구집단의 변화를 연구하기 위한 조사이다. 패널조사처럼 같은 대상이 아니라 일정 연령이나 일정 연령 범위 내의 사람들 중에서 반복조사를 행한다. 예를 들어, 어느 해 대학 입학생(1988년 출생집단), 386세대, X세대, N세대, 베이비붐세대 등과 같이 연구대상 집단을 정하고, 일정 주기로 그 집단에 속한 사람들 중에서 정해진 수만큼을 반복 조사한다. 그

집단에 속한 사람이라는 점은 매번 동일하지만, 그렇다고 동일한 사람은 아니라는 점에 유의해야 한다.

③ 경향조사

경향조사(trend study)는 추세연구 혹은 시계열 조사(time series study)라고도 하는데, 동일한 주제를 장기간 반복적으로 조사를 행하지만, 응답자는 매 조사마다 동일하지 않은 연구방법이다. 경향조사에서의 연구대상은 매번 다르지만, 대체로 동일성을 가진 집단을 대상으로 조사를 행한다. 예를 들어, 매년 대학 신입생을 대상으로 성 의식 조사를 한다면 이는 경향조사에 해당한다. 이 경우 동년배조사와 혼동하지 말아야 한다. 매년 대학에 입학하는 사람들은 서로 다른 연령대의 사람이기 때문에 동년배조사가 아니다. 올해 대학 신입생이 1988년생이라면 내년은 1989년생이 주 대상이 된다. 이와 같이 동일 연령대가 아니라 대학 신입생이란 동일성을 가진, 그러나 서로 다른 대상에 대해 동일한 주제를 반복해서 연구하는 것이 경향조사이다.

3) 자료수집성격에 의한 분류

(1) 양적연구

양적 조사연구(quantitative research)는 연구하고자 하는 연구대상의 속성을 수적 표현에 의해 자료를 수집하는 조사를 말한다. 양적 조사는 객관적, 결과 지향적이며, 정형화된 측정과 척도를 사용하며 일반적으로 연역법에 따른 가설검증, 추론의 과정을 거친다. 또한 양적연구는 일반화가 가능하고, 대규모 분석에 활용된다. 횡단면 조사, 종단조사 같은 설문조사, 실험, 통계자료분석 등이 양적연구에 포함된다.

(2) 질적연구

질적 조사연구(qualitative research)는 과학적 연구방법 중의 하나로 양적 연구의 대비되는 개념으로 계량을 통한 접근방법 이외의 연구방법을 의미한다. 질적연구는 주관적, 과정지향적이며, 조사자의 준거틀을 사용하고 비통제적 관찰을 하며 귀납법에 따른 탐색, 발견, 서술의 과정을 거친다. 또한 질적연구는 일반화가 불가능하고 소규모 분석에 유리하다.

질적연구에는 근거이론, 현상학적 연구, 민속지학 연구, 사례연구, 관찰연구 등이 있다. 더 자세한 내용은 Chapter 11~14에서 확인할 수 있다.

4) 통제정도에 의한 분류

(1) 실험실조사연구

실험실조사연구(laboratory research)는 외재적 요인들을 의도적으로 철저하게 통제하고 인위적으로 관찰조건을 조성함으로써 독립변수가 종속변수에 영향을 미치는 인과관계를 검증하는 방법이다. 이러한 실험실조사를 사회과학에서 엄격하게 적용하는 것은 어렵다.

(2) 현장조사연구

현장조사연구(field research)는 연구문제를 설정하거나 가설을 형성하기 위해서 직접 현장에 나가서 문제점을 찾고 필요한 자료를 수집하는 조사이다. 예를 들어, 노인여가문제를 파악하기 위하여 경로당이나 노인복지관에 가서 노인들의 여가활동을 관찰하거나 직접 면접을 통해 노인의 여가실태를 파악하고 여기에 관련된 특성을 파악하는 것을 말한다.

5) 대상범위에 의한 분류

(1) 전수조사

전수조사(complete enumeration, census)는 조사대상이 되는 모든 부분들에 대하여 전부를 조사하는 것이다. 대표적으로 인구조사가 있다.

(2) 표본조사

표본조사(sampling study)는 조사대상 중 모집단의 일부를 추출하여 조사대상의 전체를 추정하는 조사이다. 전체를 서베이하거나 관찰하는 데는 많은 시간과 비용이 들기 때문에 현실적으로 실행하기 어려운 경우가 많아 대부분의 조사연구에서 활용되고 있다.

더 자세한 내용은 Chapter 8에서 확인할 수 있다.

(3) 단일대상조사

개인, 가족, 소집단을 대상으로 하는 조사로써 임상사회복지서비스와 관련하여 많이 활용된다.

02 사회복지조사의 과정

사회복지조사의 전개과정은 조사방법론의 접근방식에 따라 차이가 있다. 귀납적 연구방법과 연역적 연구방법은 이론과 자료의 역할에 대한 규정을 달리한다. 따라서 연구에 따라 조사의 과정이 다양하게 존재한다.

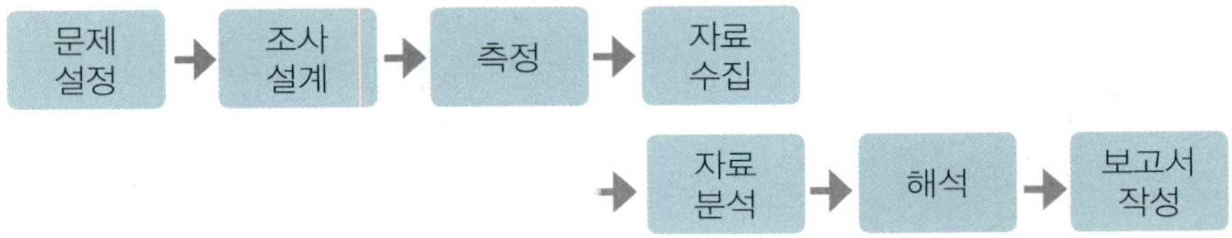

[그림 2-2] 과학적 조사연구의 과정

1) 문제설정

연구문제를 설정함으로써 조사연구가 시작된다. 이 단계에서는 개념을 구체화하고, 가설설정, 연구대상 선정을 한다. 연구자는 자신의 연구에서 다루고자 하는 연구주제, 연구목적, 그 연구의 실제적 및 이론적 중요성을 분명하게 부각시켜야 한다.

연구의 동기가 무엇이든지 연구자는 연구를 통하여 달성하고자 하는 목적을 분명히 밝혀야 한다. 앞 Chapter에서 제시한 것처럼 경험적 연구(empirical study)의 목적은 탐색(exploration), 기술(description), 설명(explanation) 등으로 분류되는데 자신의 연구가 이 중 어떤 것을 주목적으로 하는지를 분명하게 밝혀야 한다.

연구문제가 설정되면 이를 구체화하여 연구의 기본적 모형을 작성하고, 구체적인 가설을 정립하여야 한다. 가설이란 제기된 문제에 대한 해답으로 잠정적 결론이다. 예를 들어, “장기요양보호서비스는 노인수발가족의 정서적 부담감을 줄여 줄 것이다”라든가 “청소년의 인터넷 중독은 학교부적응을 초래한다”와 같이 설정된다. 탐색적 조사연구는 구체적인 가설이 없는 가운데 진행되는 경우가 많으며, 기술적 조사연구도 가설 없이 진행되는 경우가 있다.

연구가설이 정립된 다음에는 연구대상의 선정, 개념화 및 조작화의 단계를 거친다.

2) 조사설계

조사설계(research design)란 연구자가 연구문제에 대한 해답을 얻는 데 필요한 경험적 증거를 수집하기 위해 사용하는 조사연구의 계획을 말한다. 조사설계 단계에서는 앞으로 수행할 조사연구의 전반적 틀, 자료수집 및 분석방법 등에 관한 계획이 수립된다. 즉, ① 자료수집방법(설문지조사, 면접, 실험, 관찰, 내용분석, 2차 자료분석, 질적연구방법 등)을 결정하며, ② 연구모집단, 표본 수 및 표본추출방법 등을 정하고, ③ 설문지(조사도구)를 작성한 후, ④ 설문지의 신뢰도, 타당도를 검증하며, ⑤ 분석 시 사용해야 할 통계기법 등을 결정한다. 연구문제를 설정함으로써 조사연구가 시작된다. 이 단계에서 개념들이 구체화되고, 가설, 가설설정, 연구대상 선정 등이 이루어진다.

3) 측정

측정(measurement)은 연구문제와 가설에 포함된 개념이나 변수들을 개념화와 조작화를 통해 경험 가능한 것으로 치환하는 작업이다. 예를 들어, 인터넷중독이 연구의 주요개념이 되었다면, 인터넷중독이란 무엇을 말하는 것이고(개념화), 어떤 사실들을 관찰하면 인터넷 중독으로 파악될 수 있는지(조작화)를 결정하는 것이다. 단순분류에서 완전한 수량화에 이르기까지 현상을 다양한 단계로 측정하는 것이 가능하다.

4) 자료수집

자료수집은 조사설계에 따라 경험적 자료를 수집하는 단계를 말한다. 조사자가 필요한 자료는 1차 자료와 2차 자료로 나누어진다. 1차 자료란 연구자가 현재의 연구목적을 위하여 직접 수집한 자료를 말하며, 2차 자료는 1차 자료를 제외한 모든 자료를 포함한다. 2차 자료에는 정부기관이나 조사기관에서 발간한 간행물, 기업에서 수집한 자료, 학술지에 발표된 논문 및 다른 조사를 목적으로 수집된 자료로써 연구자의 연구목적에 도움이 될 수 있는 모든 자료가 포함된다.

5) 자료분석

자료분석단계에서는 수집된 자료의 편집과 코딩(부호화)과정이 끝나면 분석이 이루어진다. 전산통계분석을 시도하는 경우, 부호화된 자료를 입력 처리한다. 양적 연구에서는 통계모형이나 수리모형을 이용하여 자료를 분석한다. 질적연구는 맥락을 고려하여 자료를 분석하며, 비수량화된 자료에 대한 범주화를 시도하는 것 자체를 분석의 목적으로 삼는 질적연구도 많다.

6) 해석

해석(interpretation)은 연구문제에 대한 조사연구의 결론과 함의를 도출하는 것이다. 양적 조사연구에서는 분석결과를 통해 연구문제에서 도출된 명제가 참인지 거짓인지에 대해 판단한다. 결과에 대한 일반화가 가능한지의 여부, 방법론상의 한계를 인지해서 결론에 대한 한계의 설정, 연구결과의 함의도출과 그에 따른 제언이 요구된다. 질적연구는 귀납적인 과정으로 진행되므로 해석단계는 수집된 자료들을 통해 찾아낸 범주화나 가설 등의 명제를 밝히게 된다.

7) 보고서 작성

조사연구과정의 마지막 단계는 조사보고서를 작성하는 것이다. 연구결과는 보고서나 학술지의 양식과 체계에 따라서 문서로 작성되어 발표된다. 즉, 보고서의 작성방법은 보고서 활용자의 관점에 맞추어야 하며, 그에 따라 보고서의 양식과 내용들도 적절히 안배되어야 한다.

PART 02

조사연구의 설계

ESEARCH METHODS IN SOCIAL WELFARE

03 CHAPTER 연구문제와 가설설정

01 연구문제의 설정

1) 연구문제의 정의

조사연구는 그 연구에서 탐구하고자 하는 연구문제(research problem)를 설정하는 데에서 시작된다. 어떤 연구결과의 질(quality)은 처음에 제기한 질문, 즉 연구문제에 좌우된다. 왜냐하면 의문이 적절하고 합당하여야 타당한 해답을 구할 수 있기 때문이다. 조사설계, 측정, 표본추출, 자료수집에서 분석과 해석에 이르기까지 모든 과정이 연구문제와 밀접한 관련을 맺고 있다.

연구문제의 구성 또는 설정과정은 지식과 창의성을 필요로 한다. 연구자가 연구주제에 대하여 기초지식이 전혀 없으면 문제 자체를 제기할 수도 없다. 따라서 연구문제는 연구자가 연구주제에 관하여 일정한 기초지식을 가지고 있을 때 제기할 수 있다.

연구문제는 의문문 형식으로 분명하고 명확하게 진술되어야 한다. 즉, "어떤 요인들이 노인의 장기요양보호서비스 이용에 영향을 미친다"라거나 "이 연구의 목적은 장애기준의 확대가 저소득 아동의 장애파악을 증가시키는 것을 알고자 하는 것이다"라고 하지 않고 직접적으로 질문을 제기한다. 즉, "어떤 요인들이 노인의 장기요양보호서비스 이용에 영향을 미치는가?" "장애기준의 확대가 저소득 아동의 장애파악을 증가시키는가?"라고 질문하는 것이다.

설정된 문제는 경험적 검증을 거쳐야 하기 때문에 연구자는 관심 있는 주제를 경험적 연구가 가능한 일련의 질문의 형태로 전환시킬 수 있어야 한다.

2) 연구문제의 원천

연구자에게 "무엇을 연구할 것인가?"를 정하는 것은 매우 어렵고 중요한 과제이다. 연구문제의 시발점은 의문이나 아이디어에서 출발한다. 조사문제의 출발이 되는 의문이나 아이디어가 생성되는 원천은 다음과 같다.

(1) 기존지식체계

연구문제의 아이디어는 알고 있는 분야의 기존지식에서 얻는 경우가 많다. 어느 분야이건 계속 학습하고 탐구하다 보면 그 분야에서 연구주제를 얻을 수 있다. 구체적으로는 기존의 지식체계에 부족한 부분이 있다는 것을 발견하거나, 기존의 연구결과들이 상호 모순되거나 기존 지식체계로는 새로운 사실을 설명할 수 없을 경우 이러한 문제를 해결하기 위한 연구의 주제를 설정할 수 있다.

예를 들어, 청년 실업은 "청년들이 낮은 임금과 고된 노동에 대한 기피현상 때문"이라는 기존의 지식이나 인식체계에 대하여 거부감을 가질 수 있다. 낮은 임금과 고된 노동이 아니라 "미래에 대한 비전이 부족하고 전공이나 적성을 살릴 수 있는 직장이 부족해서가 아닐까" 하는 의문을 가질 수 있다.

또한 농촌거주자의 복지문제를 공부하면서 인터넷을 활용하여 농촌지역의 의료서비스전달체계에 획기적인 변화가 일어날 것을 알게 되었다고 하자. 그러면 인터넷을 활용한 U-Health가 농촌지역 의료서비스의 질과 접근성을 향상시킬 것인지 그렇지 않을 것인지에 대한 의문을 갖고 연구를 시작할 수 있다.

(2) 실천현장의 경험

사회복지조사연구의 중요한 의문들은 실천현장에서 비롯되는 경우가 많다. 사회복지실천현장은 새로운 현상이나 불확실성의 문제가 끊임없이 일어나기 때문에 연구주제가 될 의문이나 아이디어가 무궁무진하게 발생한다. 전문직의 실천은 과학적 이론에 근거해야 하지만, 그렇다고 개별 실천사례들에서 나타날 것으로 예상되는 모든 문제에 대한 답을 미리 제공받을 수는 없다(김영종, 2007: 75). 따라서 실천현장에서 나타나는 갖가지 의문에 대한 답을 추구하려는 노력이 조사연구문제의 형성으로 귀결된다. 사회복지실천현장의 의문이나 아이디어의 해답을 과학적 연구방법으로 구할 수 있다면, 이는 사회복지전문직의 기술 향상뿐만 아니라 나아가서 사회복지 일반지식의 발전을 가져올 수 있다.

(3) 사회적 요청

사회적 요청은 정부나 민간기관, 각종 연구재단이나 사회단체에서 특정의 연구문제에 대한 경험적 조사연구를 요청하는 경우를 말한다. 대체로 정치·경제·사회적 문제의 해결방안을 모색하기 위한 정책과제인 경우가 많다(남궁근, 2010). 이럴 때 연구주제는 연구자가 정하는 것이 아니라 연구를 요청한 기관에서 제시하게 된다. 그러나 이렇게 사회적 요청에 의하여 연구가 시작하는 경우라도 문제가 분명하게 정의되어 있는 일은 드물기 때문에, 연구주제를 경험적 연구가 가능한 연구문제로 전환시키는 과정을 거치는 경우가 많다.

(4) 개인적 경험

개인이 일상생활이나 직장생활에서 겪은 경험을 토대로 연구주제를 정할 수 있다. 사회복지조사연구의 중요한 의문들은 실천현장에서 비롯되는 경우가 많다. 예를 들어, 자신이 근무하는 사회복지기관에서 여성보다 남성의 승진이 빠르다는 것을 관찰했다면, 이러한 사실이 "성차별로 인한 것이 아닐까?"라는 의문을 가지고 연구주제를 정할 수 있다.

그러나 개인적 의문은 주관성이 강해서 특정 자료를 선호하거나 결과해석에 감정개입의 위험성이 있다. 따라서 이러한 개인적 경험성에서 얻은 의문은 과학적 조사연구의 대상이 되기 어렵다는 주장도 있다(김영종, 2007).

3) 연구문제의 형성과정

모든 의문이 조사연구를 필요로 하는 연구문제가 되지는 않는다. 연구자가 연구주제를 정하였다 해도 이를 토대로 처음부터 연구문제를 명확하게 정의하기는 어렵다. 예를 들어, 빈곤층자녀의 사회적 배제에 관심을 가지고 이를 연구하기로 하였다고 하자. 이 경우에 사회적 배제에 관하여 무엇을 연구해야 할지 막연하다. 좀 더 체계적으로 탐색하는 가장 좋은 방법은 해당 주제를 몇 개의 질문으로 구성하여 범위를 좁혀 나가는 것이다.

연구자는 연구과제의 수행을 통하여 얻고자 하는 것에 대하여 분명하게 정의하여야 한다. 연구를 수행하면서 탐색, 기술, 설명 중에서 어느 쪽에 중점을 두어야 할지를 분명히 결정하여야 한다. 그러기 위해서는 연구자 스스로가 연구과제를 수행한 후에 발표하고자 하는 것이 무엇인지를 생각해 보아야 한다. 어떤 일이 일어난 원인에 대하여 말하고 싶은가(설명)? 연구하고자 하는 현상을 정확하게 보여주고 싶은가(기술)? 어떤 새로운 아이디어를 제시하고 싶은가(탐색)? 연구자는 이들 중 한 가지를 분명히 결정하여야 한다(남궁근, 2010).

연구자는 연구하고자 하는 분야에서 활동하는 다른 연구자들의 연구문헌을 체계적으로 검토하면 연구문제 해결에 많은 도움을 받을 수 있다. 어떠한 연구를 하더라도 모든 의문이 조사연구를 필요로 하는 연구문제가 되지는 않으며, 문헌검토를 한 결과 그 연구주제에 대한 해답이 알려져 있다면 중복적인 연구를 진행할 필요가 없다. 연구주제가 결정되면 그 주제와 직접 관련된 기존의 연구문헌을 철저하게 탐색하여 검토한 다음, 이를 토대로 연구의 방법과 내용을 연장하여야 한다. 기존의 연구문헌을 검토한 결과 연구에 사용된 방법론이 취약하거나 연구 결과의 타당성이 의심스러운 경우, 그 문제를 다시 연구할 수 있다.

4) 연구문제 선정의 적절성

모든 의문이나 문제가 조사연구의 대상으로 가능한 것은 아니다. 조사연구에서 가능한 연구문제를 만들려면 다음을 고려해야 한다(김영종, 2007).

① 연구범위의 적절성

연구자가 가진 의문 모두를 하나의 조사연구에서 다 해결할 수는 없다. 모든 의문을 다루기보다는 연구의 핵심적인 의문으로 축소시켜 한정된 부분을 집중적으로 탐구하는 것이 바람직하다.

② 조사의 현실적 여건

연구에 소요되는 시간, 돈, 에너지뿐만 아니라 자료수집의 용이성과 같은 연구의 현실적인 실행 가능성 문제를 고려할 필요가 있다. 연구자 자신의 연구수행능력과 적절한 지원체계도 현실적으로 고려하여야 한다. 아무리 중요하고 필요한 연구라 해도 연구자가 현실적으로 감당하기 어려운 연구문제 선정은 바람직하지 않다.

③ 검증 가능성

연구문제는 검증이 가능한 문제이어야 한다. 경험적으로 확인할 수 없는 문제들, 가치를 다루거나 지나치게 추상적인 문제들은 과학적 연구에서 다룰 수 없는 문제이다.

02 연구문제의 진술

연구문제 형성의 최종과정은 연구를 이끌어 갈 조사문제와 가설을 명확하게 진술하는 것이다. 연구문제의 진술은 일단 연구주제에 관계되는 의문점을 모두 적어 보는 것으로부터 시작하는 것이 좋다. 관심사항을 의문문의 형태로 표현하다 보면 그에 대한 해답을 생각하게 되므로 연구문제를 구성하는 데 도움이 된다.

연구주제에 관계되는 여러 가지 질문들을 나열하고, 각각의 질문들에 대하여 다음과 같은 내용을 검토할 필요가 있다. 여러 가지 질문 중에서 기대하는 연구결과를 가장 잘 나타내는 질문은 어느 것인가? 그 연구주제와 관련하여 제기할 수 있는 또 다른 질문이 있는가? 만약 있다면 그 질문은 처음의 질문과 결합하여 연구의 관점을 강화시켜 줄 것인가? 이러한 일련의 질문을 검토하여 가장 적절한 질문을 연구문제로 선택한다. 연구문제의 기술형태는 의문문 형태로 서술하고 가능하면 단순명료하게 서술하는 것이 좋다.

최근 국내 사회복지 연구문헌에서 발췌한 몇 가지의 연구문제를 나열해 보면 다음과 같다.

①저소득 노인의 에이징 인 플레이스(Aging in Place)를 가능하게 하는 주택제공과 서비스 지원을 어떻게 할 것인가? (김유진 · 박순미 · 박소정, 2019)

②사회복지 지원자들이 채용면접에서 주로 사용하는 인상관리전략은 무엇인가? (장연진 · 정선욱, 2008)

③농어촌 고령자의 행복감에 영향을 미치는 요인은 무엇인가? (박창제 · 신동호, 2018)

④자원봉사관리자의 재교육 실태는 어떠한가? (권현수, 2007)

⑤독거노인의 사회자본이 자기방임에 영향을 미치는가? (이민홍, 2018)

⑥노동시장 이중구조가 청년실업에 영향을 미치는가? (장민, 2019)

이상에서 여러 가지 형태의 연구문제를 살펴보았는데, 일반적으로 하나의 연구문헌에서 하나의 연구질문을 다루지 않고 여러 개의 질문을 다룬다. 여기에 인용한 연구문제는 각 문헌에서 제시한 여러 질문 중 일부만 나열한 것이다. 연구문제를 위와 같이 의문문의 형태로 하는 것이 바람직하지만, 학술지에 게재하는 논문의 경우, 지면이 매우 제약되어 있기 때문에 연구목적을 기술하면서 연구문제를 서술문 형식으로 제시하는 경우도 많다. 그러나 가능하다면 연구문제는 의문문의 형식으로 제시하는 것이 연구문제를 분명하게 드러나게 한다.

03 개념적 정의와 조작적 정의

연구문제가 설정되면 연구문제에 포함된 추상적 개념(concept)을 구체화하여야 하는데, 이와 같은 과정을 개념화(conceptualization)라고 한다. 개념은 관찰된 사건에 대한 추상적 표현 또는 여러 가지 사실의 간략한 표현으로 정의할 수도 있다. 즉, 관심의 대상이 되는 경험세계에서의 사물, 사건 및 현상의 속성을 추상화시킨 표현이라는 것이다. 개념이란 일반적으로 개인이나 집단의 형태나 속성 혹은 사회현상을 표현하는 데 사용하는 단어이다(한승준, 2007). 따라서 개념은 그 의미가 정확해야 하고 타인에게 정보를 전달할 수 있어야 한다.

1) 개념적 정의

개념(concept)은 실질적으로 용어·기호로 나타나는데, 이때 그 용어에 의미를 부여하는 과정을 정의(definition)라고 한다. 개념적 정의(conceptual definition)란 하나의 개념을 다른 개념을 사용하여 정의하는 것인데, 이는 일반적인 속성을 사전적으로 구체화하는 작업이므로 사전적 정의(辭典的 定義)라고 부르기도 한다. 개념을 언어로 표현한 것을 용어(term)라고 하므로 개념과 용어의 뜻을 기술하는 것이 개념적 정의이다. 예를 들면, '키는 생물이 일어선 상태에서의 몸의 길이', '행복은 심신의 욕구가 충족되어 조금도 부족감이 없는 상태', '학생은 학문과 예능을 배우는 사람'을 의미한다는 표현은 한 개념을 다른 개념 또는 용어를 통하여 기술한 것이다.

사회복지문제의 원인을 탐구하고 문제를 해결하기 위한 경험적 연구를 진행할 때 연구자는 중요한 개념에 대해서는 반드시 개념적 정의를 하여야 한다. 사회복지개념은 가능한 한 사회복지 용어사전이나 전문적인 학술지 등 관련분야에서 사용되는 개념정의를 참고할 필요가 있다.

2) 조작적 정의

조작적 정의(operational definition)란 추상적인 개념을 실증적이고 경험적으로 측정 가능하도록 구체화한 정의를 말한다. 즉, 조작적 정의란 개념적 정의를 연구목적에 적합하도록 관찰 가능한 지표로 변환시킨 것이다. 사회복지의 대상이 되는 개념들은 대부분 추상적이고 다의적이기 때문에 정확한 개념적 정의를 내리고 이 정의에 합당한 측정수단을 개발하는 것이 매우 중요하다.

예를 들어, 가정환경과 청소년의 학교부적응의 관계를 연구하면서, "부부간의 관계가 좋지 않은 가정의 청소년들은 학교 부적응 가능성이 높을 것이다"라고 가설을 설정했다고 하자. 이 경우 독립변수인 부부간의 관계는 직접 조사하기 어려운 추상적 개념이다. 이를 조사하기 위해서는 이 개념의 의미를 잘 대변하면서 측정 가능한 개념으로 조작되어야 한다. 부부간의 관계가 좋지 않은 것을 측정하기 위하여 ① 부부간의 다툼 횟수, ② 부부간의 대화 횟수, ③ 부부의 함께 하는 시간 등을 생각해 볼 수 있다. 종속변수인 학교부적응도 추상적 개념이어서 직접 조사가 불가능하기 때문에 추상개념을 조사 가능한 개념으로 전환하기 위한 조작적 정의가 필요하다. 학교 부적응을 ① 무단 결석일수, ② 학교폭력 건수, ③ 돈이나 물건 훔치기 등으로 개념을 조작적으로 정의할 수 있다.

이상에서 살펴본 바와 같이 개념적 정의에 의하여 용어로써의 추상적 개념의 의미는 분명해지고, 조작적 정의를 통하여 그러한 개념을 경험세계에서 직접 측정할 수 있게 된다. 결국 조작적 정의는 개념에 대한 측정의 문제와 관련된 것이다. 개념적 정의는 측정대상이 갖는 속성에 대한 개념적·추상적 표현임에 반하여 조작적 정의는 그 속성에 대한 경험적·구체적 표현이라고 할 수 있다. 다시 말하면, 조작적 정의는 추상적 개념을 관찰 가능한 형태로 표현해 놓은 것이다.

3) 개념, 조작적 정의와 변수와의 관계

일반적으로 개념(concept)과 변수(variable)는 서로 구분하지 않고 같은 의미로 사용되는 경우가 많다. 왜냐하면 연구자가 탐구하고자 하는 개념을 가리켜 변수라고 하기 때문이다(유태균, 2019). 다만 개념의 실증적 관찰을 위해 조작적 정의와 과정을 거쳐 계량적 측정이 가능하게 된 개념이 바로 변수이다(한승준, 2007: 140). 개념은 조작적 정의를 통해 변수로 전환된다. 변수는 연구대상의 경험적 속성을 나타내며 그 속성에 계량적인 수치를 부여할 수 있는 개념 또는 경험적으로 측정 가능한 개념이다.

변수의 중요한 특징은 둘 이상의 값(value)이나 범주(category)를 갖는 것이다. 예를 들어, '성별'은 변수이며 '남성'과 '여성'은 변수값이다. 소득수준은 변수이며, '상', '중', '하'의 변수값을 가진다. 한 개념이 각기 다른 범주로 분류되는 둘 이상의 변수값들을 갖지 않으면 변수로 볼 수 없다. '대학생'이라는 하나의 개념은 변화할 수 없으므로 변수의 성격을 갖지 않는다. 그러나 대학생의 학업능력 등은 변수의 성격을 가질 수 있다. 문제의 초점에 따라 '우수', '보통', '열등' 등의 다양한 가치값을 가지므로 변수라 할 수 있다.

이렇게 개념적 정의, 조작적 정의를 통하여 현실 세계를 측정하고 분석할 수 있다. 이러한 과정을 그림으로 나타내면 다음과 같다.

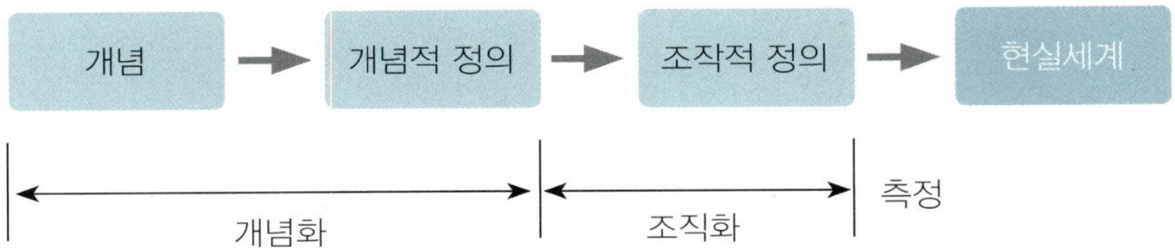

[그림 3-1] 과학적 조사연구의 과정

4) 변수의 종류

변하지 않는 수를 상수(constant)라고 부른다. 상수는 한 가지 이상의 값을 가질 수 없다. 반면에 변수(variable)는 적어도 두 가지 이상의 값을 가지는 경험적 속성을 가진 개념이다. 변수는 계량적인 수치를 부여할 수 있는 개념이거나 경험적으로 측정 가능한 개념을 말한다.

개념과 변수 그리고 상수를 다음과 같은 표로 설명할 수 있다(표 3-1 참조). 따라서 개념과 변수를 서로 구분하지 않고 같은 의미로 사용하는 경우가 많다.

〈표 3-1〉 개념, 변수, 상수

개념	변수	상수
성	성별	남자(M,1)
		여자(F, 2)

변수 값의 연속성 여부에 따라 연속변수와 이산변수로 구분할 수 있다. 인과적 조사연구에서는 변수를 기본적으로 독립변수와 종속변수로 구분한다. 독립변수(independent variable)는 원인이 되는 변수이고, 실험연구에서 조작되는 변수이다. 이러한 이유로 원인변수, 설명변수, 예측변수라고 부른다. 종속변수(dependent variable)는 독립변수에 의해 영향을 받는 변수이다. 따라서 결과변

수, 피설명변수, 피예측변수라고 부르기도 한다.

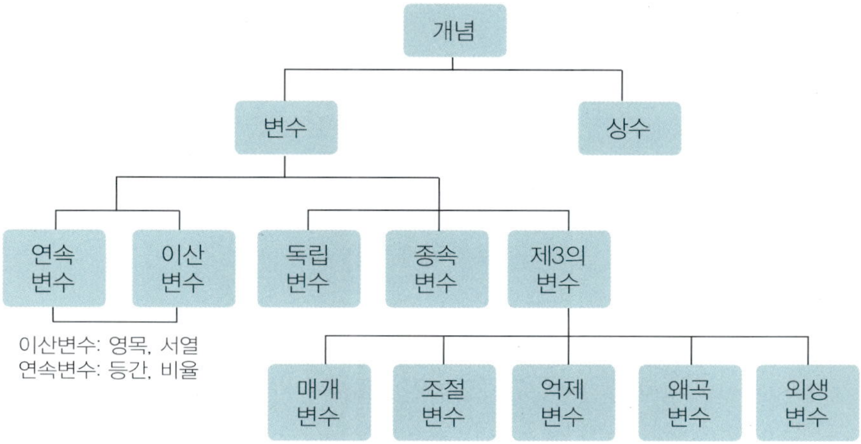

[그림 3-2] 변수의 종류와 분류체계

그런데 독립변수와 종속변수와 관계에 개입하여 영향을 미치는 제3의 변수들이 존재할 수 있다. 사회과학적 조사에서는 제3의 변수가 존재하는 경우가 많다. 제3의 변수가 어떤 형태로 개입하느냐에 따라 매개변수, 조절변수, 억제변수, 왜곡변수, 외생변수 등으로 분류된다. 독립변수와 종속변수 간의 인과관계를 확인하기 위하여 이러한 제3의 변수들을 의도적으로 통제하기도 한다. 연구설계에서 일정하게 고정시켜 통제하고자 하는 조정변수를 통제변수라고 부른다. 이때 제3의 변수는 통제되어야 하는 변수가 된다.

(1) 매개변수

매개변수(intervening variable)는 독립변수와 종속변수와 관계에 개입하여 영향을 미치는 제3의 변수이다. 두 변수가 서로 직접적인 상관관계가 없는데 제3의 변수가 두 변수를 연결시켜서 두 변수가 간접적으로 관계를 가지는 경우, 이 제3

의 변수가 매개변수이다.

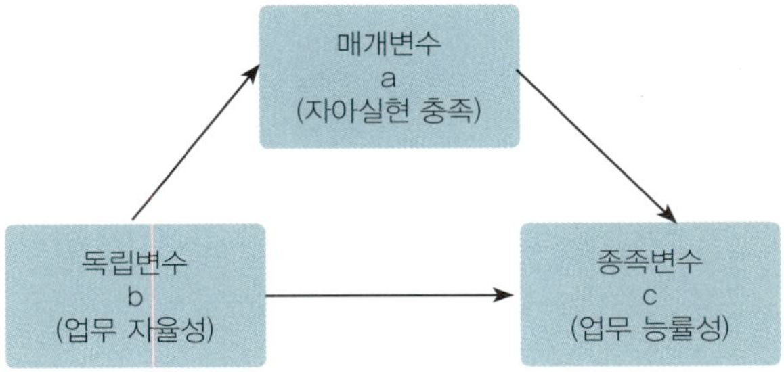

[그림 3-3] 매개변수

예를 들어, 사회복지사의 업무 자율성이 업무 능률성에 직접적인 영향을 미치지 않고 자아실현 충족을 통해서 간접적인 영향을 미친다고 하자. 이럴 경우 업무 자율성은 독립변수이고, 업무 능률성은 종속변수, 자아실현 충족은 매개변수이다. a가 c에게 직접적인 영향을 미치지는 못하고 b를 통해서만 c에게 영향을 미친다면 완전매개라고 한다. a가 c에게 직접적으로 영향을 미치면서 b가 매개역할을 한다면 부분매개(불완전매개)라 한다.

(2) 조절변수

조절변수(moderating variable)는 독립변수와 종속변수 간의 관계를 강화하거나 악화하는 등 관계의 크기를 조절하는 제3의 변수이다.

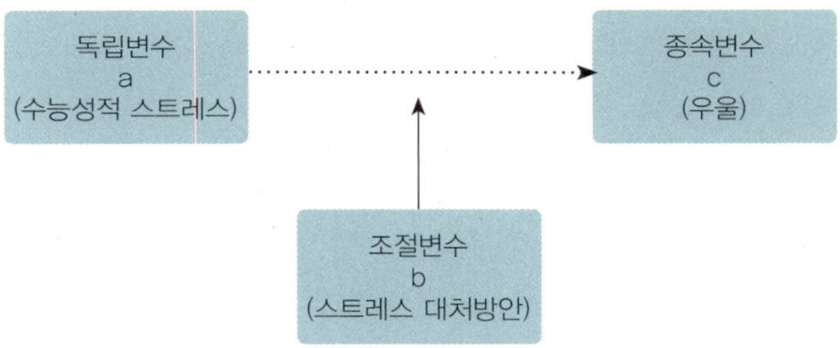

[그림 3-4] 조절변수

예를 들어, 어떤 연구에서 수능성적 스트레스가 우울에 직접적인 영향을 미치지만 스트레스 대처방안이 좋으면 우울이 감소된다고 결과가 나왔다고 하자. 이럴 경우 수능성적 스트레스는 독립변수이고, 우울은 종속변수, 스트레스 대처방안은 조절변수이다. a가c에게 직접적인 영향을 미치지만 b가a와 c간의 영향 관계를 더 강화시키거나 약화시키게 된다면 b는 조절변수이다.

(3) 억제변수

억제변수(suppressor variable)는 독립변수와 종속변수 간에 인과관계가 존재하지만 마치 관계가 없는 것처럼 보이게 하는 제3의 변수를 말한다. 독립변수와 종속변수 사이를 억제하여 가식적인 영 관계(spurious zero relationship)의 원인이 되기 때문에 억제변수라고 부른다.

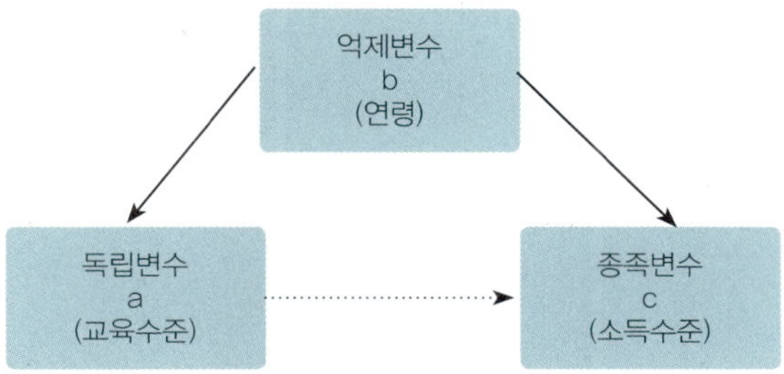

[그림 3-5] 억제변수

일반적으로 교육수준과 소득수준 사이에 긍정적인 관계가 있다(교육수준이 높을수록, 소득수준이 높다)고 알려져 있다. 그러나 어떤 조사에서 분석해 보니 교육수준과 소득 사이에 서로 관계가 없는 것으로 나타났다. 그 후에 연령을 통제하고 분석해 보니 교육수준과 소득수준이 긍정적인 것으로 나타났다. 분석결과 표본에 속한 대상자들의 연령이 교육수준과 부정적으로 상관되어 있고(연령이 높을수록 교육수준이 낮고), 소득과는 긍정적으로 상관관계가 있다(연령이 높을수록 소득수준이 높다)는 사실을 확인하였다. 따라서 연령이 높아질수록 교육수준을 끌어내리게 되지만 소득은 끌어올리게 된다. 따라서 연령과 교육수준은 부적(−)인 관계, 연령과 소득은 정적(+)인 관계가 된다. 따라서 연령(b)은 억제변수가 되어 교육수준(a)이 소득수준(c)에 영향을 미치는 효과를 억제한다.

(4) 왜곡변수

왜곡변수(disorter variable)는 독립변수와 종속변수 간의 실제 관계를 정반대의 관계로 보이게 하는 제3의 변수를 말한다.

예를 들어, 어떤 연구결과에서 기혼자의 자살률이 미혼자의 자살률보다 높다는 결과가 나왔다고 하자. 그러나 연령이라는 변수를 통제하면 오히려 미혼자들의 자살률이 기혼자의 자살률보다 높게 나타났다는 것이 확인되었다고 하자. 이는 10대 이하, 20대는 결혼하지 않은 비율이 높고 이들의 자살률도 상대적으로 아주 낮기 때문으로 보인다. 이로 인하여 연령이 실제 관계를 왜곡시킨다는 것이다.

이럴 경우 결혼 여부는 독립변수이고, 자살률이 종속변수, 연령은 왜곡변수가 된다.

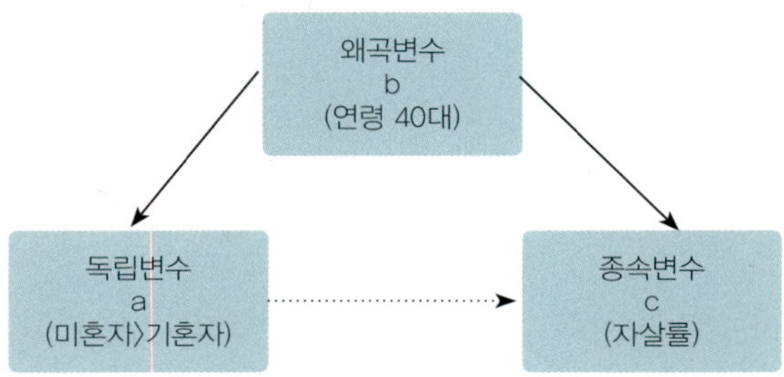

[그림 3-6] 왜곡변수

(5) 외생변수

독립변수와 종속변수의 관계가 표면적으로 인과적 관계에 있는 것처럼 보이지만 사실은 인과관계가 있는 것처럼 보이게 하는 제3의 변수 때문에 발생할 수 있다. 이러한 제3의 변수를 외생변수(extraneous variable)라고 한다.

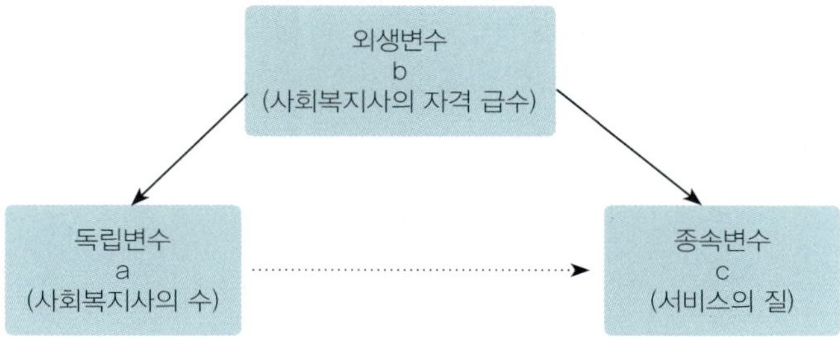

[그림 3-7] 외생변수

[그림 3-7]의 경우 종속변수(서비스의 질)의 변화가 독립변수(사회복지사) 때문이 아니라 실제로는 다른 외생변수(자격 급수) 때문에 발생했을 수도 있다. 즉, 사회복지사의 수가 서비스 질에 영향을 미친다고 잘못 이해할 수 있으나, 실제로는 사회복지사의 자격 급수가 사회복지사의 수와 서비스의 질 모두에 영향을 미치고 있기 때문에 사회복지사의 수가 서비스의 질에 영향을 미치는 것으로 보인다.

따라서 독립변수와 종속변수의 인과관계(causality)를 보다 명확히 하기 위해서는 외생변수를 통제해야 한다. 통제하게 되면 이 변수는 통제변수가 된다.

04 가설과 가설검증

1) 의의

연구문제를 해결하기 위해서는 현실세계에서 수집한 자료를 토대로 검증을 거쳐야 한다. 연구자는 연구문제에 대하여 해답이라고 생각되는 것을 제시하여 경험적으로 그 진위를 확인하는 절차를 거친다. 이때 연구자가 잠정적으로 해답이라고 간주한 것이 바로 가설이다(남궁근, 2010). 달리 말하면, 어떤 사실의 원인을 설명하거나 어떤 이론체계를 연역하기 위해서 가정적으로 설정한 것을 가설

(hypothesis)이라 한다. 즉, 가설이란 사실로서 증명은 안 됐지만 추구해 볼 만한 가치가 있는 조건을 갖춘 추측이다. 일반적으로 가설은 연구를 통해 검정하고자 하는 둘 또는 그 이상의 변수들 간의 관계에 관한 가정적인 명제로 이루어진다.

2) 가설의 특징

첫째, 가설은 2가지 이상의 변수의 관계로 표현되어야 한다. 가설은 보통 특정 변수의 조건이 어떠할 때 다른 특정변수의 조건은 어떠하다는 서술문 형식을 갖는다. 즉, 연구문제가 "변수 A와 변수 B는 관련이 있는가?"의 형식이라면 가설은 "변수 A가 변하면 변수 B는 변한다" 또는 "A가 증가할 때 B는 감소한다"라는 형태가 된다.

변수들 간의 관계를 나타내는 이론적 명제(연구문제에 대한 잠정적 결론)와 그것으로부터 도출된 가설의 예는 다음과 같다.

명제: 사적 재무적 노후준비는 성별에 따라 차이가 있다.

가설: 남성의 개인연금가입률은 여성의 개인연금가입률보다 높을 것이다.

명제: 사회복지사의 업무부담은 서비스의 질에 부정적인 영향을 미친다.

가설: 사회복지사가 담당하는 케이스 수가 많으면 많을수록 담당 클라이언트들의 서비스 만족도 점수가 낮아질 것이다.

둘째, 가설은 문제를 해결해 줄 수 있어야 한다. 가설을 설정하는 가장 큰 이유는 문제의 진위를 밝히기 위한 것이다. 즉, 가설의 목적은 문제를 해결하는 데 있다. 가설검증을 통해 가설이 참으로 밝혀지면 문제를 해결할 수 있는 대안을 찾을 수 있으며, 가설이 거짓이라고 밝혀지면 문제를 해결할 수 있는 대안을 찾기가 어렵게 된다. 앞의 예에서 "남성의 개인연금가입률은 여성의 개인연금가입률보다 높을 것이다"라는 가설이 참이라고 밝혀지면 여성의 적정한 노후준비를 위하여 사적 연금가입을 높이기 위한 방안을 강구할 것을 제안할 수 있으나 가설이 거짓이라고 판명된다면 개인연금가입률에 성별이 영향을 미치지 않으므로 여성의 적정한 노후준비에 대한 대안을 제시하기가 어렵게 된다.

셋째, 가설은 검증될 수 있어야 한다. 가설은 가능한 한 검증 가능한 변수 간의 관계로 표현되어야 한다. 검증 가능한 가설이 되기 위해서는 가설에 포함되어 있는 변수들이 조작적으로 정의되어야 하며, 이들 변수들은 직접 관찰되거나 측정될 수 있어야 한다.

3) 가설의 종류

경험적 연구의 진행과정에서 가설을 검증하기 위하여 연구가설(research hypothesis)과 영가설(null hypothesis)을 구분한다.

(1) 영가설

영가설(null hypothesis)은 귀무가설(歸無假說)이라고 부르기도 하는데 연구가설과 논리적으로 반대의 입장을 취하는 진술이다. 영가설은 2개 이상의 모집단 또는 변수 간에 차이가 없다고 가정한다. 또는 독립변수가 종속변수에 영향을 미치지 않는다고 가정하는 것을 의미한다. 예를 들어, "남녀 학생 간에 인터넷 중독에 빠질 가능성에 차이가 없다"거나 "부모의 양육태도가 학생의 학교부적응에 영향을 미치지 않는다" 등으로 나타낸다.

(2) 연구가설

사회현상에 관한 이론으로부터 도출된 가설, 즉 연구문제에 대한 잠정적인 해답으로 연구자가 제시한 가설을 연구가설(research hypothesis)이라고 한다. 조사연구에서 보통 가설이라 하면 이 연구가설을 말한다. 연구가설은 영가설과 논리적으로 반대 입장을 취하는 진술이다. 위의 예로서 제시하면, “남녀 학생 간에 인터넷 중독에 빠질 가능성에 차이가 있다”거나 “부모의 양육태도가 학생의 학교부적응에 영향을 미친다” 등으로 나타낸다.

4) 가설의 기능

가설은 연구문제에 대한 잠정적 해답이며, 검증을 통하여 그 진위가 결정된다. 가설의 주요 기능은 이론의 검증, 이론의 제시, 현상의 기술 등 세 가지로 크게 나눌 수 있다.

(1) 이론의 검증

어떤 이론이 일련의 사건을 설명하는 도구로써의 예측 가치(predictive value)와 적절성(adequacy)을 증명하기 위해서는 그 이론에서 도출된 여러 가지 가설을 검증해 보아야 한다. 그러므로 가설의 중요한 기능은 이론을 검증할 수 있도록 하는 것이다.

(2) 이론의 제시

어떤 가설은 특정 이론과 관계없이 제시되기도 하는데, 이 경우에는 가설을 검증한 결과를 토대로 이론이 구성되기도 한다. 그러므로 가설의 또 다른 기능은 현상을 설명할 수 있는 이론을 제시하는 것이다. 실제 연구에서 이론으로부터 가설로 진행되는 경우가 많지만, 그 반대의 경우, 즉 가설을 토대로 이론이 구성되는 경우도 있다.

(3) 사회현상의 기술

가설은 사회현상을 기술하는 기능도 수행한다. 가설이 경험적으로 검증될 때마다, 가설에 관련된 현상에 관한 정보를 얻게 된다. 가설이 채택되면, 그 현상에 관한 정보를 추가하게 된다. 가설이 기각된다고 해도 이전에는 알지 못했던 사실을 알게 된다. 가설검증의 결과로 축적된 정보는 사회현상의 발생원인에 대하여 연구자가 가지고 있는 지식을 증가시킨다.

5) 통계적 가설검증

설명적 조사연구에서는 결과변수(종속변수, 설명되는 변수)와 원인변수(독립변수, 설명하는 변수) 간의 인과관계에 대한 가설을 설정하고, 자료를 수집하여 그 진위를 증명한다. 기술적 연구에서도 연구대상의 속성, 집단 간의 차이, 변수 간의 관계에 대한 가설을 설정하고, 그 진위를 검증하는 경우가 있다. 연구자가 설정한 가설은 자신이 제기한 연구문제에 대한 잠정적인 해답이며, 이러한 가설이 검증과정을 거쳐서 진실이라고 받아들여지면, 그 가설은 연구문제에 대한 검증된 해답, 즉 결론이 된다.

통계적 가설검증이란 이와 같이 수집된 자료를 기초로 가설의 진위 여부에 대하여 의사결정을 내리는 과정과 절차를 말한다. 통계적 가설검증에서는 추리통계학, 즉 표본추출이론에 입각하여 수집된 표본자료의 분석결과를 토대로 모집단에 관하여 설정된 가설의 채택 여부에 관한 의사결정을 내리게 된다. 즉, 표본정보만을 가지고 모집단에 관한 가설의 채택 여부를 결정하는 과정이 통계적 가설검증의 과정이다.

CHAPTER 04 인과관계의 확인과 조사설계의 타당성

01 인과관계의 확인

사람들은 “지난 시간에 왜 결석했니?”, “약속 시간에 왜 늦었니?”와 같이 일상생활 속에서 인과관계를 추론한다. 이와 같은 질문들의 경우 결과의 원인들은 쉽게 찾을 수 있지만, 일반적으로 어떤 현상의 원인을 찾기란 쉬운 일이 아니다. 예로부터 많은 학자들이 우주와 사물, 그리고 인간의 궁극적인 원인을 찾으려고 애써 왔으며, 현대의 자연과학은 물론 사회과학에서도 어떤 현상을 일으키는 원인을 찾아 현상을 설명하고 나아가 앞으로의 변화 방향에 대한 예측을 하려고 노력하고 있다. 인과관계는 지식이나 이론의 발전에 크게 기여하기 때문이다.

인과관계(causal relation)란 어떤 변수가 원인(cause)으로 작용해서 다른 변수의 변화나 발생이 결과(effect)로서 나타나는 관계를 말한다. 사회복지조사 역시 대부분 인과관계의 검증을 통하여 이루어지기 때문에 인과관계에 대한 명확한 이해가 필요하다.

사회과학에서의 인과관계는 일반적인 의미의 인과관계와는 다소 차이가 있다. 사회과학의 인과관계는 결정론적(deterministic)으로가 아니라 확률적(probabilistic)으로 표현된다. 즉, “X가 Y의 원인이다”가 아니라 “X라는 원인이

Y의 결과를 발생시킬 수 있다"는 방식으로 인과관계를 표현한다. 왜냐하면 종속변수에 영향을 미칠 수 있는 변수는 연구문제에서 설정한 독립변수 외에 여러 가지 변수가 있을 수 있으며, 더욱이 이러한 여러 독립변수들의 영향을 통제할 수도 없으므로 인과관계를 명확하게 결정론적으로 밝히기 어렵기 때문이다.

예를 들어, 경제상황이 나빠지면서 자살률이 높아지는 현상이 관찰되었다고 해서 경제 불황이 자살률 증가의 원인이라고 단정 짓기가 어렵다. 자살 충동을 야기하는 다른 문화적·사회적 요인들 예를 들어, 인터넷 발달에 따른 자살정보의 상호교류, 자살을 개인의 명예를 지키는 수단으로 여기는 사회적 분위기의 확산 등 다른 여러 가지 요인들이 자살에 영향을 미치기 때문에 어떤 것이 원인인지 결정적으로 밝히기는 쉽지 않다. 그래서 사회과학에서는 명확하고 결정론적인 표현보다는 확률적인 표현을 많이 사용하는 것이다.

인과관계를 증명하는 문제는 아직도 인식론이나 방법론에서 많은 논쟁들이 따르고 있다. 따라서 여기에서는 현재 사회과학을 연구하는 입장에서 필요한 인과관계의 존재를 확인하기 위한 조건에 대해 살펴보도록 한다. 일반적으로 원인과 결과 사이에 인과관계가 정립되기 위해서는 공변성(경험적 상관관계), 시간적 우선성, 독립변인과 종속변인을 동시에 유발하는 제3요인이 없다는 3가지 요건이 만족되어야 한다.

첫째, 인과관계의 검증에 필요한 일차적인 조건은 원인으로 추정되는 변수와 결과로 추정되는 변수가 동시에 존재하며, 상호연관성을 가져야 한다. 즉, 인과관계를 확인하기 위해서는 변수들 간에 공변성(covariation)이 반드시 존재해야 한다. 한 변수가 변화할 때 그와 관련된 변수도 따라서 변할 때 두 변수 사이에 공변성이 있다고 할 수 있다. 예를 들어, "고학력자일수록 소득이 높다"는 가설이 있다면, 교육수준의 변화가 있을 때 반드시 소득수준의 변화도 일어나야 공변성이 존재한다고 할 수 있다. 인과관계의 존재 여부를 떠나서도, 두 변수가 어떤 식으로든 관계되어 있다고 하기 위해서는 이러한 공변성에 대한 경험적 입증이 일차적으로 필요하다.

둘째, 원인과 결과를 확인하기 위해서는 원인이 결과보다 시간적으로 우선하여야 한다. 한 변수가 변화할 때 다른 변수도 변화하는 공변성이 나타나더라도 이것은 단지 두 변수 간에 어떤 식으로든 관계가 있음을 보여주는 것에 불과하다. 따라서 변수 간의 인과관계를 증명하기 위해서는 공변성의 확인에 덧붙여 두 변수의 변화들 간에 시간적으로 무엇이 앞서고 무엇이 뒤선다는 것을 보여줄 수 있어야 한다. 가령 '날씨가 더워지면 음료수 판매가 증가한다'는 명제가 있다고 하자. 그러면 날씨가 더워지는 것이 원인이므로 음료수 판매량 증가보다 시간적으로 앞서야 한다는 것이다. 반대로 음료수 판매가 늘었으니 날씨가 더워진다는 경우도 존재한다면 인과관계의 추론이 불가능하다.

셋째, 인과관계의 확인을 위해서는 외생변수(extraneous variable)가 존재하지 않아야 한다. 외생변수란 독립변수와 종속변수 각각에 밀접한 관계를 갖고 있어 두 변수 사이에 인과관계가 있는 것처럼 보이게 하는 제3의 변수를 말한다. '까마귀 날자 배 떨어진다'는 속담에서 까마귀가 나는 현상과 배가 떨어지는 현상에서 인과관계가 정립되지 않는다. 그 이유는 다른 원인이 개입되어, 예를 들자면 바람이 불어서 두 가지 현상이 동시에 일어날 수 있기 때문이다. 또 '출동한 소방차가 많을수록 화재 피해액이 크다'는 가설에서 실제로 '화재규모'라는 제3의 변수가 독립변수(출동한 소방차 수)와 종속변수(피해액)에 동시에 영향을 미친 결과라면 이 두 변수 간에는 인과관계를 입증할 수 없다.

사회과학에서 인과관계는 위와 같은 조건의 충족을 전제로 하여 성립한다. 사회복지조사는 이와 같은 인과관계를 확인하는 조건을 바탕으로 변수들 간의 관계를 파악하여 이론을 도출하거나 가설을 만들고 검증하는 과정을 거친다.

02 연구설계의 타당성

연구설계(research design)란 조사문제에 대한 경험적인 결론을 유도하는 방법에 관한 것으로, 조사설계, 연구디자인, 조사계획이라고도 번역되어 사용된다. 연구설계는 조사문제의 답을 얻기 위한 조사연구의 계획, 구조, 전략 등을 포괄하는 것으로서 조사의 전반적인 과정을 의미한다. 연구설계는 건축에 있어서 설계도면에 비유할 수 있다. 즉, 좋은 설계도면이 있어야 좋은 건축을 할 수 있듯이 연구설계는 조사에서 매우 중요한 역할을 한다. 조사문제가 변수들 간의 인과관계를 묻는 것이라면, 연구설계는 조사문제와 관련된 가설을 논리적·경험적으로 검증할 수 있는 방법을 제시한다. 다양한 유형의 연구설계들이 존재하며, 조사문제나 자료의 성격 혹은 현실적인 여건에 적합한 연구설계가 조사연구를 위해 선택된다.

본 절에서는 연구설계의 타당성을 판단하는 기준에 대해 살펴본다. 연구설계의 타당성을 판단하는 기준으로는 내적 타당성과 외적 타당성이 사용된다. 내적 타당성이란 인과관계를 확인하는 데 필요한 충분한 경험적 조건을 연구설계가 제시할 수 있는지를 말하며, 외적 타당성은 조사에서 확인된 연구결과를 연구환경 외부에서도 일반화할 수 있을지를 의미하는 개념이다.

1) 내적 타당성

내적 타당성(internal validity)이란 종속변수(결과)에서 나타나는 변이(variation, 변화 차이)가 독립변수(원인)의 변이 때문에 발생했는지의 여부를 정확하게 기술하고 있다고 확신하는 정도를 의미한다. 즉, 독립변수의 변화가 실제로 종속변수의 변화를 야기하는 정도 또는 실험적 조작이 유의할 만한 차이를 가져오는 정도를 말한다. 따라서 인과성에 대한 추론 가능성이 얼마나 높은지를 나타내는 것이 내적 타당성이다. 한 연구설계의 내적 타당성이 높다는 것은 인과성에 대한 경험적 검증 능력이 강하다는 것을 의미한다. 즉, 공변성, 시간적 우선성, 통제의 기준들이 적절히 충족되는 연구설계라는 뜻이다. 반대로 내적 타당성이 낮다는 것은 검증 능력이 약하다는 것을 의미한다(김영종, 2008: 99).

내적 타당성은 타당도의 적용범위가 수집된 표본자료에 한정된다. 대부분의 연구들에서는 비용과 시간적 제약으로 인해 연구대상이 되는 전체 집단(population, 모집단)에 관한 자료를 수집하지 않고 표본(sample)을 추출해 조사하고, 그 결과를 갖고 전체 집단을 추론하는 방법을 사용한다. 이러한 표본자료들 내에서 인과성이 어느 정도 검증될 수 있는지를 다루는 것이 내적 타당성이다. 그리고 표본조사의 결과가 전체 집단에 대해 확대 적용할 수 있는지를 판단하는 것을 외적 타당성이라고 한다.

공변성과 시간적 우선성이 전제된다면, 내적 타당도는 주로 대안적 설명들에 대한 통제성 여부를 통해 판단된다. 어떤 조사가 얼마나 외부의 설명들을 통제할 수 있는가의 여부에 따라, 조사의 인과관계에 대한 검증 효과가 그만큼 커질 수 있다. 역으로 말하면, 인과성 추론의 세 가지 기준이 충족되지 않는 정도에 따라 변수들 간의 인과적 관계에 대한 검증이 그만큼 약해질 수밖에 없을 것이다. 내적 타당성이 높은 연구설계를 갖추려면, 다음과 같은 인과성 저해 요인들이 배제되어야 한다.

(1) 외부(우연한) 사건의 개입

조사연구의 과정에서 사전검사와 사후검사 사이에 통제 불가능한 외부적인 사건(history)들이 발생하여 연구결과에 영향을 미칠 수도 있다. 조사기간 중에 조사에 영향을 미치는 사건이 발생할 경우, 그 영향 때문에 실험집단의 특성이 변할 수 있기 때문이다. 따라서 조사기간이 길수록 외적 사건의 영향을 받을 가능성이 커진다. 만약 외부 사건들에 대한 통제가 제대로 이루어지지 않는다면, 기존의 설명에 대한 무수히 많은 수의 대립적인 설명들을 통제할 수 없게 된다.

예를 들어, 금연율을 높이기 위한 특별 금연 프로그램을 실시했다고 하자. 프로그램 실시 후 효과성을 검증하기 위해 프로그램 실시 전과 후의 금연율 차이를 검증하려고 하였다. 이 차이를 비교하여 금연율이 프로그램 실시 전에 비해서 높아져 있다면, 이를 근거로 프로그램이 효과적이라는 것을 입증하려고 한다. 즉, 프로그램이라는 독립변수가 금연이라는 종속변수에 대해 인과관계를 형성한다고 설명하려는 것이다.

자료를 수집해서 분석한 결과, 예상했던 대로 프로그램 실시 후에 금연율이 증진되어 있는 결과를 보여주었다고 하자. 그렇다면 이것으로 프로그램과 금연율에 대한 인과관계를 입증할 수 있겠는가? 그렇지 않다. 비록 위의 연구설계에서 인과관계를 설명하기 위한 공변성, 시간적 우선성은 확인할 수 있지만, 외부적인 사건들에 대한 설명을 배제할 수 있는 방법(통제)이 없다. 가령 금연 프로그램이 진행되는 동안 다른 일들 예를 들어, 국가적 차원의 대대적인 금연 캠페인이 있었다든가, 담배 가격의 대폭적 인상, 유명인이 흡연으로 사망한 사건 등이 발생하여 금연에 영향을 미칠 수도 있다. 어떤 것이 되었든 이런 사건들의 가능성에 따른 설명을 이 연구설계에서는 배제해 낼 방법이 없다는 것이다.

단지 변화가 있었다는 것만으로 다른 요인들을 도외시하고 프로그램 때문만이라고 주장하는 것은 잘못이다. 실제로 많은 사회복지 프로그램들의 효과성 논의들에서 이런 잘못들이 되풀이되고 있다. 그 결과 프로그램의 효과성, 즉 프로그램이라는 원인이 금연율 증진이라는 결과를 초래했다는 인과관계에 대한 입증은 그만큼 약화될 수밖에 없을 것이다. 비록 통제의 효과를 보여주기에 적절한 연구설계를 계획하기가 어렵다는 현실적인 이유가 있겠지만, 무지나 의도적인 이유에서 이런 형태의 연구설계로 효과성을 입증하려는 것은 잘못이다(김영종, 2008: 100-101).

(2) 시간적 경과 또는 성숙효과

인간은 고정되어 있지 않으며, 시간이 경과함에 따라 자연적으로 성숙(maturation)하는 측면들이 많은데, 이러한 자연적인 성장들이 마치 서비스나 실험적 개입의 효과인 것처럼 여기는 경우들이 많다. 즉, 성숙효과란 연구기간 중에 발생하는 조사대상자의 신체적·심리적·인구통계적·사회적 발달 혹은 변화로 인해 종속변수에 영향을 미치는 결과를 말한다.

예를 들어, 초등학생을 대상으로 한 농구교실 프로그램이 아동의 신장에 미치는 효과를 연구했다면, 농구교실이 아동의 성장에 미치는 효과도 있지만 연구기간 동안 아동의 자연성장의 결과일 수도 있다. 또 다른 예로 노인병원 장기입원 환자를 대상으로 1년 동안 신체적·정서적 건강증진 프로그램을 실시하여 효과성을 알아보기 위한 조사를 한다고 하자. 동일한 대상을 조사한 결과 노인들의 1년 전 건강상태와 1년 후의 건강상태에 변화가 없었다고 하자. 이러한 경우 프로그램의 효과가 없다고 단정할 수 있을까? 노인들의 경우 성숙효과가 자연스런 고령에 따른 자연스런 건강악화(퇴행)를 감안한다면, 오히려 이 프로그램은 효과성이 있었다고 할 수도 있다.

성숙의 정도는 실험기간에 의해서도 많은 영향을 받지만, 조사대상자가 놓인 실험적 상황에 따라 순간적으로 그 특성이 변화될 수 있다. 이로 인해 조사결과는 상당히 달라질 수 있으므로 조사기간이 짧다고 이를 무시해서도 안 되고, 특히 길다면 반드시 고려해야 한다. 이처럼 시간적 경과나 자연적인 성숙효과 등이 조사연구에서 의도하는 변수들 간의 인과관계의 설명에 개입할 수 있으므로, 연구설계에서 이를 적절하게 통제하는 것이 필요하다.

(3) 검사효과

검사효과(testing effect)는 두 번 이상의 검사를 실시하는 조사연구들에서 나타나는 현상이다. 즉, 독립변수의 개입 여부에 관계없이 사전검사가 사후검사에 영향을 미치게 되어 종속변수의 변화를 초래하게 되는 것을 검사효과 혹은 시험효과라고 한다. 첫 번째 측정 결과로 인해 두 번째 측정에서는 조사대상자가 더욱 익숙해지고, 경우에 따라서는 향상된 결과를 초래할 수도 있다.

예를 들어, 동일한 IQ검사를 2회 실시하였을 때 두 번째 검사점수가 첫 번째 검사점수에 비해 높아지기 쉽다. 이는 피실험자들의 검사에 대한 기억들이 작용할 수 있기 때문이다. 이렇듯 검사효과가 작용한다면, 과연 얼마만큼이 순수하게 프로그램에 의한 효과인지를 구분해 내기가 어렵게 된다. 따라서 내적 타당성을 높이려면 연구설계가 검사효과를 적절히 통제할 수 있어야 한다.

(4) 도구효과

동일한 검사를 반복해서 실시했을 경우에 나타나는 문제가 검사효과인데 비해, 도구효과(instrumentation effect)는 사전–사후의 검사에 있어서 조사도구가 바뀌거나 측정도구 자체가 신뢰도가 낮아 같은 응답항목이라도 전후조사에서 다르게 응답할 때 발생하는 내적 타당도 저해 요인이다.

예를 들어, 검사효과를 우려하여 사전·사후검사를 각기 다른 종류의 우울증 검사 도구를 선택하였다고 하자. 사전·사후검사 결과 우울증 점수가 차이를 보였다면, 과연 그 차이가 측정도구가 다르기 때문인지 아니면 개입(프로그램)의 효과성으로 인한 것인지를 구분하기가 힘들다. 따라서 종속변수의 변화가 있더라도 이것이 독립변수의 영향인지를 명확하게 구분하기가 어렵다.

(5) 통계적 회귀

실험대상 집단을 잘못 선정하여 측정하고자 하는 종속변수의 수준이 아주 높거나 아주 낮은 상태에 있다면, 독립변수의 영향을 정확히 측정하기 어려운 경우가 나타날 수 있다. 즉, 실험집단을 평균치보다 지나치게 낮은 수준의 사람들을 대상으로 선정하여 프로그램이나 연구개입을 실시한다면, 그 측정결과는 프로그램의 효과에 관계없이 사전검사(프로그램 실시 전의 상태)보다 사후검사(프로그램 실시 후의 상태)의 측정결과가 더 높게 나타나게 된다.

이는 통계학에서 흔히 말하는 평균 회귀의 원칙, 즉 같은 현상을 몇 번 측정하면 그 값들이 평균치로 수렴하려는 특성으로 설명할 수 있다. 이렇게 측정치의 값들이 평균치로 돌아오려는 특성을 통계적 회귀(statistical regression)라고 한다. 예를 들어, 한 초등학교에서 영어성적이 매우 낮은 학생들을 대상으로 〈방과후 영어 프로그램〉을 실시하여 사전·사후검사를 할 경우, 사전검사보다는 사후검사의 성적이 높게 나타나기 쉽다. 학업성적의 향상은 프로그램 실시의 효과일 수도 있지만, 더 이상 학업성적이 낮아질 수 없는 학업부진 학생을 실험집단으로 삼았기 때문이다.

이와 같이 통계적 회귀의 성향은 프로그램 개입과 관련한 인과관계를 흐리게 한다. 따라서 특히 정상치에서 심하게 벗어난 인구 집단을 대상으로 하는 서비스나 프로그램들에서는 그것들의 효과를 밝히는 데 있어서 통계적 회귀의 성향을 배제할 수 있는 적절한 연구설계를 갖추는 것이 필요하다.

(6) 실험대상자 상실(탈락)

실험대상자의 상실(experimental mortality)은 실험연구설계에서 종종 나타나는 문제들이다. 실험대상자들은 이사, 사망, 질병, 싫증 등 여러 가지 이유로 실험 도중에 그만둘 수 있다. 실험에서 중도 탈락하는 사람들은 나름대로의 특성들을 가지고 있으며, 그것을 배제한 상태에서 사전시험과 사후시험의 결과를 비교하는 것은 문제가 된다.

예를 들어, 노인을 대상으로 우울증을 완화하는 프로그램을 실시하여 그 효과성을 알아보려고 한다. 조사대상 노인 20명에게 프로그램 실시 전 우울증 검사를 실시하고 15회 프로그램을 실시하였다. 프로그램 실시 도중에 8명의 노인은 도중 탈락하고 12명만 끝까지 프로그램에 참여하였다. 프로그램을 이수한 12명에게 우울증 검사를 하여 프로그램에 대한 효과를 입증할 수 있는가? 만약 8명의 노인들이 프로그램 참여를 통해 자신의 우울증 문제가 전혀 개선되지 않는다고 생각해서 중도에 프로그램 참여를 중단했다면, 사전검사보다 사후검사의 결과가 낮게 나타나 우울증이 완화된 것으로 나타날 가능성이 높다. 왜냐하면 사후검사에서는 프로그램이 효과가 있다고 느끼는 노인들만 남을 수도 있기 때문이다.

이처럼 실험 도중 탈락 효과는 원인과 결과변수 사이의 인과관계를 밝히는 데 중요한 장애 요인으로 작용할 수 있다. 실험에 잔류한 사람들과 탈락한 사람들의 특성을 적절하게 선별해 내는 방법이 없다면, 실험연구설계에서는 이러한 효과들이 인과관계를 어지럽히는 역할을 한다.

(7) 인과적 시간-순서

인과적 시간-순서(causal time-order)가 적절히 통제되지 않는다는 것은 시간적 우선성이 불확실하다는 것을 의미하는데, 이는 인과관계에 대한 설명을 곤란하게 만든다. 즉, 독립변수와 종속변수 간에 어느 것이 원인인지 불확실해서 인과관계의 방향을 결정하기가 곤란한 경우가 있다.

예를 들어, 약물남용 치료 프로그램을 마친 클라이언트가 중도에 포기한 클라이언트보다 약물남용을 할 가능성이 낮다는 것을 발견했다. 이때 치료 프로그램을 완수해서 약물남용을 하지 않는지, 약물을 남용하지 않기 때문에 치료 프로그램을 완수했는지 인과관계의 방향이 모호할 수 있다.

특히 시간적인 우선성을 경험적으로 보여줄 수 없는 비실험적인 연구설계에서는[1] 원인변수와 결과변수 사이의 인과관계의 방향을 결정하기가 곤란할 때가 많다. 인과관계의 설명을 위해서는 최소한 시간적 우선성에 대한 경험적 근거를 제시할 수 있어야 한다. 그것 없이는 인과관계를 뒤집는 대립 설명의 가능성이 언제나 열려 있기 때문이다. 이처럼 인과적 시간-순서가 통제되지 않은 연구설계는 인과관계의 입증이 어렵고, 내적 타당성은 낮아진다.

1) 상관관계 연구설계 같은 것들이 대표적이다. 이러한 조사에서는 독립변수와 종속변수로 추정되는 모든 변수들을 일시에 수집하므로, 직접적인 경험에 의한 시간적 우선성 확인은 불가능하다.

(8) 개입 효과의 확산 혹은 모방

분리된 집단들을 비교하는 조사에서 적절한 통제가 부재할 경우 종종 나타나는 문제이다. 실험집단에 실시되었던 프로그램이나 특정한 자극들에 의해서 실험집단의 사람들이 효과를 얻게 되고, 그 효과들이 다른 집단의 사람들(통제집단)에게 전파될 수 있다. 이 경우에 실험집단에서 나타났던 효과를 통제집단과의 비교를 통해 알아보고자 했다면, 개입 효과의 확산으로 인해 통제집단도 이미 실험집단의 성격을 띠고 있기 때문에 비교가 어렵게 된다.

이 경우에는 모방이나 확산 효과를 우선적으로 의심해 볼 필요가 있다. 따라서 모방이나 확산 효과(diffusion or imitation of treatment)란 피실험자들 간의 상호작용이나 모방으로 인해서 처음에 의도했던 집단 간의 차이가 불분명해지게 되는 것을 말한다(김영종, 2008: 106).

예를 들어, 한 노인복지관에서 색다른 여가증진 프로그램을 개발하여 이를 몇 년간에 걸쳐 실시하였다. 최근에 이 프로그램의 효과성을 알아보기 위해 다른 노인복지관의 노인집단과 비교해 보았는데, 조사결과 다른 노인복지관의 노인들과 별 차이가 없는 것으로 나타났다. 이때 다른 노인복지관들도 새로운 프로그램을 뒤따라 도입해서 확산 또는 모방의 효과로 두 집단의 차이가 줄어들었을 가능성이 높다.

(9) 편향된 선별

편향된 선별(selection bias)은 집단들의 비교에서 종종 발생하는 내적 타당성의 저해 요인이다. 이는 연구설계의 과정과 관계없는 요인으로 실험을 시작하기 전 실험대상자를 실험집단과 통제집단으로 나눌 때 발생한다. 즉, 프로그램 실시 후에 실험집단과 통제집단의 결과를 측정해 본 결과 차이가 발생한 경우, 그 차이가 프로그램의 영향에 의한 것일 수도 있으나 어떤 경우에는 프로그램 시작 전부터 두 집단이 이질적이었기 때문에 차이가 발생할 수도 있다. 이처럼 통제집단과 실험집단의 최초의 상태가 상이함으로써 실험효과의 왜곡현상이 나타날 수도 있는데, 이를 표본의 편향된 선별이라고 한다. 표본의 편향된 선별에 의한 내적 타당도를 방지하기 위해서는 무엇보다도 무작위적인 표본추출과 집단배정이 이루어져야 한다.

예를 들어, 대학생들의 자원봉사 참여도를 높이기 위한 프로그램 효과성을 알아보기 위해 프로그램 참가집단과 비참가집단을 대상으로 자원봉사 인식도를 비교해 보았다고 가정해 보자. 그 결과 프로그램에 참가했던 대학생들이 자원봉사 인식도가 높았다고 할 때, 그것이 과연 프로그램의 효과라고 할 수 있는가? 이 사례는 최초의 집단이 이미 비교될 수 없는 집단이라고 할 수 있다. 자원봉사 프로그램에 참여한 대학생들은 이미 자원봉사에 대한 관심이 높고 활동에 긍정적인 태도를 가지고 있을 가능성이 높기 때문이다.

이와 같이 유사하지 않는 성격을 갖는 집단들을 대상으로 서비스의 효과를 측정하려고 할 때, 이러한 성향들이 나타난다. 비교되는 집단들이 '비교될 수 없는' 성격들을 가지고 있을 때, 이들을 서로 비교하는 것은 별 의미가 없다. 집단 간 비교를 시도하는 연구에서는 이러한 편향된 선별에 따른 효과를 얼마나 통제할 수 있는지가 연구설계의 내적 타당성에 큰 영향을 미친다.

지금까지 연구설계의 내적 타당도를 저해하는 요인들에 대해 살펴보았다. 이러한 요인들은 일상적인 사고로는 쉽게 파악되지 않으므로, 의식적으로 배제하거나 통제하기 위한 노력들이 필요하다. 조사문제의 성격들에 따라 내적 타당도와 관련한 문제들은 각기 다르게 나타날 수 있다. 따라서 특정한 조사 문제를 해결하기 위해 어떤 연구설계가 적합한지를 판단하기 위해서는 내적 타당성에 대한 적절한 고려가 필요하다.

2) 외적 타당성

외적 타당성은 표본에서 얻어진 연구의 결과를 두고 연구조건을 넘어선 환경이나 다른 집단들에까지 확대 해석하거나 일반화할 수 있는 정도를 말한다. 내적 타당성이 표본자료에 한정시켜 결과를 해석하는 것이라면, 외적 타당성은 표본자료의 결과가 얼마만큼 일반화될 수 있는 것인지를 다루는 것이다. 연구자료의 내적 타당성이 높다고 해서, 그것이 저절로 일반화될 수 있는지의 여부를 결정하는 것은 아니다. 내적 타당성은 외적 타당성을 위한 필요조건이지, 충분조건은 되지 않는다. 일반화의 가능성, 즉 표본자료에서 발견된 사실들이 일반적인 환경들에도 적용할 수 있는지의 여부를 알아보기 위해서는 외적 타당성을 고려해야 한다.

외적 타당성과 관련된 요인은 다음과 같다.

(1) 연구표본, 환경, 절차 등의 대표성

대부분의 조사연구들의 경우, 모든 연구대상자들을 상대로 경험적인 조사를 할 수는 없다. 비용도 문제이지만, 현실적으로도 실현 불가능한 경우가 대부분이기 때문이다. 따라서 전체 연구대상자들 중에서 일부만을 뽑아 조사를 하게 되는데, 이를 표본조사라고 한다. 표본조사에서 발견된 특정한 사실들이 일반화될 수 있기 위해서는 먼저, 표본이 모집단을 적절하게 대표하는 것이어야 한다. 그리고 표본뿐만 아니라 연구환경이나 절차 등도 모집단을 대표할 수 있어야 한다.

예를 들어, 우울증 환자가 있는 가족 가운데 가족환경이 어떠한지 조사하기 위해 충청북도의 10개 병원에 입원 중인 환자의 가족을 선별하여 조사하였다면, 이를 대한민국 전체로 확대하여 적용하는 데에는 한계가 있다. 왜냐하면 전국 17개 시도 가운데 충청북도라는 1개 지역, 그리고 10개 병원이라는 적은 표본 수 때문이다.

(2) 조사반응성

조사대상자가 자신들이 특정한 조사연구의 대상이 되고 있음을 인식한다면, 그에 따른 반응이 생겨나게 될 것이다. 그 결과 그러한 특정한 인식과 반응을 하게 되는 집단들에서 나타나는 결과들은 그렇지 않은 일반 집단들에게서 나타나는 결과들과는 다를 가능성이 높아진다. 이것을 조사반응성(research reactivity) 혹은 호손효과(Hawthorne effect)라고 하는데, 이는 내적 타당성과 외적 타당성을 위협하는 요소이다. 인간이 관찰대상이 되는 대부분의 조사연구들에서는 피조사자들이 가지는 이러한 조사반응성의 문제가 조사 결과의 일반화에 많은 지장을 초래한다. 실험적인 환경이나 서베이조사 환경 등에서 피조사자들은 질문의 의도를 파악하려 하고, 그에 대한 적절한 반응들을 보이려 하게 된다. 이러한 반응들은 자연스런 상태에서의 반응들이 아니므로, 조사연구의 결과들이 일반화되는 데 문제가 발생하는 것이다.

(3) 플라시보 효과

플라시보 효과(placebo effect)는 일명 위약효과라고도 하는데, 약물실험 등에서 종종 문제가 되는 효과이다. 플라시보 효과는 일종의 조사반응성의 효과인데 실제로는 실험처치나 개입이 이루어지지 않았는데도 불구하고 그것을 받은 것과 유사한 효과가 나타나는 경우를 말한다. 이는 조사대상자들이 스스로 조사에 대해 반응하고 있기 때문에 나타나는 것이다.

지금까지 살펴본 조사환경과 표본자료의 대표성이나 혹은 조사대상자들의 조사반응성 등은 표본결과들을 일반화하는 데 문제로서 작용할 수 있는 요소들이다. 따라서 연구설계의 외적 타당성을 높이기 위해서는 이러한 문제의 소지들을 적절하게 통제할 수 있어야 한다.

외적 타당성을 높이기 위해서는 첫째, 확률표집 방법으로 연구대상을 선정하거나 표본의 크기를 크게 하여 표본의 대표성을 확보해야 한다. 둘째, 플라시보 효과가 개입되는 것을 방지하기 위해서는 실험참여자에게 조사상황을 알려주지 않거나, 플라시보(가실험) 통제집단 설계 혹은 솔로몬 실험집단설계를 해야 한다.

3) 외생변수의 통제

외생변수의 통제는 조사설계의 성패를 좌우하는 주요 요인이다. 외생변수를 통제하는 방법은 외생변수를 제거하거나 실험집단과 통제집단의 동일 배합(matching), 무작위 할당(random assignment), 통계적 통제(statistical control) 등의 방법이 있다.

첫째, 외생변수를 제거하는 방법이다. 이것은 종속변수에 영향을 미칠 수 있는 독립변수 이외의 다른 변수의 개입을 차단하여 제거하는 것이다. 그러나 이 방법은 개방시스템을 전제로 하고 있는 사회과학에서는 거의 불가능하지만, 철저하게 차단된 실험상황을 만들 수 있는 자연과학에서는 가능한 방법이다.

둘째, 연구주제에 영향을 미칠 것으로 여겨지는 속성을 실험집단과 통제집단에 동일하게 만드는 방법으로 일명 짝짓기 혹은 배합(matching)이라고 부른다. 이것은 종속변수에 영향을 미칠 수 있는 외생변수를 알고 있는 경우에 사용할 수 있는 방법이다. 실험집단과 통제집단에 같은 외생변수가 작용하도록 하거나 동등한 외생변수가 이미 작용하고 있는 집단을 대상으로 선정하여 실험집단과 통제집단이 실험변수를 제외하고는 모든 면에서 같게 만드는 방법이다.

셋째, 무작위화는 종속변수에 영향을 미치는 외생변수를 잘 모르거나 외생변수가 너무 많은 경우에 흔히 사용하는 방법으로 실험대상 표본을 모집단으로부터 추출할 때는 물론 실험집단과 통제집단에 배정할 때도 활용할 수 있다. 무작위적 표본추출과 배정은 실험집단과 통제집단 사이의 이질성을 줄여, 즉 동질성을 높임으로써 독립변수 이외의 다른 외생변수의 영향력을 유사하게 만드는 것으로, 사회과학에서 외생변수를 가장 효과적으로 통제하는 방법이다. 무작위적으로 표본을 추출하고 배정할 때 표본의 크기가 크면 클수록 두 집단은 더 유사해진다.

넷째, 위에서 살펴본 세 가지 방법이 외생변수가 개입할 수 있는 소지를 미리 예방하는 사전적인 조치라면, 이 방법은 실험이 끝난 후 통계적인 여러 기법을 통해서 외생변수의 개입을 막는 일종의 사후통제 방법이다. 즉, 통제해야 할 변수들을 독립변수로 간주하여 연구설계에 포함시키고, 실험을 실시한 후 통계적으로 그 영향을 통제한다.

4) 내적 타당성과 외적 타당성의 딜레마

표본집단에서 아주 확실한 인과관계가 발견되었더라도 외적 타당성이 결여되었다면 이 인과관계의 검증은 일반화되지 못하고 특수한 조건에만 한정된다. 따라서 이러한 인과관계의 입증은 일반화된 현상의 설명을 의도하는 과학적 이론에 기여할 수 없다. 내적 타당성을 높이기 위해 연구설계가 각종 인위적인 통제들을 실시할 경우, 일반적인 환경조건과 동떨어지게 되어 외적 타당성이 오히려 저해되는 결과를 초래할 수도 있다.

어떤 연구설계가 내적 타당성이 높다고 해서 외적 타당성이 저절로 높아지는 것은 아니다. 특정 연구조건하에서 인과관계가 아무리 높게 나왔더라도, 연구환경 외부에서의 일반화 가능성이 높다는 것과는 별개의 문제이기 때문이다. 따라서 연구설계를 고려할 때에는 내적 타당성과 함께 연구설계의 외적 타당성을 높이려는 노력과 관심이 필요하다.

05 CHAPTER

연구설계의 유형

대부분의 연구들에서 연구설계는 인과관계의 확인을 위한 경험적인 틀의 역할을 한다. 따라서 연구설계는 내적 타당도와 외적 타당도를 충분히 제공할 수 있는 것이어야 한다. 현실적으로 적용되는 연구설계들의 한계를 설정하고 그에 따른 적절한 해석을 할 수 있기 위해서는 다양한 연구설계들이 갖는 특성들을 충분히 이해하는 것이 필요하다.

일반적으로 연구설계는 실험적인 성격(실험변수의 노출시기, 대상의 통제정도, 실험결과의 측정시기, 대상선정의 무작위화)을 어느 정도 띠고 있는지에 따라 다음의 〈표 5-1〉과 같이 실험설계, 유사실험설계, 선실험설계, 비실험설계로 분류할 수 있다.

실험설계는 실험적 요소를 모두 갖춘 상태의 연구설계를 말한다. 즉, 실험설계에서는 실험변수의 노출시기 및 대상이나 실험결과의 측정시기 및 대상의 통제가 조사자의 의도에 따라 가능하다. 실험대상자는 누가 되고, 언제 실험변수에 노출이 되고, 언제 누구를 측정할 것인가를 조사자가 임의대로 할 수 있다. 따라서 시간적 우선성을 확보하는 데 필요한 독립변수의 조작이 가능하고, 비교를 목적으로 하는 엄격한 통제집단을 확보할 수 있다.

유사실험설계는 임의적으로 실험요소를 갖추어서 비교적 실험설계의 이상과 가까운 연구설계의 한 유형이다. 즉, 실험결과의 측정 시기 및 대상에 대한 통제는 가능하지만 실험변수의 노출과 대상은 연구자의 임의대로 안 되는 경우가 있기에 유사실험설계라고 부른다.

선실험설계는 실험요소의 일부만을 가진 연구설계 유형이다. 선실험설계에서는 조사자의 실험변수의 노출시기 및 대상이나 실험결과의 측정시기와 대상에 대한 통제가 거의 불가능하다.

〈표 5-1〉 연구설계의 분류와 성격

분류	실험적인 성격
실험설계 (experimental design)	• 실험적 요소를 모두 갖춘 상태의 설계를 말한다. • 시간적 우선성을 확인하기 위한 독립변수의 조작이 가능하다. • 실험집단과 비교를 목적으로 하는 통제집단을 갖추는 것이 확보된 경우이다.
유사실험설계 (quasi-experimental design)	실험요소를 임의적으로 갖추어서, 실험설계의 이상에 가까워진 것을 말한다.
선실험설계 (pre-experimental design)	실험요소의 일부만을 갖는다.
비실험설계 (non-experimental design)	실험적 요소(조작과 통제)를 전혀 갖고 있지 못하다.

비실험설계는 실험적 요소(조작과 통제)를 전혀 갖지 못하는 연구설계이다. 독립변수에 대한 조작이 없으므로 시간적 우선성을 경험적으로 확인하기 어렵고, 통제집단이 설정되어 있지 않기 때문에 무수히 많은 대립 설명의 가능성을 연구설계 내에서 통제할 방법이 없다.

01 실험설계

실험설계(experimental design)는 내적 타당성(종속변수의 변화가 독립변수에 어느 정도 의존하는지)을 저해하는 요인들을 최대한 제거해서 인과관계를 보다 높이고자 하는 설계방법이다. 즉, 실험설계에서는 ① 비교의 근거가 명확하고(공변성을 확인), ② 변수의 조작이 가능하며(시간적 우선성의 확인), ③ 엄격한 통제를 통해 외부 설명들을 배제(외생변수의 통제)할 수 있으므로, 인과관계를 검증하는 데 가장 적절한 모델이라 할 수 있다.

실험설계는 통제집단, 무작위 할당, 독립변수의 조작, 사전·사후검사 등을 갖춘 설계 유형으로 ① 통제집단 사전·사후검사 설계, ② 통제집단 사후검사 설계, ③ 솔로몬 4집단 설계, ④ 플라시보 통제집단 설계 등으로 나뉜다.

1) 실험설계의 기본 요소

한 조사연구가 실험설계의 성격을 갖추기 위해서는 다음과 같은 기본 요소들을 갖추어야 한다. 이러한 요소들은 인과관계를 검증하기 위해 기본적으로 요구되는 것이다.

(1) 무작위 할당(random assignment)

실험대상자들을 실험집단과 통제집단으로 무작위로 배분할 수 있어야 한다. 무작위적인 방법은 두 집단이 동등하게 만들어질 가능성을 극대화하기 위한 방법이다. 연구대상의 크기가 충분히 크다면 무작위화를 통해 두 집단의 속성이 상당히 비슷해질 가능성이 크다. 연구대상의 특성과 연구의 상황에 따라 짝짓기/배합(matching)의 방법을 사용하여 두 집단의 이질성의 최소화할 수 있다.

(2) 독립변수 조작(manipulation)

독립변수의 조작이란 연구의 초점이 되는 현상 가운데 원인이 되는 변수인 독립변수를 실험자가 인위적으로 변화시키는 것을 말한다. 즉, 연구자가 의도적으로 통제집단에는 아무런 변화를 주지 않는 상태로 유지하고, 실험집단에만 독립변수를 제공한 후, 독립변수의 조작이 종속변수에 미치는 영향을 관찰하는 것을 의미한다. 실천환경에서는 독립변수가 프로그램을 의미할 수 있고, 실험실에서는 실험처치(자극, 치료, 개입 등)를 수행하는 것이 될 수도 있다.

(3) 종속변수의 비교(comparison)

독립변수의 영향을 알아보기 위해, 실험개입이 끝난 후에 실험집단과 통제집단에서 각기 종속변수를 측정하여 두 집단의 차이를 비교하거나 실험 전후에 검사를 통해 종속변수에 차이가 있는지를 알아보는 것이다. 두 집단에서 종속변수 값의 차이가 발생하면 그것이 독립변수의 효과를 추정하는 기준치가 된다. 비교의 방법을 통해 두 변수가 동변관계(상관관계)에 있는지 알 수 있다.

(4) 외생변수의 통제

외생변수란 종속변수에 영향을 미칠 수 있는 변수로서, 이 영향을 제거하지 못하면 독립변수와 종속변수의 사이의 인과관계를 정확히 파악하기가 어려워진다. 다시 말해, 종속변수의 변화가 나타나더라도 이것이 제3의 변수에 의한 것이라면 인과관계를 왜곡해서 이해하게 되므로 두 변수(독립변수와 종속변수) 이외의 변수들의 영향을 제거해야 하는데 이것을 통제라고 한다.

2) 실험설계의 통제

실험설계와 다른 연구설계들과의 결정적인 차이점은 통제에 있다. 실험설계는 실험집단과 통제집단을 엄격하게 분리하여 통제함으로써 내적 타당성을 저해하는 요인들을 제거할 수 있다. 실험설계에서의 통제는 외부 요인을 통제하는 방법과 내부 요인을 통제하는 방법으로 나누어진다. 외부적인 요인들이란 비교 대상으로 선택한 집단들이 서로 다른 경우에 나타나며, 그로 인해 실험개입의 효과에 대한 설명이 불명확해질 수 있다. 내부적 요인들은 주로 실험 내부의 사건들에 의해 개입효과가 흐려지는 것을 말한다.

(1) 외부 요인의 통제

① 동일배합(matching)

동일배합은 조사자가 독립변수와 종속변수에 영향을 미칠 수 있는 외생변수를 알고 있는 경우에 사용하는 방법이다. 외생변수가 통제집단과 실험집단에 동일하게 작용하도록 똑같은 값을 가지는 연구대상을 골라서 하나는 실험집단에, 다른 하나는 통제집단에 배치함으로써 조건이 같은 집단이 되도록 한다. 예를 들어, 연령이 실험결과에 영향을 미칠 수 있는 주요 통제대상 변수라고 한다면, 실험집단과 통제집단에서 연령을 똑같은 비율로 분포되도록 할당한다. 동일배합은 변수를 통제하여 실험집단과 통제집단을 동일하게 만들려는 방법이지만, 영향을 미칠 수 있는 모든 변수를 사전에 알기가 어렵고, 설령 안다 해도 배합할 변수들의 수가 많아지면 그에 맞는 표본들을 찾아내는 것도 쉽지 않다는 단점이 있다.

② 무작위화(randomization)

무작위로 실험집단과 통제집단을 나누는 방법으로, 난선화 방법이라고도 한다. 무작위로 집단을 나누는 것은 통계학적으로 두 집단이 동질적일 가능성을 가장 높이는 방법이다. 동일배합방법의 한계로 통제할 변수들을 명확히 모르거나 혹은 그 수가 너무 많을 때는 무작위의 방법을 선택하는 수밖에 없다. 무작위 방법을 사용할 경우 표본의 크기가 크면 클수록 실험집단과 통제집단이 동질적이 될 가능성이 높아진다.

③ 통계학적 통제(statistical control)

일종의 사후 통제방법이다. 앞의 두 방법들과는 달리 실험이 이루어지고 난 후에 통제를 시도한다. 동일배합이나 무작위를 시도하더라도 두 집단이 동질적이지 않을 때, 그 차이를 상쇄시키기 위해 사용된다. 상관관계 연구들에서도 종종 사용하는 통제방법으로써, 두 집단이 실험개입 변수 이외에 다른 변수들에서 차이를 나타내고 있을 때 이를 통계학적인 기법들을 활용하여 통제하는 것이다. 부분 상관분석이나 다변인 통계분석 등이 주로 이러한 용도에 활용되는 기법들이다.

(2) 내부 요인의 통제

실험설계에서 내부 요인을 통제한다는 것은 실험개입의 효과를 확인하는 노력에 방해가 되는 실험환경 내부의 요소들을 배제한다는 것이다. 다양한 내부적인 사건들이 실험개입과 섞이면, 개입 후에 나타나는 결과(변화)가 과연 개입 때문인지 아니면 다른 사건들 때문이지를 분간할 수 없기 때문이다.

대부분의 내부 요인들에 대한 통제는 실험집단과 병행하여 통제집단을 사용함으로써 가능하다. 통제집단이 무작위 방법으로 선택될 경우에 실험집단과 다른 조건이 동일한 것으로 볼 수 있다. 그러므로 실험집단과 통제집단이 조사과정에서 독립변수의 개입을 제외하고는 같은 조건에 있게 된다(양정하 외, 2008: 180-181).

3) 실험설계의 유형

(1) 통제집단 사전·사후검사 설계

통제집단 사전·사후검사 설계(pretest-posttest control group design)는 인과관계의 추정을 위한 가장 전형적인 방법이다. 일차적으로 실험대상자들을 무작위적인 배분을 통해 각각 실험집단과 통제집단으로 할당한다. 무작위적 할당을 하는 이유는 두 집단을 동질적으로 만들 가능성을 극대화하기 위한 것이다. 두 집단은 엄격한 통제하에 분리된다. 실험개입(혹은 프로그램)에 들어가기 전에 두 집단을 검사하는데, 이를 사전검사(pretest)라 한다. 그 후에 실험집단에는 실험개입이 실시되고 통제집단은 그대로 둔다. 실험집단에 주어지는 개입(×)을 제외하고 나머지 모든 것들은 두 집단에게 똑같은 상태로 주어진다. 개입이 종료되면 다시 두 집단에 대해 검사하는데, 이를 사후검사(posttest)라 한다. 실험집단과 통제집단에서 나타난 사후시험의 두 결과 간의 차이를 비교하여 개입의 효과성에 대한 경험적 준거로 삼는다.

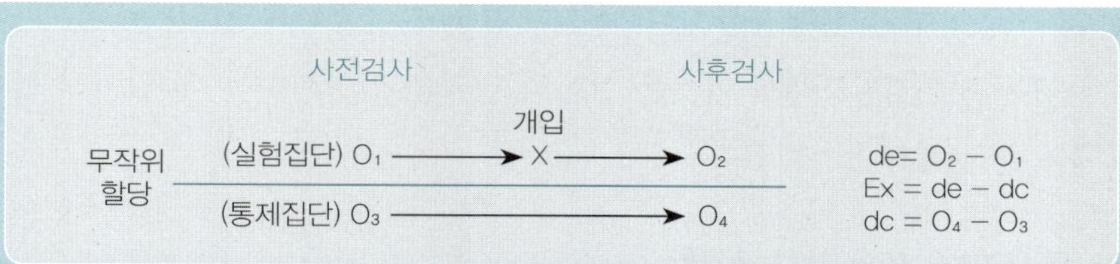

- × : 독립변수를 발생시킨 것을 의미함(experiment)
- O : 종속변수의 관찰(측정)을 의미함(observation)
- de : 실험집단의 사전
- 사후검사 점수의 차이
- dc : 통제집단의 사전
- 사후검사 점수의 차이
- EX : 개입의 효과

※ 독립변수가 종속변수에 미치는 영향

O1은 독립변수(×) 발생 이전의 종속변수 값이고, O2는 독립변수(×) 발생 이후의 종속변수 값이다. 따라서 O2−O1(de)은 실험집단에서 독립변수가 발생한 전후에 종속변수가 얼마나 변화했는가를 의미한다. 그런데 de(O2−O1)가 전적으로 독립변수에 의한 것인가는 불명확하다. 따라서 통제집단을 설정해서 외생변수에 의한 변화량 dc(O4 − O3)를 계산하여 빼 준다(Ex = de − dc).

[그림 5-1] 통제집단 사전 · 사후검사 설계

통제집단 사전·사후검사 설계는 내적 타당도를 저해하는 대부분의 요인들을 제거할 수 있다. 무작위적인 배분으로 두 집단이 동질적이 되도록 했으며, 그에 대한 추가적인 조치로 두 집단에 대해 사전시험을 실시하였다. 이것은 이질적인 집단의 선별에 따른 내적 타당도의 문제들을 예방할 수 있게 한다. 그리고 통제집단을 갖춤으로써 이 설계에서는 어느 정도 해결될 수 있다. 실험집단의 전후 차이인 (O2−O1)에서 (O4−O3)를 빼 주면 그것은 곧 검사 효과를 배제한 순수한 실험개입 효과(Ex)만을 계산해 내는 결과가 된다.

따라서 이를 통해 대부분의 외생변수는 통제가 가능하지만, 문제는 검사나 도구의 효과가 실험개입의 효과와 결합해서 특정한 효과를 산출해 낼 가능성은 여전히 존재한다는 것이다. 사전검사를 통해 실험집단은 이미 개입에 반응할 준비를 한 상태로 임하게 되고 그로 인해 실험개입의 효과가 증폭되어 나타날 가능성이 있는데, 그로 인한 효과를 적절히 나타내어 통제할 방법이 이 설계에서는 없다.

사전검사와 실험개입의 상호작용 효과는 외적 타당도를 저해하는 요인이 되기도 한다. 즉, 아무런 선행경험 없이 실험개입을 받아들이게 될 집단과는 차이가 있게 된다는 것이다. 그래서 이것은 실험의 결과를 일반화하는 데 있어서 한계가 되는 중요한 문제가 될 수 있다.

(2) 통제집단 사후검사 설계

통제집단 사후검사 설계(posttest−only control group design)에서는 처음에 두 집단을 동질적으로 만들고, 두 집단을 엄격하게 통제하여 다른 모든 조건들이 동일하게 진행되도록 한다. 실험집단에서 실험개입이 있었다는 것만이 통제집단과 다르도록 한다. 그 결과 실험개입으로 인한 효과(Ex)는 실험집단에서의 종속변수의 점수(O1)와 통제집단에서의 종속변수의 점수(O2)를 비교해 봄으로써 알 수 있다. 즉, 개입효과(Ex)는 $O_1 - O_2$와 같다.

통제집단 사후검사 설계는 전−후시험 통제집단 설계와 거의 유사하다. 다만 다음의 [그림 5−2]와 같이 사전검사가 생략되어 있다는 것이 차이점이다. 통제집단 사후검사 설계는 사전검사를 실시하지 않음으로써 사전·사후검사 통제집단 설계에서의 문제였던 사전검사와 개입의 결합효과를 제거함으로써 외적 타당도가 높다는 장점이 있다. 하지만 사전검사가 없기 때문에 실험집단과 통제집단이 처음부터 차이가 있었는지, 아니면 개입 효과 때문에 사후검사 결과에 차이가 있었는지 확인할 방법이 없다는 것이 단점이다.

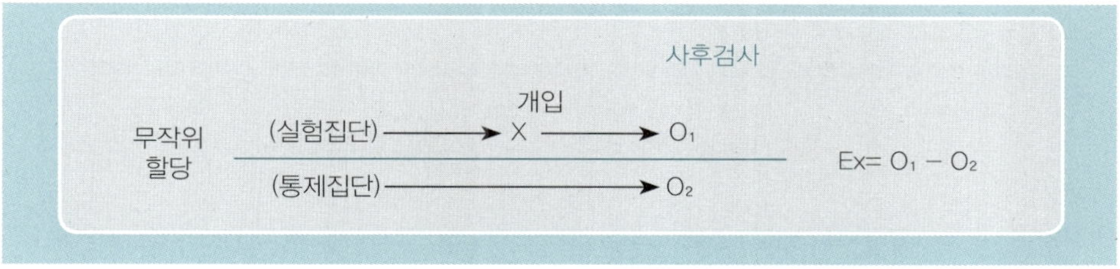

[그림 5-2] 통제집단 사후검사 설계

따라서 통제집단 사후검사 설계는 검사나 도구의 사용이 실험개입의 효과에 강하게 영향을 준다고 보는 경우에 이를 배제하기 위해 주로 사용되며, 실험집단과 통제집단을 동질적으로 만들 방법들이 확보되는 것을 전제로 사용한다.

(3) 솔로몬 4집단 설계

솔로몬 4집단 설계(solomon four group design)는 사전·사후검사 통제집단 설계와 사후검사 통제집단 설계를 결합하여 만들어진 것이다. 이들 설계에서 문제가 되었던 검사와 개입의 상호작용 효과, 사전검사의 부재에 따른 문제를 해결할 수 있기 때문에 이 설계는 가장 이상적인 실험의 형태라 할 수 있다. 즉, 솔로몬 4집단 설계는 사전검사의 영향과 관련한 효과들을 제거할 수 있으므로, 내적 타당도와 외적 타당도를 높일 수 있다는 큰 장점을 갖고 있다. 하지만 4개의 집단을 선별하고 통제하는 데 비용이 많이 들고, 운영이 복잡하기 때문에 현실적으로 사용되기는 어렵다는 것이 단점이다. 또한 4개의 집단을 무작위로 할당하여 동질적인 구성을 갖춘다는 것도 결코 쉽지 않은 일이다.

솔로몬 4집단 설계의 실험대상자들은 4집단으로 무작위 할당되고, 각각의 집단은 각기 다른 실험경로를 거치게 된다. (실험집단 1)은 사전검사를 치른 실험집단이며, (통제집단 1)은 사전검사를 치른 통제집단, (실험집단 2)는 사전검사가 없는 실험집단, (통제집단 2)는 사전검사가 없는 통제집단의 성격을 띤다. 이들 네 집단 간에는 엄격한 통제가 가해지며, 각기 다른 실험경로 이외에는 다른 모든 조건들을 동일하게 유지한다.

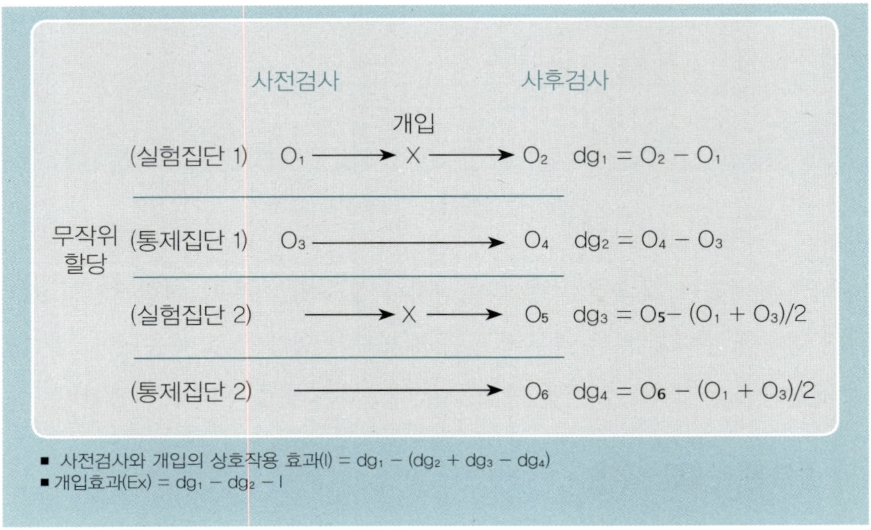

[그림 5-3] 솔로몬 4집단 설계

(4) 플라시보 통제집단 설계

플라시보 통제집단 설계(placebo control group design)는 플라시보 효과가 강하게 의심되는 실험연구들에서 주로 사용되는 연구설계로, 가실험 통제집단 설계라고도 한다. 플라시보 효과(placebo effect)는 일명 위약(僞藥)효과라고도 하는데 사람들의 심리작용에 따라 발생하는 일종의 반응성 효과에 해당하며, 연구설계의 내적 타당도를 저해하는 요인이다.

플라시보 통제집단 설계는 통제집단 사전·사후검사 설계나 통제집단 사후검사 설계에 플라시보 효과를 측정할 수 있는 한 집단을 추가로 배치하는 것이다. 플라시보 통제집단(실제로 개입의 내용은 없으나 마치 개입을 받은 것처럼 여겨지게 하는 집단)에서 도출된 결과는 플라시보 효과의 구성부분을 확인하는 근거가 된다(김영종, 2008: 123).

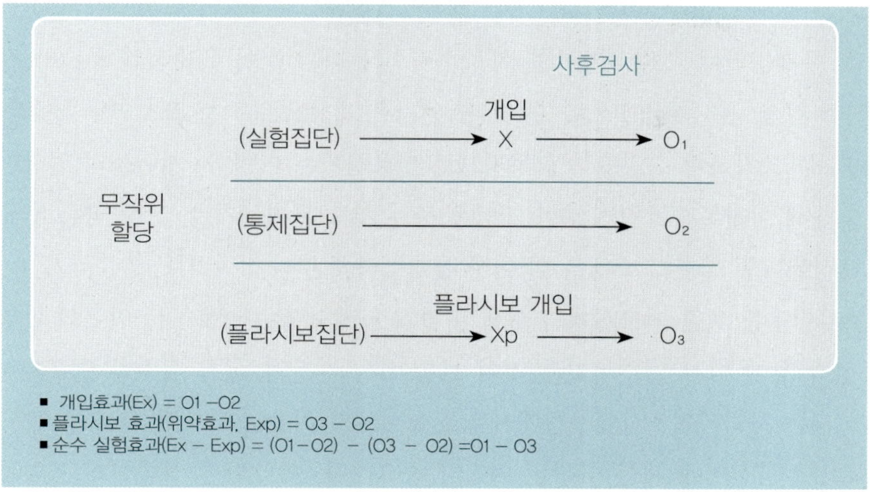

[그림 5-4] 플라시보 통제집단 설계

여기에서 실험개입의 효과(E)는 (O1−O2)이고, 플라시보 효과(Exp)는 (O3−O2)가 된다. 따라서 플라시보 효과를 제거한 순수 실험개입의 효과는 Ex−Exp=O1−O3가 된다.

4) 실험설계의 한계

실험설계는 인과관계의 검증에 유리한 높은 내적 타당도를 갖는다는 장점에도 불구하고 사회과학 연구들에서는 실제로 많이 사용되지 못한다. 실험설계에서는 조사대상자들을 무작위로 선발하여 실험집단과 통제집단에 배치하고 독립변수의 조작 등을 실행해야 하는데, 이런 것들이 사회과학적 상황들에서는 엄격하게 적용되기 어렵기 때문이다. 엄격한 실험설계를 사용한 조사연구들이 간혹 있지만, 그런 경우에도 인위적인 상황 조성으로 인한 타당도의 문제들을 해결하기란 쉬운 일이 아니다.

사회복지 분야에서는 서비스나 프로그램의 효과성에 대한 연구들에서 실험설계를 적용하는 경우들이 있다. 그런 경우에는 서비스 개입의 당위성에서도 불구하고, 통제집단에 대해 서비스를 제공하지 않는다는 것이 윤리적인 문제나 정치적인 위험성 등을 불러일으킬 수 있다. 인간을 대상으로 하는 조사연구들에서 독립변수를 조작하여 그것을 실험목적으로 활용하기는 어렵다. 개인들의 일상적인 삶에 대해 실험목적의 의도적인 개입을 하는 것도 문제이지만, 그에 따른 후유증이 예상된다면 실험의 수행은 더 이상 불가능하게 된다.

조사연구를 위한 연구설계의 선택은 설계 자체의 우수성보다는 연구의 환경이나 성격 등에 따라 이루어지는 것이 보통이다. 현장과 실천 위주의 연구환경이 주가 되는 사회복지조사연구들에서는 실험설계가 적용되기 어렵다. 그럼에도 불구하고 실험설계에 대한 이해는 여전히 중요하다. 왜냐하면 실험설계는 일종의 이상형으로서, 비실험적인 연구설계들이 갖는 한계성을 비추어 볼 수 있는 중요한 근거 기준이 되기 때문이다(김영종, 2008: 124-125).

02 유사실험설계

유사실험설계(quasi-experimental design)는 비록 실험설계에서와 같은 엄격한 통제집단을 갖지는 못하지만, 대안적인 방법을 통해 마치 통제집단을 갖는 것과 같은 효과를 가능하게 해 주는 설계방법이다. 그래서 이를 '진짜' 실험설계와 구분하여, '유사' 실험설계라 한다. 유사실험설계는 실험설계의 기본 요소인 실험집단과 통제집단의 무작위 할당이 없거나 엄격한 통제집단의 활용, 독립변수의 조작, 사전·사후검사 중 한두 가지가 결여된 설계이다. 따라서 내적 타당도에서는 실험설계보다 조금 떨어지지만, 실험설계가 현실적으로 인위적인 통제와 조작이 어렵다는 한계를 가지고 있기 때문에 실제 연구에서는 유사실험설계가 많이 사용되고 있다.

1) 시계열 설계

시계열 설계(time-series design)는 복수의 시점들에서 자료를 수집하는 방법이다. [그림 5-5]에서는 10개의 시점에서 자료들이 수집되었는데, 이것은 종속변수에 있어서의 변화를 추적하기 위해서 필요한 것이다. 즉, 시계열 설계는 비교집단을 설정하기 곤란한 경우에 한 집단을 선택해서 독립변수의 조작이나 독립변수에의 노출 전에 몇 번 이상씩(보통 3번 이상) 관찰(검사)하고 독립변수 도입 후에 몇 번 이상씩(보통 3번 이상) 더 관찰하여 전후의 점수 또는 경향을 비교한다. 이처럼 시계열 설계에서는 통제집단을 별로도 설정하지 않고 그 대신 실험처치(개입)로 인한 효과 확인을 위해 동일집단에 대해 여러 번에 걸쳐 실시된 사전검사를 통해 확인한다.

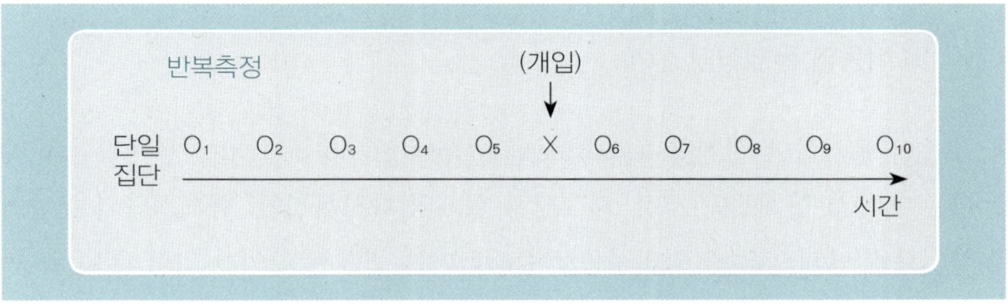

[그림 5-5] 시계열 설계

이 설계에 있어서의 인과관계의 추정논리는 다음과 같다. 즉, 독립변수 도입 이전에 있어서의 종속변수의 상태를 일정한 시간 간격을 두고 몇 번 반복 관찰함으로써 독립변수 도입 이전의 일상적인 종속변수의 상태를 알 수 있다는 것이다. 그리고 독립변수 도입 후에도 종속변수의 상태를 일정한 시간 간격을 두고 관찰함으로써 독립변수 도입 이후의 일상적인 종속변수의 상태를 알 수 있다는 것이다. 이와 같은 방법을 통해 독립변수 도입의 전후 상태를 비교함으로써 변화의 차이가 있다면 이것을 독립변수의 영향으로 간주하는 것이다(양정하 외, 2008: 186).

시계열 설계는 비실험설계나 선실험설계들에 비해 비교적 높은 내적 타당도를 확보할 수 있지만, 외적(history) 요인을 통제하기가 어렵다. 즉, O5와 O6 사이에 우연히 개입된 사건들의 영향일 가능성은 여전히 배제되지 못한다는 것이다. 또한 독립변수 도입 전의 반복되는 검사로 인하여 검사효과나 도구효과가 강하게 나타나기 때문에 외적 타당도가 저해될 가능성도 크다.

이러한 약점들에도 불구하고, 서비스 실천 환경의 조사연구들에서는 시계열 설계의 유형들이 많이 적용된다. 통제집단을 따로 갖지 않으면서도 통제집단의 효과를 낼 수 있다는 것이 시계열 설계가 선호되는 가장 큰 이유이다. 자료수집에 있어서의 잦은 검사나 관찰로 인한 부작용만 적절히 극복될 수 있으면, 시계열 설계는 연구자들에게 훌륭한 조사연구의 틀이 될 수 있다(김영종, 2008: 133-134).

2) 비동일 통제집단 설계

비동일 통제집단 설계(nonequivalent control group design)는 통제집단을 갖는다는 점에서 통제집단 사전·사후검사 설계와 유사하지만, 통제집단의 구성이 무작위로 할당되지 않고 임의적으로 할당된다는 점에서 차이가 있다. 비동일 통제집단 설계는 실험설계인 통제집단 사전·사후검사 설계와 같이 실험집단과 통제집단을 모두 갖추고 있다. 그러나 실험집단과 통제집단에 대한 구분이 무작위적 할당이 아니라 임의적으로 이루어짐으로써 두 집단이 애초에 동질적인 집단이었는지에 대한 설명이 약하며, 두 집단 간의 교류 등을 통제하지 못하여 실험집단의 결과가 통제집단으로 모방되거나 확산되는 효과 등을 제거하지 못하게 된다는 단점이 있다.

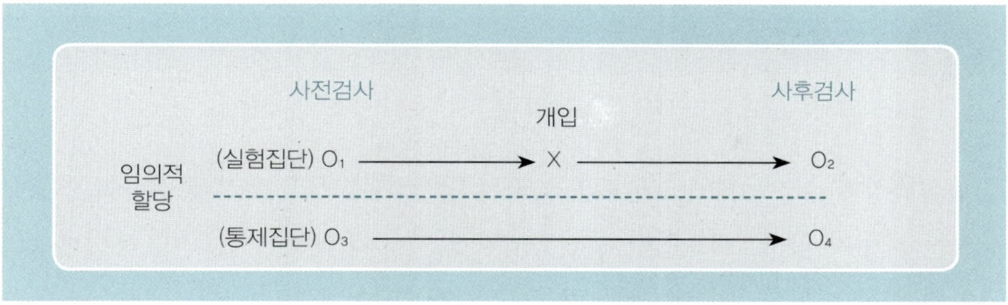

[그림 5-6] 비동일 통제집단 설계

비동일 통제집단 설계에서는 통제집단의 선택이 무작위로 이루어지기 힘든 경우, 실험집단과 비슷하다고 판단되는 집단을 인위적으로 선택하는 방법을 사용한다. 통제집단은 사전검사에 의해 나타난 성적이 실험집단과 비슷하고, 실험집단과는 다른 요인들에 있어서도 비슷한 조건을 갖추고 있을 것이라는 가정에서 선발된다. 이러한 가정들은 종종 예상치 못한 많은 오류들(차이들)을 내포하고 있으며 이를 경험적으로 배제할 수 있는 방법도 마땅치 않으므로, 내적 타당도를 저해하는 요소들이 많이 존재하게 된다. 그럼에도 불구하고 많은 연구들에서 이러한 설계를 선택하게 되는 것은 실천적인 환경에 쉽게 적용할 수 있다는 장점 때문이다(김영종, 2008: 134-135).

비동일 통제집단 설계를 활용하는 경우에는 다양한 외부적인 설명들을 통제하기 위해서 연구자들은 집단 간의 차이에 대한 선험적이거나 직관적인 지식들을 동원한다. 통계학적인 통제방법들도 이 과정에서 도움이 될 수 있다.

03 선실험설계

선실험설계(pre-experimental design)는 난선화(무작위 할당)에 의하여 연구대상자를 나누지 않고, 비교집단이 선정되지 않거나 동질성이 없으며, 독립변수의 조작에 의한 변화의 관찰이 한두 번 정도로 제한되어 있는 설계로 내적, 외적 타당성 저해 요인을 거의 통제하지 못한다. 그러므로 엄격한 의미에서 실험설계라 할 수 없으며, 인과관계를 규명하는 데에는 부적합한 방법이다. 따라서 가설의 검증보다는 연구문제의 도출을 위하여 순수한 실험설계를 하기 전에 시험적으로 실시하는 탐색조사의 성격을 지닐 때가 많다.

선실험설계는 비실험설계와 마찬가지로 내적 타당도에 대한 조건들을 갖추지 못하거나, 있다 해도 매우 미미하게 갖추고 있는 상태이다. 선실험설계의 유형으로는 일회 사례연구, 단일집단 사전·사후검사 설계, 정태적 집단비교 설계 등이 있다. 일회 사례연구는 단 한 번의 결과 측정을 가지고, 앞서 실시한 개입이나 독립변수의 효과를 판단한다. 단일집단 사전·사후검사 설계는 일회 사례연구에서 발전하여, 개입 전후 두 번의 측정 결과들을 비교한다. 정태적 집단비교 설계는 비록 실험집단과 동일하지는 않지만 통제집단을 갖춘 것을 말한다.

1) 일회 사례연구

일회 사례연구(one-shot case study)는 어떤 단일집단에 대해 실험처치(혹은 프로그램 개입)를 실시하고, 그 후에 종속변수를 측정(사후검사)한다. 사후검사의 결과가 '높은지' 혹은 '낮은지'에 대해서는 직관적인 판단을 하게 된다. 다음의 [그림 5-7]은 일회 사례연구를 도형화한 것이다.

[그림 5-7] 일회 사례연구

한 집단의 성원들에게 독립변수 개입(×)을 하고, 시간이 지난 후에 그것에 의한 결과가 측정(O1)된다. 단 한 번의 시험에 의해서 개입의 효과를 측정하기 때문에, 사후검사(O1)의 결과를 비교해 볼 만한 다른 경험적인 준거를 가지고 있지 않다. 이 경우에 O1이 과연 효과적이었는지는 직관적인 판단에 의존할 수밖에 없게 된다.

일회 사례연구에서는 경험적인 비교의 기준이 없다는 것이 결정적인 문제로 작용한다. 그러나 비실험설계와는 달리 독립변수가 미리 주어졌다는 시간적 우선성에 대해서는 알 수 있게 한다. O1보다는 개입(×)이 앞섰다는 것을 알 수 있기 때문이다. 그러나 비교할 대상이 존재하지 않음으로 인해서, 인과관계의 검증을 위한 공변성과 통제의 조건들이 모두 결여되어 있다. 따라서 이 설계로 인과관계를 경험적으로 검증한다는 것은 불가능지만, 탐색적 목적으로 수행되는 경우에는 유용할 수 있다.

2) 단일집단 사전 · 사후검사 설계

단일집단 사전·사후검사 설계(one group pretest–posttest design)는 일회 사례연구설계에 사전검사를 추가한 것이다. [그림 5-8]과 같이 한 집단에 대해 먼저 종속변수를 측정(사전검사)한 다음에 개입(×)이 이루어진다. 개입이 실시된 후에 다시 종속변수를 측정(사후검사)하고, 그것을 사전검사 결과와 비교해 보는 것이다(개입효과(Ex) = O2−O1). 이 설계는 일회 사례연구보다는 진일보한 것인데, 적어도 사후검사에 대한 비교의 기준으로 사전검사를 시행하기 때문이다.

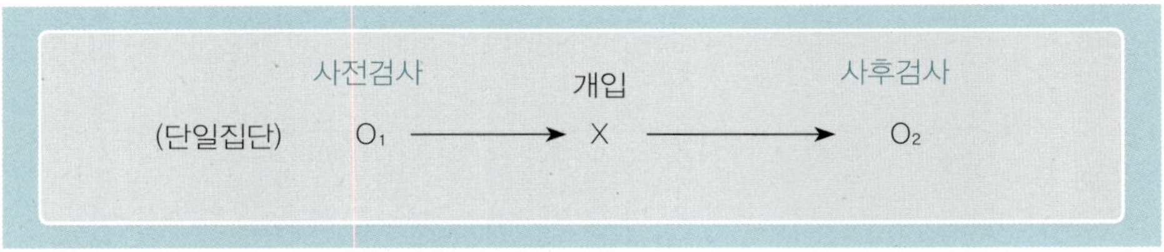

[그림 5-8] 단일집단 사전 · 사후검사 설계

이 설계의 한계는 외부 변수들의 개입 여부를 확인할 수 없다는 점에 있다. O2와 O1 사이에는 분명히 프로그램 개입(×) 이외에도 다른 많은 사건들이 발생했을 것이다. 또한 그러한 것들이 O2에 대해 어떤 영향을 끼쳤을 가능성도 있다. 단지 한 집단에 대한 전후시험을 실시하여 그 결과를 비교하는 것으로는 외부적인 요인들의 영향을 통제할 수 있는 방법이 없다. 그러나 이 설계도 역시 선실험설계의 일종으로, 외부 설명에 대한 통제를 경험적으로 처리할 수 있는 방법은 없다.

3) 정태적 집단비교 설계

일회 사례연구와 단일집단 사전-사후 검사설계에서는 아예 비교의 대상이 없거나, 단일한 집단 내에서 개입 이전과 이후의 차이를 비교의 근거로 했다. 정태적 집단비교 설계(static group comparison group)는 실험대상을 임의로 두 개의 집단으로 나누어 독립변수를 개입이 이루어지는 집단과 개입을 하지 않는 집단으로 구분한다. 그러므로 이 방법은 통제집단 사후검사 설계에서 무작위 할당만 제외된 형태이다. 이 실험설계는 대상을 두 집단으로 나누어 측정하였기 때문에 외부 사건이나 검사효과, 도구효과, 통계적 회귀 등의 내적 타당도 저해요인을 제거할 수 있다.

그러나 연구집단과 비교집단을 선정하는 데 있어 무작위추출이 아닌 임의적으로 선정하기 때문에 집단의 차이가 통제되지 않으며, 실험대상의 소멸 정도에 따른 차이도 통제되지 않는다. 즉, 비교집단으로 선정된 통제집단은 실험집단과 동질적이라는 경험적인 보장이 없다는 것이 문제이다. 하지만 이 방법은 실험의 간편성과 시간 및 조사비의 절감효과가 있기 때문에 실제로 사회과학 조사에서 많이 쓰이는 방법 중의 하나이다. 다음의 [그림 5-9]는 정태적 집단비교 설계의 구성을 보여주는 것이다.

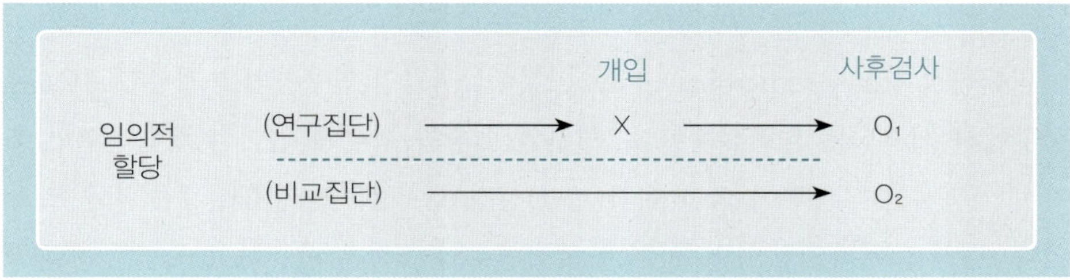

[그림 5-9] 정태적 집단비교 설계

이 설계는 논리적으로는 상관관계연구와 비슷하고 실제로 그것의 한 형태로 불리기도 한다. 이 설계에서는 사전에 실험집단과 통제집단으로 나누는 것과 같은 실험적인 상황에 대한 조작이 없다. 개입이 끝난 후 한 특정 시점에서, 개입이 있었던 집단과 없었던 집단을 구분해서 두 집단 간에 어떤 차이가 있는지를 살펴보는 방법을 사용한다. [그림 5-9]와 같이 1회 검사를 통해 얻어진 자료를 근거로 (O1−O2)를 산출해 내고, 이를 근거로 개입(×)의 효과를 추정해 보려는 것이다. 따라서 단지 사후에 구분된 두 집단에서 나타나는 차이를 가지고, 이것이 한 집단에서 시행되었던 프로그램 개입으로 인한 효과 때문이라고 설명하기는 어렵다.

이 설계는 인과관계를 검증하는 데 있어서 상관관계 연구의 한계를 벗어나지 못한다는 단점이 있다. 그럼에도 이러한 설계들이 많이 쓰이는 것은 현실적인 연구상황에서 인위적인 실험조작이 대부분 어렵기 때문이다. 엄격한 비교를 통한 결론의 도출이 어렵긴 하지만, 현실적으로 쉽게 사용할 수 있다는 것이 정태적 집단비교 설계의 장점이다. 다양한 통계학적 기법들을 이용하여 실험집단과 비교집단에서 나타나는 이질성들을 사후에 부분적으로나마 통제할 수 있다는 점도 도움이 되는 점이다(김영종, 2008: 130-131).

04 비실험설계

비실험설계(non-experimental design)는 실험적인 연구방법을 사용할 수 없는 상황에서 실시되는 실험설계이다. 연구의 대상과 상황에 있어서 독립변수의 조작이 가능하고 무작위에 의한 대상(집단)선정이 가능하면 실험설계를 적용할 수 있다. 대상을 무작위할 수는 없지만 독립변수의 조작은 가능하고 독립적인 관찰을 할 수 있으면 유사실험설계를 적용할 수 있다. 그런데 독립변수의 조작도 불가능하고 대상의 선정도 할 수 없는 경우들이 많이 있다. 현실적인 한계와 용이성 때문에 사회과학 전반에서 실제로 비실험설계 연구가 많이 이용되고 있다. 그러나 비실험설계는 독립변수를 조작할 수 없다는 점, 연구대상을 무작위화할 수 없는 점, 부적절한 해석을 하게 될 위험 등의 단점을 갖고 있다.

사회과학에서는 특히 조사연구상황에 대한 조작이 힘든 경우들이 대부분이다. 연구의 관심이 되는 현상, 즉 독립변수나 종속변수로 될 수 있는 현상들 가운데 이미 발생하여 조작이 불가능하게 되어 버린 것도 있고(교육, 연령, 역사적 사건, 사회복지 프로그램 등), 처음부터 결정되어 조작이 불가능한 경우도 있고(성별, 출신지역, 인종 등), 또는 윤리적 이유로 조작이 불가능한 것(수입, 사회적 계급, 거주지역, 질병 등)과 오랫동안에 걸쳐 형성되어 속성으로 되어진 것(태도, 성격, 가치관 등)도 있다. 이러한 현상들의 관계를 연구하는 데 있어서 적용하는 연구설계를 비실험설계라고 한다(남세진·최성재, 2001: 117).

비실험설계는 자료수집방법이 서베이(survey)인 경우에 주로 적용할 수 있다. 구체적인 형태는 여러 가지가 있을 수 있지만, 여기에서는 횡단적 조사설계와 종단적 조사설계로 나누어 살펴보도록 한다.

1) 횡단적 조사설계

(1) 일원적 설계

일원적 설계(univariate design)는 특정 사건이나 현상의 발생, 인구집단의 특성, 개인적–집단적 경험 등을 기술할 때 사용된다. 독립변수의 조작도 없으며, 단지 한 번의 관찰로써 조사하여 개개변수들의 관찰 값의 분포를 파악하는 데 이용된다. 사회복지관의 지역사회 욕구조사가 대표적인 예이다. 일원적 설계는 두 개 이상의 변수 간의 인관관계나 상관관계를 추론하는 데는 적합하지 않다.

(2) 상관관계 설계

상관관계 설계(correlation design)는 독립변수로 간주할 수 있는 하나의 변수와 종속변수로 간주할 수 있는 하나의 변수의 속성을 분류하거나 교차시켜 통계적 기법을 통하여 상관관계를 추정하는 방법이다. 상관관계 설계는 서베이(survey)에서 많이 이용되며, 교차분석적 설계라고도 부른다.

(3) 비실험적 요인 설계

비실험적 요인 설계(non–experimental factorial design)는 무작위 할당을 실시하지 않는 것을 제외하고 실험설계와 유사하다. 두 가지 이상의 독립변수와 하나의 종속변수의 관계 및 독립변수 간의 상호작용 관계를 교차분석을 통하여 확인하려는 것이다. 두 개 이상의 독립변수가 각각의 독립적인 효과인 주효과와 두 개 이상의 독립변수가 결합되어 생기는 상호작용 효과를 동시에 알 수 있기 때문에 독립변수들의 종속변수에 대한 영향의 정도를 좀 더 명확히 알 수 있다.

2) 종단적 조사설계

일원적 설계, 상관관계 설계, 비실험적 요인 설계는 관찰의 시간적 차원에 있어서 특정한 시점에서 관찰하는 횡단적 실험조사설계(cross-sectional experimental research design)이며, 종단적 실험조사설계(longitudinal experimental research design)는 여러 시점에 걸쳐 관찰하는 것으로서 패널조사설계(pannel study design), 경향조사설계(trend study design), 동년배집단 조사설계(cohort study design)가 있다(Chapter 4 참조).

ESEARCH METHODS IN SOCIAL WELFARE

PART 03

측정과 척도

06 CHAPTER 측정의 수준과 척도

01 측정의 개념과 수준

사회과학에서 연구대상이 되는 현상들을 측정(measurement)하는 것은 그리 쉬운 일이 아니다. 특히 인간의 내면적인 심리나 태도, 상호작용 등과 관련된 추상적인 개념(예: 자아존중감, 자아탄력성 등)들을 경험적으로 측정하기는 어려운 일이다. 측정에 따른 오류도 발생한다. 그래서 측정을 이해하고 활용하는 것도 중요하지만, 측정의 한계를 적절히 파악하는 능력도 갖추어야 한다.

명제나 가설은 변수들 간의 관계를 기술하고 있으며, 따라서 이를 경험적으로 검증하기 위해서는 변수들에 대한 경험적인 측정이 선행되어야 한다.

1) 측정의 정의

측정이란 추상적인 개념을 현실세계에서 경험할 수 있는 자료와 연결시켜주는 수단으로 대상의 속성을 나타낼 수 있도록 경험적인 특질들에 대해 일정한 규칙에 따라 숫자나 기호 등을 배정하는 과정이다. 이와 같은 측정의 정의에 의하면 측정의 가장 핵심적인 요소는 규칙이 된다. 규칙은 숫자나 기호들을 어떻게 배당할 것인지에 관한 기준을 제시하는 것이다. 예를 들어, 몸무게를 측정하는 규칙은 kg 저울, 파운드 저울, 눈대중 기준(무거워 보인다, 가벼워 보인다) 등이 있다. 규칙은 측정하려는 대상에서 나타나는 특정한 성질들을 '어떻게' 분류할 것인지를 규정하는 것이다. 따라서 측정에 있어서는 규칙의 정확성이 곧 측정의 정확성을 결정하는 것과도 같다.

규칙에 의해서 가려진 성질들은 서로 구분될 수 있도록 기호(symbol)나 숫자(number) 등으로 값을 표시한다. 여기에서 중요한 점은 측정을 위해 사용된 규칙이 수량적인 의미의 분류를 시도했는지 아니면 단지 명목적인 구분을 시도한 것인지를 구분해야 한다는 것이다. 자료의 입력과 사용상의 편의를 위해 숫자나 기호를 사용하는데, 그것들이 수의 성질을 가지는 것인지 아니면 구분을 위해 쓰여진 것인지를 정확하게 파악하고 있어야 한다. 또한 측정이란 개념은 단순히 수량적인 표현에 국한되는 것이 아니라 질적인 표현까지 포함한다. 즉, 측정이란 특정한 조사대상의 속성에 대한 질적 또는 양적인 값(value)을 규정하는 과정이므로 양적측정(quantitative measurement)과 질적측정(qualitative measurement)이 있으며 다음 [그림 6-1]의 과정을 거쳐 지표로 연결된다.

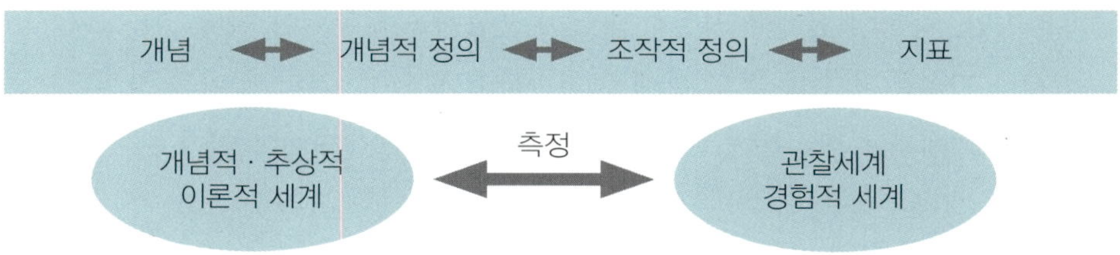

[그림 6-1] 측정의 의미

측정은 추상적인 이론적 모델과 경험적인 사회적 현실을 연결시켜 주는 고리와도 같다. 가능하면 현실과 유사하게 표현함과 동시에 이론을 검증할 수 있는 실증적 수단의 역할을 하는, 즉 이론과 현실의 징검다리의 기능을 해야 한다. 측정이란 현실을 파악하는 데 꼭 필요한 과정이기는 하지만 모든 것을 측정할 수 있는 것은 아니다. 또한 속성이 갖는 질적인 측면을 수량화하는 것이 옳지 않다는 주장도 있다.

2) 개념화와 조작화

조사연구에서 측정의 규칙과 절차는 개념화(conceptualization)와 조작화(oper- ationalization)를 통해 구체화된다. 연구문제의 서술 과정에서 개념적 정의를 통해 변수(variable)[1]에 대한 개념화가 이루어지고, 조작적 정의를 통해 조작화가 성립된다. 개념화와 조작화는 둘 다 변수의 성격과 변수를 구성하는 속성(attribute)[2]들을 구체화하는 작업이라는 점에서 같지만, 개념화는 추상적인 상태의 구체화이고 조작화는 경험적인 구체화라는 점에서 차이가 난다.

측정은 우선 주어진 대상이 어떤 속성이나 특성을 지니는가의 여부에 따라 분류하는 범주화의 과정으로 이루어진다. 이는 변수와 속성들은 구체화하는 개념 정의와 조작적 정의로도 볼 수 있는데, 이러한 범주화 과정에서 적용되는 중요한 원칙은 범주 간에는 상호배타성(mutually exclusive)의 원칙이 적용되며, 동일한 범주 내에서는 포괄성(exhaustive)의 원칙이 기본적으로 충족되어야 한다는 것이다.

상호배타성 원칙이란 정의된 범주 간에는 각기 다른 속성들이 서로가 엄격하게 구분되어야 한다는 것이다. 측정을 위한 범주화가 만약 상호배타적으로 정의되지 않았다면, 측정하려는 대상이나 대상의 속성이 중복되어 측정되므로 이들을 제대로 반영하지 못하며, 측정된 의미도 해석하기 어렵게 된다.

측정에서 포괄성의 원칙이란 변수를 구성하는 모든 속성들의 집합이 포괄적으로 나타날 수 있어야 한다는 것이다. 즉, 모든 조사대상자가 측정도구에 제시된 범주에 포함되어야 한다는 것을 의미한다. 예를 들어, 조사대상자의 종교를 파악하고자 할 경우, 범주를 불교, 기독교, 천주교, 무교로만 구분하게 되면 포괄성의

1) 변수는 속성들의 논리적인 집합을 지칭하는 것이다. 예를 들어, 여성과 남성이라는 속성들의 집합이 성별이라는 변수이고, 장애가 있음 혹은 없음 등의 속성들의 집합이 장애유무라는 변수로 지칭될 수 있다.

2) 속성이란 어떤 사물이나 현상의 성격 내지는 특질을 말한다. 변수의 측정결과 속성들은 변수 값이 된다.
예) 여성 혹은 남성, 장애인 혹은 비장애인

원칙에 위배된다. 왜냐하면 원불교나 이슬람교를 포함한 기타 종교를 가진 조사대상자들은 응답할 범주가 없기 때문이다. 이런 경우 나머지 종교를 구체적으로 범주에 포함시키거나 기타 항목을 측정도구에 포함시켜야 한다.

3) 측정의 수준과 척도

측정을 할 때, 정한 규칙에 따라서 대상의 특성이나 속성에 부여할 수치나 기호의 의미가 달라진다. 이때, 측정하고자 하는 대상에 부여하는 숫자들의 체계를 척도(scales)라고 하며 측정의 수준에 따라 척도 값(숫자)의 의미가 달라진다. 일반적으로 측정의 수준과 척도는 ① 명목적 측정－명목척도, ② 서열적 측정－서열척도, ③ 등간적 측정－등간척도, ④ 비율적 측정－비율척도의 4가지 등급으로 나뉜다. 이것은 변수의 수량화에 따라 결정되는 것으로, 낮은 수준의 측정수준에 비해 높은 수준의 측정은 통계적 분석에 있어서도 좀 더 높은 수준의 분석이 가능하게 한다. 이들 네 가지 측정수준에 따른 명목, 서열, 등간, 비율척도의 특징과 각각의 척도에 허용되는 연산 작용의 성격에 대해서 살펴본다.

(1) 명목척도

명목척도(nominal scale)는 측정수준에서 가장 낮은 수준에 있는 척도로, 변수가 가지는 질적인 부분을 상호배타적 그리고 포괄적으로 분류하는 역할을 하며, 이렇게 분류한 범주에 숫자나 기호를 부여하게 된다. 명목척도 수준의 측정을 통해 도출되는 값들은 숫자의 의미를 갖지 않고 단지 분류를 위한 기호들로 다루어진다. 그러므로 여기서 부여된 숫자의 크기는 아무런 의미가 없고 단지 부여된 숫자가 다르면 그 대상의 특성이 다르다는 것을 의미할 뿐이다. 명목척도의 측정은 우리들의 대부분 인식 활동에 있어서 기초가 되는 분류방법이다.

명목척도는 단순한 분류와 명명, 혹은 지시의 기능을 할 뿐 계산을 할 수 있는 양적인 의미가 전혀 없다. 명목척도의 예로는 성별, 종교, 인종, 계절 등이 있다.

운동선수의 등번호도 선수가 누구인지 알게 해 줄 뿐, 수적인 의미가 전혀 없는 것이 바로 이러한 명목척도의 예이다.

〈표 6-1〉 명목척도의 예

변수	측정값
성별	남, 여
종교	개신교, 불교, 가톨릭, 회교
인종	게르만족, 슬라브족, 한족, 투르크족

따라서 명목척도를 활용해서 할 수 있는 통계적 분석은 매우 한정적인데, 빈도나 백분율, 최빈값 등을 통해 정보를 해석할 수 있고 산술적 계산은 '=', χ2 검증이나 Cramer's v 및 φ(pie) 계수, 비모수통계분석만이 가능하다.

(2) 서열척도

서열척도(ordinal scale)는 사회과학에서 실제로 가장 많이 사용하는 측정의 수준이다. 정확하게 정량화하기 어려운 응답자의 태도, 선호도, 사회계층 등의 측정에 이용된다. 서열측정은 명목척도에 하나의 정보가 더 추가된 것으로, 분류된 속성들에 대해 서열을 매길 수 있는 수준을 말한다. 즉, 측정대상을 그 특징이나 속성에 따라 일정한 범주로 분류하고, 범주들 간의 상대적 순서관계(크다·작다, 높다·낮다, 많다·적다 등의 크기, 순서, 높낮이, 대소, 전후, 상하 등)를 밝히는 것이다. 따라서 명목척도의 모든 특징을 포함하며 거기에다 각 측정값들 간의 순위를 결정하는 규칙이 필요하다.

〈표 6-2〉 서열척도의 예

변수	측정값
소득수준	상, 중, 하
석차	1등~30등
정치 성향	보수, 중도, 진보
장기요양등급	1등급, 2등급, 3등급, 4등급, 5등급, 등급 외

그러나 서열척도는 서열 간의 간격이 동일하지 않기에 절대량의 크기를 나타내지 못한다. 예를 들어, 석차 경우가 서열척도에 해당한다. 왜냐하면 반에서 1등한 학생과 2등한 학생의 성적 차이와 2등한 학생과 3등한 학생의 성적 차이는 같지 않기 때문이다.

서열척도의 규칙은 명목척도수준의 측정에다가 대소관계(〈, 〉)를 추가해 놓은 것이다. 속성들의 구조에서 서열이 있으므로 측정을 통해 도출되는 측정값들에서도 서열성이 인정된다. 따라서 서열척도의 측정값들은 명목척도에서 활용할 수 있는 통계적 분석을 모두 활용할 수 있어 빈도 및 백분율, 최빈값 등은 물론이고 '=, 〉, 〈'와 같은 산술적 계산, 중앙값, Gamma, Somer's d, Kendall's tau 등의 통계분석을 활용할 수 있다.

(3) 등간척도

등간척도(interval scale)는 명목척도처럼 대상의 속성에 대한 분류가 가능하고, 서열척도처럼 속성을 순위 매길 수 있을 뿐만 아니라 각 범주 사이의 거리가 일정한 척도이다. 즉, 속성들 간의 서열뿐만 아니라 개별 속성들 사이의 거리를 측정할 수 있다. 등간척도의 예로는 도덕지수(MQ), 지능지수(IQ), 온도, 물가지수, 사회복지조사론 점수, 생산성 지수, 사회지표 등이 있다.

〈표 6-3〉 등간척도의 예

변수	측정값
학년	1학년, 2학년, 3학년
온도	·· −20℃ ·· 0℃ ·· 10℃ ·· 40℃ ··
지능점수(IQ)	·· 100점 ·· 140점 ···
정서지수(EQ)	0점 ·· 50점 ·· 100점

등간격(숫자 간 간격이 같음)이기 때문에 덧셈과 뺄셈(+, −)과 같은 산술적 계산을 사용할 수 있다. 그러나 대상의 속성이 전혀 없음을 의미하는 절대영점(true zero point)이 없기 때문에 곱하기, 나누기 같은 비율계산은 사용할 수 없다. 예를 들어, 온도계에서 0℃는 온도가 존재하지 않는다는 것이 아니고, 0℃의 기온을 나타내는 것이기 때문에, 온도가 20℃일 때가 10℃일 때보다 기온이 두 배가 높다고는 말할 수 없다. 정서지수가 100점인 학생이 50점인 학생보다 두 배 정서가 출중하다고 할 수 없다. 왜냐하면 정서지수가 0인 학생에게 정서가 전혀 없다고 말할 수 없기 때문이다.

등간척도를 통해 가능한 통계적 분석은 기본적으로 명목척도나 서열척도에서 활용할 수 있는 분석이 모두 가능하며, 거기에 평균, 표준편차, 집단비교, 상관관계, 회귀분석 등의 모수통계방법이 가능하다.

(4) 비율척도

비율척도(ratio scale)는 등간척도보다도 높은 측정수준을 가지는 척도로 측정하고자 하는 대상을 분류하고, 대상자들 간의 순위를 매길 수 있으며, 범주들 간의 거리가 동일할 뿐만 아니라 절대기준점인 0점도 가진다. 절대기준점 혹은 절대영점의 의미는 그 값보다 작은 값이 존재하지 않는다는 뜻이며, 0은 속성이 전혀 존재하지 않는다는 의미를 내포하고 있다. 그렇기 때문에 모든 산술적 조작(=, ±, ×, ÷)이 가능하다.

비율척도의 예로는 TV 시청률, 투표율, 신문구독률, 가격, 저축금액, 생산원가, 연령, 무게, 신장, 출생률, 사망률, 가족 수, 인구 수, 거주기간 등이 있다. 여기서 주의해야 할 것은 온도나 IQ 등은 비율척도가 아니라 등간척도라는 점이다. 즉, 등간척도의 예에서 온도가 0도인 것은 온도가 없다는 뜻이 아니다. 하지만 어떤 사람의 자녀 수가 0이면 이것은 자녀가 없다는 것이고, 월 소득액이 0이라면 소득이 전혀 없다는 의미이다. 가령 A라는 사람이 소득이 200만 원이고 B라는 사람이 소득이 100만 원이라면 A는 B보다 소득이 두 배가 된다는 실질적인 의미를 가지는 것이 바로 비율척도이다.

〈표 6-4〉 비율척도의 예

변수	측 정 값
몸무게	0kg ·· 50kg ·· 100kg ···
월 소득액	0만 원, ··· 100만 원 ··· 200만 원 ···
자녀 수	0명, 1명, ··· 10명 ···

사회과학이나 자연과학 모두에서 가장 이상적인 측정수준이 바로 이 비율척도인데, 이는 바로 수량적 측정을 통해서 다양한 통계분석기법의 적용이 가능하며, 풍부하고 정확한 설명을 할 수 있기 때문이다. 비율척도를 통해 측정된 개념들은 수량적 정밀성이 높아 등간척도까지 적용할 수 있는 모든 계량화뿐만 아니라 대부분의 통계분석기법을 활용하여 분석할 수 있다. 이러한 분석상의 장점에도 불구하고 실제 사회과학에서 비율척도로 사용할 수 있는 변수들이 그렇게 많지 않은데 자칫 과도한 조작화로 서열척도나 등간척도를 비율척도로 왜곡하여 사용하는 오류를 범하기도 한다(양정하 외, 2008: 149-150).

요컨대 측정의 수준과 척도는 크게 4등급으로 나눌 수 있다. 각각의 등급들은 그에 적합한 수학적 및 통계학적 연산들이 있다. 또한 상위등급의 측정은 모든 하위 등급들의 특질을 소유하지만, 그 반대는 성립하지 않는다. 즉, 비율척도는 가장 상위에 있으면서 수와 관련한 모든 연산을 쓸 수 있지만, 명목척도는 가장 하위에 있으면서 단순 비교의 목적으로만 사용할 수밖에 없다.

〈표 6-5〉 척도의 유형별 특성과 차이점

특성 척도	명목척도	서열척도	등간척도	비율척도
범주 (category)	O	O	O	O
순위 (order)	C	O	O	O
등간격	X	X	O	O
절대영점	X	X	X	O
비교방법 (숫자부여방법)	확인, 분류	순위비교	간격비교	절대력, 크기비교
수학 (산술적 계산)	=	=, 〈, 〉	=, 〈, 〉, ±	=, 〈, 〉, ±, ×, ÷
통계 (평균의 측정)	최빈값	중앙값	산술평균	기하평균 모든 통계
예	성별, 계절, 종교, 인종, 장애유형, 지하철 노선, 결혼 여부, 지역 등	법정장애등급, 석차, 사회계층, 학력 등	도덕지수(MQ), 지능지수(IQ), 온도, 물가지수, 교육연수 등	TV 시청률, 투표율, 연령, 저축금액, 생산원가, 무게, 신장, 출생률, 사망률 등

그러므로 측정이 의도하는 실재의 구조와 측정의 구조는 일치하여야 하고, 그에 맞추어 적절한 수학 및 통계학을 적용하는 것이 필요하다. 수학이나 통계학은 그 자체로서 자신이 사용하는 수들이 어떤 의미를 가졌는지에 대해 관심을 갖지 않는다. 사회과학의 경우 측정의 결과로 나타나는 숫자나 기호들은 그 자체로서 완벽한 수의 의미를 갖지 못하는 것들이 대부분이다. 따라서 연구자들은 어떤 측정 등급이 측정 대상에 적용되었는지를 알아야 하고, 측정에서 도출된 숫자기호들은 그에 적절한 의미들로만 해석되고 사용되어야 한다.

02 척도

지금까지 측정에 대한 개념과 측정 수준에 따른 네 가지 척도의 유형과 특징을 살펴보았다. 이제 이러한 척도들이 구성되는 기본 원리와 척도들의 종류에 대해 살펴보도록 한다.

1) 척도의 의의

측정은 특정 사건이나 현상, 또는 인간의 인식과 태도 등 다양한 대상물에 수치나 기호를 부여하여 이들의 특성을 밝혀내는 일련의 과정이다. 척도는 이러한 측정을 위한 도구를 말한다. 즉, 일정한 규칙에 따라 관찰된 연구대상에 대해 수치나 기호를 부여하기 위해 사용되는 도구가 바로 척도이다. 결국, 척도는 측정하고자 하는 대상에 부여하는 숫자나 기호들의 체계이다.

척도는 일정한 규칙에 따라 숫자나 기호를 배열하는 형식으로 이루어져 있다. 척도는 측정대상의 속성을 발견해서 측정대상의 속성에 따라 1:1로 상응하도록 숫자나 기호를 배치한다. 따라서 척도는 측정대상의 질적 속성을 계량적인 변수로 변환시키는 수단이 된다.

자연과학의 경우 측정대상이 주로 물질적이므로 척도는 온도계, 체중계, 자, 저울 등이지만 사회과학의 측정대상은 주로 비물질적이기 때문에 척도는 특정 변수를 종합적으로 측정하기 위해 논리적이고 경험적으로 연관된 하나(단일문항 척도) 또는 다수의 문항(다차원적 척도)으로 구성되어 있다.

실제적으로 사회과학에서는 기술적으로 좀 더 복잡하고 다양한 기법을 요한다. 왜냐하면 인간이나 사회현상 등을 연구대상으로 삼는 사회과학에서는 직접적으로 그 실체나 개념을 측정하기 어려운 경우가 많기 때문이다. 그래서 이런 경우에 개념을 직접 측정하기보다는 지표를 이용한 간접 측정이 필요하다. 지표

(indicator)란 통상 하나의 개념을 측정한 값을 의미한다. 예를 들어, 지능을 측정하기 위해 IQ 테스트라는 지표를 사용하거나, 공동체 의식 측정을 위해 헌혈 또는 자원봉사 참여율 등을 지표로 삼을 수 있다. 반면에 성별, 연령, 자녀 수, 혼인 여부, 월소득, 학력 등은 단일한 지표를 관찰하면 바로 그 속성을 측정할 수 있다.

그러나 어떤 개념들은 단일한 지표를 통해 쉽사리 측정될 수 있지만, 대부분의 개념들은 복합적인 성질을 갖고 있기 때문에 단순 자료로는 그 속성을 정확하게 파악하기가 어려워 복수의 지표들을 합성하여 측정되기도 한다. 예를 들어, 가정생활만족도와 같은 개념은 하나의 지표로 측정되기 어렵고, 부부관계, 자녀관계, 소득수준 등에 관한 다양한 지표들을 합성해야만 측정할 수 있다. 이러한 복합 측정치를 지수(index) 혹은 척도(scale)라고 한다. 다시 말해 지수(혹은 척도)란 다의적이고 복합적인 특성을 갖고 있는 개념을 양적으로 측정하기 위해서 고안한 다수의 지표들을 하나로 묶어 단일 수치로 표현한 것이다.

지수와 척도라는 용어는 구분하는 기준이 명확하지 않은 관계로 종종 혼용된다. 굳이 구분하자면, 경험적으로 쉽게 인식할 수 있는 지표들로 구성된 것을 지수(예: 소비자물가지수, 생산성지수 등)라고 하고, 사람들의 생각이나 내면적인 태도 등에 대한 항목이나 지표들을 묶어 놓은 것을 척도(예: 우울증척도, 치매척도)라 하는 경우가 많다. 만약 지수와 척도를 이와 같이 구분할 수 있다면, 척도는 구성단계에서 지수보다는 더 엄격성을 요구한다. 지수가 비교적 객관적인 지표들을 다루는 반면에 척도는 추상적이고 내면적인 사항들을 다루기 때문이다.

이와 같이 지수와 척도는 복합적인 지표의 결합을 통해 만들어진 측정도구이다. 지수와 척도는 다음과 같은 이유들로 인해서 사회과학 조사연구들에서 많이 사용된다. 첫째, 척도는 하나의 단순 지표로서는 제대로 측정하기 어려운 복합적인 개념을 측정할 수 있는 장점이 있기 때문이다. 둘째, 척도는 여러 개의 지표를 하나의 점수를 통해 몇몇 변수들을 한꺼번에 나타낼 수 있으므로 자료들의 복잡성을 덜어 준다. 셋째, 척도는 더 높은 정확성과 통계학적인 조작들을 가능하게 하는 양적인 측정치를 제공함으로써 정확성을 높일 수 있다. 넷째, 척도는 복합적인 항목이나 지표들을 결합함으로써 측정치나 측정도구의 오류를 줄이고 타당도와 신뢰도를 높여 준다. 단일 문항보다 여러 개의 문항이 본래 내재한 속성을 정확히 측정하고, 보다 일관성 있는 결과를 제공해 주기 때문이다.

2) 척도의 구성과 종류

척도구성(scaling)은 척도(scale)를 만드는 방법에 관한 것으로 심리사회과학에서는 인간의 내면적 태도(attitude)를 측정하는 일종의 잣대를 구성하는 것으로 간주한다. 척도의 구성에는 다양한 방법이 존재하는데, 주로 측정 등급에 따라 각기 다른 척도구성 도구가 사용된다. 대부분의 척도들은 단일차원성(principle of unidimensionality)의 원칙에 근거해서 만들어진다(김영종, 2008: 158).

단일차원성의 원칙이란 척도를 구성하는 항목들이 단일한 차원을 반영해야 한다는 것으로, 척도의 모든 항목들은 단지 한 개념의 연속선상에서 배열되어 있어야 함을 말한다. 다차원으로 구성된 개념을 측정하는 복합지표 척도의 경우도 마찬가지로, 각 차원의 하위 개념들은 단일차원성의 원칙에 따라 척도구성이 되어야 한다.

일반적으로 척도(지수)의 구성은 다음과 같이 문항선정, 지수의 점수화, 타당도 검사라는 절차를 통해 구성된다. 첫째, 문항들은 액면타당도[3]가 있고, 단일차원적이며 대표성을 갖고 서로 상관성이 있어야 한다. 둘째, 각 문항에서 상호배타적이고 포괄적인 응답범주를 정하고 범주에 숫자를 부여한다. 그리고 각 문항에 대한 응답가치나 선택가치의 개수를 적절히 조절한다. 셋째, 내적-외적 타당도를 검사한다.

측정되는 변수의 성격구조에 따라 척도를 구성하는 방법들은 각기 다르게 나

3) 액면타당도란 측정도구에 포함된 설문문항들이 측정하고자 하는 개념을 얼마나 대표성 있게 포함하고 있는지를 판단하는 것을 말한다.

타난다. 특히 측정수준에 따른 등급에 따라 척도구성의 방법(scaling methods)은 명목척도화, 서열척도화, 등간-비율척도화로 구분된다.

(1) 명목척도화

명목측정은 한 변수에 포함되는 값들을 단순히 구분하여 나타내기 위한 것으로 각 범주에 부여된 숫자가 단지 서로 다름만을 의미한다. 따라서 명목적 수준에서의 척도구성(nominal scaling)은 각 범주가 동질적이면서 상호배타적이고 포괄적이도록 문항의 응답지를 구성하면 된다.

다음의 〈표 6-6〉에서와 같이 단일 명목척도화의 경우는 하나의 차원만 묻는 것이므로 간단하지만 다차원적 명목척도화에서는 응답범주를 구성하는 것이 복잡하고 어렵다. 따라서 가능한 단일 차원적으로 명목척도를 형성하는 것이 바람직하다.

〈표 6-6〉 명목척도화의 예

구분	예
단일차원적 명목척도 구성의 예	Q. 귀하의 성별은 무엇입니까? ① 남자 ② 여자
다차원적 명목척도 구성의 예	Q. 귀하의 성별과 종교는 무엇입니까? ① 남자-기독교 ② 남자-천주교 ③ 남자-불교 ④ 남자-기타종교 ⑤ 여자-기독교 ⑥ 여자-천주교… (응답범주들은 논리적인 연관성을 가지고 기타의 조합들로 구성)

(2) 서열척도화

서열적 척도화(ordinal scaling)는 측정된 값들 사이에 상대적 순서관계를 밝힐 수 있도록 숫자나 기호를 부여하는 과정을 통해 만들어진 척도를 말한다. 즉, 서열적 척도화에는 측정된 값들 간에 더 많다 혹은 더 적다를 판단할 수 있는 서열성이 존재한다. 사회조사에서 서열척도화는 측정, 개념의 조작적 정의, 응답자 편의(偏倚, bias) 방지라는 세 가지의 주요한 기능을 수행한다.

서열척도를 만들기 위한 스케일링의 도구로는 평정척도, 총화평정척도, 개별 항목들에 대한 단순 합산을 통해 서열성을 산출하는 리커트 척도, 항목들 자체에 서열성을 부여하는 거트만 척도방법 등이 있다.

① 평정척도

평정척도(rating scales, 또는 평급척도라고도 함)는 연구자 혹은 응답자가 측정 대상의 연속성을 전제로 하여, 일정한 등급평정방법(rating method)으로 평가함으로써 대상의 속성을 구별하는 척도로, 평가자의 견해에 따라 일정한 점수를 부여한다. 즉, 설정한 각 단계에 임의의 수치를 부여하여 여기서 얻어진 수치의 합계 또는 평균을 측정대상이 가지는 척도점수로 가정한다. 평정척도는 대부분 서열척도이지만 항목 간 거의 비슷한 정도의 차이가 있다고 가정하면 등간척도로 간주할 수도 있다. 평정척도에는 도표식 평정척도법, 범주 평정척도법, 숫자-언어식 평정척도법, 평점방식 평정척도법이 있다.

Ⓐ 도표식 평정척도법

평정척도에서 가장 흔히 사용되는 기법이 도표식 평정척도법이다. 선과 언어를 합하여 구성한 것으로, 선을 긋고 중간 중간에 숫자 또는 해설을 붙여서 평가자로 하여금 대상의 위치 또는 태도를 기호로 표시하도록 하는 방법이다.

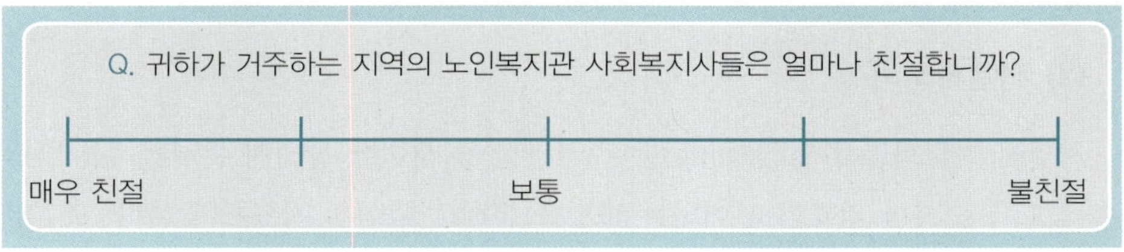

[그림 6-2] 도표식 평정척도법의 예

Ⓑ 범주(카테고리) 평정척도법

특정 범주척도는 [그림 6-3]과 같이 도표를 사용하지 않고 어떤 속성을 나타내는 문장이나 항목을 그 정도에 따라 범주별로 제시하고, 그 가운데에서 가장 적합한 것을 고르게 하는 방법이다.

Q. 귀하가 거주하는 지역의 노인복지관 사회복지사들은 얼마나 친절합니까?

매우 친절하다( ) 친절하다( ) 보통이다( )
불친절하다( ) 매우 불친절하다( )

[그림 6-3] 범주 평정척도법의 예

Ⓒ 숫자-언어식 평정척도법

숫자-언어식 평정척도법은 [그림 6-4]와 같이 측정대상의 특정에 따라 평가자가 일정한 숫자나 언어를 부여하여 평가하는 방법이다.

Q. 귀하가 거주하는 지역의 노인복지관 사회복지사들은 얼마나 친절합니까?

①매우 친절하다 ②친절하다 ③보통이다
④불친절하다 ⑤매우 불친절하다

[그림 6-4] 숫자-언어식 평정척도법의 예

Ⓓ 평점방식 평정척도법

평점방법에 의한 척도는 조사대상의 속성이나 특성에 대해서 평가자가 그의 의견이나 태도를 수치로 평점하는 것이다. 이 경우 평점의 양극은 0에서 100으로 지정되어 있으나 이 사이에는 구분이 명시되어 있지 않다.

Q. 귀하가 거주하는 지역의 노인복지관 사회복지사들은 친절도는 100점 만점에 몇 점으로 평가할 수 있습니까?

[그림 6-5] 숫자-언어식 평정척도법의 예

② 총화평정척도

총화평정척도(summated rating, 또는 합산법 척도)는 응답자가 응답하는 여러 질문 문항의 값들을 어떤 방식으로 총합(總合, summation)하여 계산하는 척도이다. 총화평정척도의 대표적인 예로는 Bailey의 출산율 척도를 들 수 있다.

Bailey는 10개 항목의 출산율 척도를 구성하여, 동의하는 경우는 1로써 부호화하고 동의하지 않는 경우는 0으로써 부호화하였다. 그리고 이를 합산하여 척도상 10점일 경우 응답자가 아이를 가져야할 강한 책임감을 느끼는 경우이고 반면 0점을 받은 응답자는 아이를 가질 책임감을 느끼지 않는 경우가 되도록 구성하였다. 총화평정척도의 가장 큰 단점은 과연 모든 질문들이 똑같은 변수를 측정하고 있는지(단일차원성)를 확신하지 못한다는 것이다. 만일 문항들 간의 강도가 같지 않다면 단순 합산 값으로 동등한 서열의 원칙을 세우기 어렵기 때문이다. 그리고 모든 질문이 측정될 주제에 액면타당도(face validity)를 갖고 있는지도 파악하여야 한다.

〈표 6-7〉 Bailey 출산율 척도

번호	질문내용	응답	
		동의	동의 안함
1	결혼하는 주된 이유 가운데 하나는 아이를 갖는 것이다.	1	0
2	아이가 하나면 형제가 없어 외롭게 성장하기 때문에 하나의 아이를 갖는 것은 잘못이다.	1	0
3	아이를 출산하는 것은 여자로서 가질 수 있는 가장 심오한 경험이다.	1	0
4	동성의 아이들만을 갖는 것보다 다른 성의 아이를 적어도 하나 갖는 것이 좋다.	1	0
5	아이를 갖지 않은 여자는 완전한 성취감을 결코 가질 수 없다.	1	0
6	남자는 아버지가 될 때까지는 진정한 남자가 아니다.	1	0
7	임신에 이르지 않는 성적 행위는 도덕적으로 잘못된 것이다.	1	0
8	결혼하지 않거나 또는 아이가 없는 결혼한 사람은 아마 동성애자일 것이다.	1	0
9	여자의 첫째 역할책임은 모성이고 어머니로서의 역할을 방해하지 않을 경우에만 직업을 갖는 것이 옳다.	1	0
10	아이가 없는 결혼한 부부는 가엽다.	1	0

③ 리커트 척도화

총화평정법을 활용한 리커트 척도구성(Likert scaling) 방법은 척도의 신뢰도와 타당도를 높이기 위해서는 하나의 문항보다는 일련의 여러 개 문항들을 하나의 척도로 사용해야 한다는 논리에 기초하고 있다. 리커트 척도는 측정에 동원된 모든 문항들이 그 중요도에서 동등한 가치를 갖고 있는 것으로 간주한다. 따라서 개별 항목들의 답을 단순 합산해서 측정치가 만들어지고, 그것으로 측정 대상들에 대한 서열을 매긴다.

리커트 척도법은 다수의 문항을 사용했을 때 나타나는 복잡성 문제를 개선하여 좀 더 간단하고 정확하게 변수를 측정할 수 있도록 척도를 구성하는 것이다. 이 척도는 실용적이기 때문에 사회과학의 자료수집방법들에서 가장 보편적으로 사용되고 있다.

Ⓐ **리커트 척도구성의 기본적인 절차**

- 질문문항 작성: 척도를 구성하는 질문문항을 작성한다. 변수를 평가하거나 차원을 측정하는 것으로 생각하는 다수의 질문문항을 작성한다.
- 응답자 표본선택: 척도가 사용될 모집단이나 모집단을 대표하는 응답자의 표본을 선택한다.
- 응답범주 결정: 각 문항에 대해 응답 범주를 작성한다. 응답범주는 대체로 5점 척도를 많이 사용하고 가장 긍정적인(적극적인, 호의적인) 항목에서 가장 부정적인(소극적인, 비호의적인) 항목에 이르기까지 균형 있게 배치하여 양쪽 항목의 수가 동일하게 되도록 한다.
- 응답부호화: 각 응답항목에 점수를 부여한다.
- 응답자에게 적용: 응답자들이 각 문항에 대해 응답범주 내에서 하나의 응답항목을 고르게 한다.
- 응답점수 산정: 각 문항에 대한 응답자의 응답을 점수로 산정하고, 각 문항 점수를 합산하여 총점을 구한다.
- 문항분석: 문항 간의 내적 일관성과 상관성을 판단한다. 만일 높은 점수를 보이는 사람들과 낮은 점수를 보이는 사람들이 어느 문항에서는 일치되는 점수를 나타내고 있다면 이런 문항들은 척도에서 제거한다.
- 척도점수 산정: 척도문항으로 타당한 것으로 판명된 문항들에 응답한 응답자의 점수를 합산하여 총점을 구하면 그 점수가 그 사람의 태도에 대한 측정치, 즉 리커트 척도점수가 된다.

Ⓑ**리커트 척도화의 장·단점**

리커트 척도는 각 문항들의 응답 유형이 반드시 통일될 필요는 없고, 스케일의 간격만 일관적이면 된다. 이러한 리커트 척도와 같은 합산방법들은 다음과 같은 장·단점을 가진다.

〈표 6-8〉 리커트 척도화의 장 · 단점

장점	단점
1. 사용이 용이하다. 2. 일관성이 있어 신뢰도가 높다. 3. 평가자를 사용하지 않기 때문에 평가자의 주관적 개입을 배제할 수 있어 객관적인 측정이 가능하다. 4. 단순하다. 5. 다수의 문항을 사용해 척도를 구성하기 때문에 좀 더 정밀한 응답을 구할 수 있어 타당도가 높다.	1. 서열적 측정치이다. 2. 개인마다 응답의 준거틀이 다를 수 있기 때문에 일치성이 부족하다. 즉, 똑같은 정도의 생각을 어떤 사람은 보통으로, 어떤 사람은 극단적으로 표현하는 등의 차이가 있을 수 있다. 3. 개개문항별로 구분적이지 못하다. 4. 가중치가 없다. 5. 개별 문항들의 단순 합산점을 근거로 개인별 차이를 나타낼 때, 각기 다른 개별 문항들을 통해 동일한 합산점을 받은 사람들이 동일한 성격의 사람들인지를 말하기가 쉽지 않다.

〈표 6-9〉 리커트 척도의 예: 성 역할 인식척도

번호	질문내용	응답범주(항목)				
		전혀 아니다	아니다	보통이다	그렇다	매우 그렇다
1	여성은 남성보다 순종적이다.					
2	여성은 현모양처가 되어야 한다.					
3	가사노동은 여성의 의무이다.					
4	남성은 여성보다 능력 있다.					
5	남성만이 가장이 될 수 있다.					

④ 거트만 척도

거트만 척도화(Guttman scaling)는 누적 스케일링의 대표적인 형태로 척도도식법(scalogram method)이라고도 부른다. 이는 척도를 구성하는 문항들이 내용의 강도에 따라 일관성 있게 서열을 이루고 있어서 단일 차원적이고 누적적인 척도를 구성하는 대표적인 방법이다.

거트만 척도의 특징은 〈표 6-10〉에서와 같이 척도에 동원된 개별 문항들을 서열화시켜 구성한다는 것이다. 리커트 척도에서는 개별 항목들을 동일하게 취급하고 단순히 합산하여 그 결과를 서열화하지만, 거트만 척도에서는 개별 항목들 자체에 서열성이 미리 부여되는 방식을 택한다. 거트만 척도 역시 결과로서 산출되는 점수들을 두고 단일 차원의 순위 결정이 가능하게 된다.

〈표 6-10〉 난폭운전에 대한 거트만 척도의 예

질문문항
1. 다른 운전자에게 총을 쏜다
2. 차에서 내려 다른 운전자를 때린다
3. 차에서 내려 다른 운전자와 언행을 한다.
4. 차를 이용해 갑자기 위협적인 자세를 보인다.
5. 주먹으로 폭력을 행사하는 모습을 보여준다.
6. 자신의 차 옆을 지나가는 운전자에게 소리내어 욕을 한다.
7. 마음속으로 다른 운전자를 비난한다.

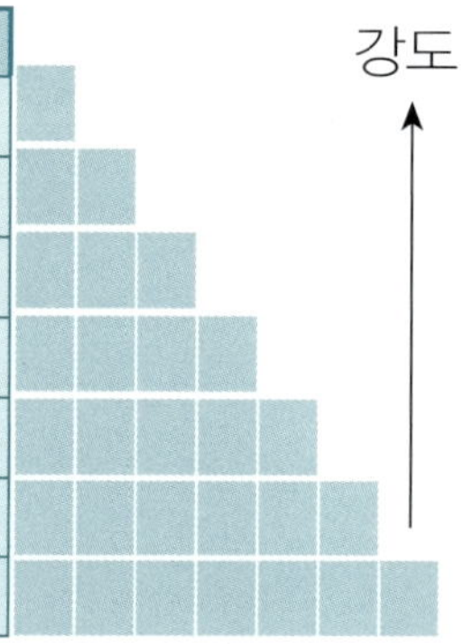

〈표 6-11〉의 예에서 장애인시설에 대한 지역주민의 허용수준을 볼 수 있는데, 각 문항들은 장애인시설에 대한 허용강도에 따라서 서열화되어 있다. 만약 여기서 ④를 허용하는 응답자라면 ①, ②, ③번에 대해서도 충분히 허용적일 수 있다. 즉, 거트만 척도에서는 점수만 알면 어느 정도의 허용성을 보이는지가 단일차원에서 뚜렷하게 서열로 구분될 수 있다.

〈표 6-11〉 거트만 척도구성의 예

Q. 다음 문항들에 대해 ○로 답해 주세요.	찬성	반대
1. 우리 시(군 · 구)에 장애인시설이 들어와도 된다.	( )	( )
2. 우리 동(읍 · 면)에 장애인시설이 들어와도 된다.	( )	( )
3. 우리 집 근처에 장애인시설이 들어와도 된다.	( )	( )
4. 우리 옆집에 장애인시설이 들어와도 된다.	( )	( )

이러한 척도가 집단에 적용되어 그 집단의 평균 점수가 도출되면 그것이 의미

하는 위치가 쉽게 해석될 수 있다. 이것은 집단들 간의 비교에 적절하게 쓰일 수 있고, 한 집단 내에서도 다양한 문제들에 대해서 집단 구성원들이 갖는 인식의 차이 등을 확인하는 데도 유용하게 사용될 수 있다.

그러나 거트만 척도의 약점은 문항 간에 누적적 서열성은 일정 정도 확보할 수 있지만, 문항 간에 동일한 간격을 확신하기가 어렵다는 것이다. 그리고 응답의 강도가 서열화되어 일반적이거나 바람직한 응답을 할 가능성이 있어 측정이 제대로 이루어지지 않을 수 있다.

〈표 6-12〉 거트만 척도화의 장 · 단점

장점	단점
1. 예측성이 높다. 모든 질문 문항들이 측정대상의 속성에 따라 누적적으로 되어 있어 응답결과로부터 다른 모든 문항 응답에 대한 예측을 할 수 있다. 2. 경험적 관측을 토대로 척도가 구성됨으로 이론적으로 우월하다. 3. 단일차원적이다. 4. 가중치를 부여할 수 있다. 5. 복잡한 계량적 과정 없이 쉽게 서열적으로 척도화할 수 있다.	1. 척도를 구성하는 질문 문항의 내용을 강도에 따라 일관성 있게 누적적으로 작성하기 쉽지 않다. 2. 두 개 이상의 변수를 동시에 측정하는 다차원적 척도로써 사용되기는 어렵다. 즉, 단일차원적 측정에 더욱 적합하다.

리커트 척도는 모든 항목들에 대해 동일한 가치를 부여하는 데 비해, 거트만 척도는 미리 문항들 간에 서열이 주어진다는 데 차이가 있다. 가능하면 거트만 척도를 구성하는 것이 하나의 측정값에 추가적인 정보를 포함할 수 있다는 장점을 가진다. 그러나 문제는 실제로 이러한 단일 차원성을 갖는 문항들을 찾기가 쉽지 않으며, 따라서 거트만 척도는 쉽게 사용하지 않는다.

⑤ 보가더스의 사회적 거리척도

이 척도는 보가더스(Bogardus, 1933)가 인종적 편견의 강도를 측정하기 위해 제시한 것으로 사회적 거리척도(social distance scale)라고도 부른다. 보가더스의 사회적 거리척도는 다음의 〈표 6-13〉과 같이 응답자 자신과 다른 사회적 범주(국적, 인종, 소수민족, 사회계급 등)의 구성원 간에 인지되는 거리감의 정도를 측정하기 위해 거트만 척도와 같이 하나의 연속성을 가진 누적적인 항목으로 구성된 척도이다. 즉, 응답자가 상이한 집단의 구성원과 갖고 싶어 하는 관계의 상호작용적 형태에 따라 측정하는 방법이다. 이 척도는 등간적인 것 같으나 문항 간의 거리는 사실상 알 수 없기 때문에 서열적 측정에 해당한다.

〈표 6-13〉 보가더스의 사회적 거리척도의 예

응답요령: 각 항목에 대한 귀하의 첫 인상적인 반응을 응답에 나타내십시오. 각 국민에 대한 귀하의 일반적인 생각을 토대로 해당되는 빈칸에 ○ 하십시오.						
점수	범주(관계를 맺을 용의도)	일본인	중국인	미국인	러시아인	프랑스인
7	혼인해서 친인척 관계를 가진다.					
6	친구로서 같은 클럽에 소속되겠다.					
5	이웃으로서 같은 동 · 리에 살겠다.					
4	내가 종사하는 직장에서 함께 일하겠다.					
3	우리나라 국민으로 받아들이겠다.					
2	우리나라 방문객으로 받아들이겠다.					
1	우리나라에 들어오지 못하게 하겠다					

보가더스의 사회적 거리척도는 단순히 사회적 거리의 원근(遠近)을 순위로만 표시한 것이지 민족 간의 친밀한 정도의 크기를 나타내지 않는다. 논리적으로, 혼인해서 인척관계로 받아들이겠다는 사람은 같은 직장에 근무하는 것에 반대하지 않을 것이다.

(3) 등간-비율 척도화

등간-비율 척도화(interval-ratio scaling)는 측정으로 나타나는 개별 값들 간에 일정한 거리(등간 측정)와 절대영의 기준점을 가지고 비율측정을 할 수 있는 것으로 써스톤 척도(Thurstone scaling)와 요인분석(factor analysis) 등이 사용된다.

사회과학에서 사용하는 척도들에 있어서는 등간-비율 측정을 가능하게 하는 것들을 만들기가 쉽지 않기 때문에 수량주의(quantitativism)를 주장하는 사람들은 사회과학에서 사용하는 모든 측정도구들을 좀 더 엄격히 수량화할 필요가 있다고 본다. 마치 온도와 거리를 사람들의 주관적인 의견에 기준을 두지 않고 측정하듯이 사람들의 특질들에 대해서도 그것을 엄격히 수량화하여 거기에 우리들의 개념을 맞출 필요가 있다고까지 주장한다. 예를 들어, 지능을 IQ 테스트에 맞춘다든지 영어 능력을 TOEFL 점수에 맞춘다든지 하는 것 등이다.

① 써스톤 척도

써스톤 척도는 어떤 사회현상이나 태도를 측정하는 여러 구성문항이 어떤 속성의 정도나 강도를 측정하는 가장 공통적 문항이면 대부분의 평정자, 혹은 판단자들은 그 공통적인 문항에 동의하는 것이 일반적이라는 원칙에 토대하고 있다. 등간척도를 구성하기 위해 고안된 하나의 기법이 써스톤의 등현간(等現間) 방법(Thurstone's method of equal-appearing intervals)이다. 써스톤 척도화는 어떤 사실에 대하여 가장 긍정적인 태도와 가장 부정적인 태도를 나타내는 양극단을 등간적으로 구분하여 여기에 수치를 부여함으로써 등간척도를 구성하는 방법이다.

구체적으로 살펴보면, 써스톤 척도는 등간의 성격을 갖는 척도를 만들기 위해서 먼저 조사하고자 하는 속성과 관련 있는 문항들을 수십에서 수백 개를 만든다. 그리고 다수의 문항평가자들을 통해 사전 평가를 시행하고 이 결과를 분석하여 각 문항에 대한 중앙값을 척도치로 부여한다. 본래의 연구에서 써스톤과 쉐이브(Thurstone & Chave)는 교회에 대한 태도를 측정하기 위한 130개의 질문문항을 만들어 300명의 문항평가자들을 사용하였다. 각 문항평가자가 130개의 질문문항들을 긍정과 부정의 정도에 따라 1점에서 11점까지 척도점수를 부여하여 이를 바탕으로 척도 값을 부여하고 최종적으로 적절한 일부 문항을 선택하여 척도를 구성하였다.

써스톤 척도의 장점은 범주 간의 간격이 동일하다는 것을 전제하므로 통계적 분석에 있어 제한이 적다는 점과 다수의 문항평가자들로부터 의견을 수집하고 극단적인 의견을 배제하기 때문에 평가의 객관성과 공정성을 높일 수 있는 것이다. 그러나 문항평가 작업에 많은 인력이 동원되어야 하므로 비용과 시간이 많이 든다는 단점이 있다.

〈표 6-14〉는 개인주의에 관한 써스톤 척도의 예이다. 이 척도의 경우 응답자의 개인주의적 척도는 응답자가 찬성하는 모든 문항의 가중치를 합쳐서

〈표 6-14〉 개인주의에 관한 써스톤 척도

찬 성	질 문	점 수 (가중치)
( )	논쟁이 생겨서 친구와 의견일치를 보지 못하는 것은 어리석은 일이다.	4.5
(○)	인간은 다수의 의견을 따를 때 가장 좋은 대접을 받는다.	2.8
( )	자기주장을 펴는 것은 가치 있는 일이지만 사회생활의 편익을 누리기 위해 제한되지 않을 수 없다.	6.1
( )	사람의 의견을 받아들이기 위하여 개인의 의견을 억누르는 것은 자신의 숭고한 목적을 달성하는 길이다.	1.1
(○)	인간의 능력발전은 자신에게 중요한 목적이 되어야 한다.	7.5

평균을 낸다. 만일 어떤 사람이 〈표 6-14〉와 같이 ○를 했다고 하자. 그러면 이 사람의 개인주의 점수는 (2.8+7.5+8.9)÷3=6.4점이 된다. 〈표 6-14〉의 경우 평균점수가 높을수록 개인주의적 성향이 높다는 것을 나타낸다.

② 요인척도화

요인분석은 변수들 간에 존재하는 상호관계의 유형을 밝히고, 상호간에 밀접하게 연관되어 있는 변수들의 묶음을 발견하여 이를 좀 더 적은 수의 가설적 변수, 즉 요인들로 축소시키기 위한 통계적 기법이다. 따라서 요인척도에서 먼저

어떤 항목이 척도 내에 포함될 수 있는지 파악하기 위하여 변수들 간의 상관관계를 계산한다.

〈표 6-15〉 교사의 사기에 대한 요인분석

문항	요인 1	요인 2	요인 3
1. 교장은 나의 일을 제대로 평가해 준다.	0.78	0.35	0.18
2. 교사 간에 다툼이 거의 발생하지 않는다.	0.21	0.78	−0.03
3. 가르치는 것이 개인적인 만족감을 준다.	0.18	0.23	0.86
4. 교사들은 서로 협조한다.	0.24	0.79	0.17
5. 가르치는 것을 좋아한다.	0.22	0.25	0.83
6. 교장은 나의 일을 더 쉽고 즐겁게 해 준다.	0.84	0.32	0.23
7. 교장은 학습방법과 절차를 인정해 준다.	0.82	0.19	0.19
8. 교사들은 즐겁게 함께 일한다.	0.23	0.76	0.21
9. 나의 동료들은 잘 준비되어 있다.	0.20	0.77	0.27
10. 나는 교장과 문제를 자주 상의한다.	0.81	0.28	0.13
11. 만일 직업을 다시 선택할 수 있다면, 나는 가르치는 일을 선택하겠다.	0.17	0.29	0.82
12. 교장은 나에게 관심을 가지고 있다.	0.83	0.22	0.19

앞의 〈표 6-15〉는 교사의 사기항목에 대한 요인분석의 예를 나타낸 것이다. 항목 1, 6, 7, 10, 12는 요인 1과 모두 높게 상관되어 있다. 항목 2, 4, 8, 9, 13은 요인 2와 높게 상관되어 있으며, 항목 3, 5, 11은 요인 3과 높게 상관되어 있다. 요인 1에 언급된 항목들은 교장과의 상호작용과 관련되어 있고, 요인 2에 언급된 항목들은 동료교사와 관련되어 있고, 요인 3에 언급된 항목들은 직업으로서 가르치는 것과 관련되어 있다.

요인척도화는 컴퓨터의 통계 프로그램 사용으로 계산상 용이하다는 점, 단일 차원성을 확보할 수 있으며 항목들의 가중치를 부여할 수 있고, 연속 점수로 사용할 수 있다는 장점이 있다. 그러나 컴퓨터를 활용하지 않고 직접 손으로 계산하기가 어려우며, 분석을 위한 분석이라는 단점을 갖고 있다.

(4) 어의적 분화척도

어의적 분화척도(semantic differential scale) 또는 어의분별척도는 오스굿 등(Osgood et al.)이 개발한 것으로, 이들은 고도로 지적이고, 언어적으로 유동적인 주제들에 대해서는 그 개념의 의미에 대해 직접적으로 질문하는 것이 더욱 효과적이라고 주장한다(이창희 외, 2008: 130, 재인용).

〈표 6-16〉 어의적 분화척도의 예

청소년들에게 「학교」는		
항 목	점 수	항 목
가치 있다	7 – 6 – 5 – 4 – 3 – 2 – 1	가치 없다
유쾌하다	7 – 6 – 5 – 4 – 3 – 2 – 1	불쾌하다
좋다	7 – 6 – 5 – 4 – 3 – 2 – 1	나쁘다
재미있다	7 – 6 – 5 – 4 – 3 – 2 – 1	재미없다
자유롭다	7 – 6 – 5 – 4 – 3 – 2 – 1	통제받고 있다
정감 있다	7 – 6 – 5 – 4 – 3 – 2 – 1	비호감이다

어의적 분화척도는 리커트 척도와 유사하지만, 측정하고자 하는 대상을 표현하는 일정한 형용사들을 양 극단에 대칭적으로 배열하여 각 평정 점수를 가지고 주관적으로 평가하도록 한다. 보통 7점 평정척도로 각 문항이 제시되며 각 항목들에 대한 응답을 합산하거나 평균하는 것을 통해 점수를 낸다. 이 척도의 실제적 예는 앞의 〈표 6-16〉과 같다.

주로 사용되는 측정차원으로는 평가차원, 권력차원, 그리고 활동차원이 있다. 첫째, 평가차원을 정의하는 척도들은 '유쾌한-불유쾌한', '좋은-나쁜', '달콤한-신', '도움이 되는-도움이 안 되는' 등의 차원이고, 둘째, 권력차원을 정의하는 척도들은 '큰-작은', '강력한-무력한', '강한-약한', '깊은-얕은' 등이다. 셋째, 활동차원을 정의하는 척도는 '빠른-느린', '살아 있는-죽은', '시끄러운-조용한', '젊은-늙은' 등이 있다.

03 표준화된 측정도구

하나의 측정도구가 개발되어 그것이 공인을 받게 되면, 이를 표준화된 측정도구라 한다. 공인을 받는 방법은 타당도와 신뢰도에 대한 연구를 통해서, 혹은 다른 연구들에서 채택되어 쓰이는 과정들을 통해 이루어진다. 사회과학 분야에서도 많은 표준화된 측정도구들이 개발되어 있다. 개인, 가족, 집단, 지역사회, 조직 등에서 쓰이는 개념들을 측정하는 수많은 표준화된 측정도구들이 있으며 특히 개인의 지능이나 성격, 행동, 태도, 심리상태 등에 관해서는 비교적 정교한 척도들이 많이 개발되어 있다. 표준화된 측정도구들의 성격과 내용을 소개하는 참고 서적들도 있다.

국내의 임상 사회사업가들이 많이 쓰고 있는 표준화된 도구로는 MMPI Ⅳ(Minnesota Multiphasic Personality Inventory Ⅳ)가 있는데, 이것은 인성(personality)에 관한 다양한 측면들을 하나의 테스트로 측정하는 도구로써 인성의 비정상 등을 발견하는 방법 등에 주로 사용된다. 그리고 FES(Family Environment Scale, 가족환경척도)는 가족의 환경을 측정하는 도구이고, 이것 역시 국내 번역과 그에 대한 타당도 및 신뢰도에 대한 검증이 이루어지고 있는 상태이다.

그러나 대다수의 표준화된 척도들이 미국 등지에서 그 사회의 환경에 적합하도록 만들어진 것이므로, 우리에게 번안되어 받아들여지는 데는 엄격한 타당도와 신뢰도의 검증이 필요하다.

07 CHAPTER 측정의 타당도와 신뢰도

01 측정의 타당도

타당도(validity)란 조사자가 "측정하고자 하는 개념이나 속성을 측정하기 위하여 개발된 측정도구를 통해 그 개념과 속성을 얼마나 정확히 측정하는가"를 말한다. 타당도는 측정한 값과 측정대상과의 진정한 값과의 일치 정도, 즉 측정하려는 개념(변수)에 대한 의미를 측정도구가 충분히 잘 반영하고 있는 정도를 의미한다. 따라서 측정도구는 그 개념이 내포하고 있는 구성요소들 중에서 정말 중요한 것을 측정하여야 한다. 그런데 측정에서는 원래 의도했던 개념을 측정한 것이 아니라 결과적으로 요소를 측정하는 경우도 많다. 이를 체계적 오류라고 하는 하는데 측정의 타당도가 높다는 것은 체계적 오류가 적다는 것을 의미한다.

어떤 대상의 특정 속성을 밝히려면 그것을 먼저 개념화하고, 그 개념을 어떤 값을 갖는 변수로 조작화해야 하며, 이렇게 조작화된 변수들을 측정하는 측정도구를 만들어야 한다. 가령, 직업만족도를 관찰하려고 할 때 이 개념을 변수로 측정할 수 있도록 하려면 급여수준, 지위보장, 직장의 근무환경, 능력발휘의 기회보장, 동료와의 관계 등의 직업만족도와 관련된 많은 지표들을 선택하여 이에 대한 평가를 하게 함으로써 직업만족도를 타당하게 측정할 수 있는 것이다. 여기서 이러한 다양한 지표들이 실제로 직업만족도를 측정해 낼 수 있는가를 확인하는 절차가 바로 측정의 타당도를 확인하는 것이다. 그리고 이렇게 구성된 측정도구가 직업만족도를 정확하게 측정하는가 하는 문제도 함께 고려되어야 한다(양정하 외, 2008: 163).

일반적으로 타당도를 확인하기 위해서는 내용타당도, 기준타당도, 구성타당도의 세 가지 방법이 보통 많이 쓰인다.

1) 내용타당도

내용타당도(content validity)란 측정도구에 포함된 설문문항들이나 관찰내용들이 측정하려고 하는 개념이나 속성을 얼마나 대표성 있게 포함하고 있는가를 논리적으로 판단하는 것이다. 측정하고자 하는 개념을 측정하기 위해서 올바른 질문이나 관찰들이 측정도구에 포함되어 있는지를 연구자의 직관이나 검사내용 전문가들의 견해 혹은 예비 측정대상자들을 통해 판단하는 방법이다. 그러나 이러한 내용타당도 평가는 궁극적으로 주관적 판단에 의존할 수밖에 없는 한계를 지닌다.

예컨대 키나 몸무게를 측정할 경우 자나 저울을 사용하는 것이 키와 몸무게를 가장 잘 측정할 수 있다. 즉, 측정도구가 측정하려고 하는 대상이나 속성을 적절하게 파악할 수 있는 도구인가를 판단하는 것으로 이것이 내용타당도를 결정한다. 만일 영어 시험문제나 자격증 시험문제에서의 타당도의 역할을 규정한다면, 시험문제는 지엽적인 문제가 아닌 학생(수험생)들이 반드시 알아야 되는 문제를 중심으로 출제해야 할 것이다.

내용타당도는 액면타당도(face validity)라고 불리기도 하는데, 측정도구에 대한 타당성의 평가는 척도가 실제로 측정한 것을 검증하는 것은 아니다. 즉, 내용타당도는 측정의 타당도를 확인하는 방법으로써는 가장 기본적이지만 그것은 주관적인 판단에 의존하는 것이지 실증적으로 검증된 것은 아니므로 편견이나 오류의 가능성들을 배제하기 어렵다.

2) 기준타당도

기준타당도(criterion validity)는 경험적인 근거를 통해 타당도를 확인하는 방법이므로 내용타당도보다는 높은 수준의 타당도 평가방법이다. 이 방법은 새로 개발된 측정도구의 측정결과와 조사자가 신뢰할 수 있다고 판단되는 기존의 다른 측정도구의 결과를 비교하여 이들 사이의 상관관계에 따라 타당도를 판단하는 것이다.

기준타당도는 경험적인 타당도를 확인하기 위해서 가장 많이 활용하는 방법이기 때문에 실용적 타당도(pragmatic validity)로 불리기도 한다. 기준타당도는 그 기준이 현재의 상태와 연결되어 있는가 아니면 장래의 상태와 연결되어 있는가에 따라 동시타당도(concurrent validity)와 예측타당도(predictive validity)로 구분된다.

동시타당도는 한 개념의 측정결과를 그것과 병행해서 현재 발생할 것으로 믿어지는 다른 개념의 측정결과에 비추어 보는 것이다. 즉, 현재 사용하는 측정도구를 이미 존재하는 기존의 측정도구 결과와 비교함으로써 확인된다. 예를 들어, 기존 척도인 '결혼만족도' 측정결과와 새로 개발한 척도인 '부부관계' 측정결과를 비교하여 이 두 척도 사이의 상관관계가 높다면 타당도를 인정받게 된다.

반면에 예측타당도는 현재의 상태로부터 미래에 발생할 어떤 기준을 판별하여 예측할 수 있는 척도이다. 즉, 현재의 상태로부터 차후의 차이를 예측해 내는 정도를 나타내어서 어떤 주어진 측정결과와 외적인 기준 간에 상관관계를 측정하여 타당도를 비교하게 된다. 예를 들어, 사회복지사 1급자격증 합격자가 2급자격증 소지자보다 업무수행능력이 더 좋다는 연구결과가 나타났다면 사회복지사 1급자격증 시험문제는 업무수행능력에 대한 예측타당도를 가지고 있다고 할 수 있다.

기준타당도에서는 타당도의 크기를 나타내기 위해 측정 값과 비교 기준 사이의 상관관계 계수(correlation coefficient)를 많이 사용하는데, 이를 타당도 계수(validity coefficient)라고 한다. 타당도 계수가 1에 가까울수록 측정의 타당도가 높다고 하며 0에 가까울수록 타당도가 없다고 해석한다.

기준타당도는 외부기준을 사용하여 경험적으로 타당도를 확인한다는 것이 장점이지만, 한편으로는 이것이 오히려 단점이 되기도 한다. 왜냐하면 외부기준의 이용에 따른 접근성의 문제와 시간·비용문제로 추가적인 부담이 발생하기 때문이다. 또한 비교기준으로 동원된 측정 자체의 타당도와 신뢰도의 문제도 해결되어야 한다. 따라서 비교기준이 되는 외부척도는 이미 타당도와 신뢰도를 인정받은 측정도구를 선택해야 한다.

3) 개념구성타당도

개념구성타당도(construct validity)는 측정의 타당도를 평가하는 기준이 이론적 적합성에 의해 판단되는 것으로, 이를 위해 전반적인 이론적 틀 속에서 다른 개념들과 실제적·논리적으로 적절한 관련성을 갖고 있는 정도를 경험적으로 검증하는 방법이다.

개념구성타당도는 측정도구에 대한 타당도를 내용타당도의 확인에다 그것을 경험적으로 확인하는 방법을 추가해서 갖춘 가장 고차원적인 방법이다. 그럼에도 검증의 방법이 쉽지 않고 자칫 개념구성타당도를 확인하는 작업 자체가 하나의 새로운 연구로 발전하게 될 가능성이 크다. 따라서 측정도구를 개발하는 전문적인 조사연구들이 아니면 쉽사리 활용하기 어렵다.

개념구성타당도는 측정도구가 기존의 이론적 관점에 적합하게 구성되어 있는가를 판단한다. 예를 들어, 결혼만족도 척도를 새로 개발하여 이 척도의 타당도를 측정한다고 가정해 보자. 이론적으로 결혼만족도가 낮을수록 가정폭력이 많이 발생한다면, 경험적으로 개발한 척도에서 결혼만족도 점수가 높은 부부일수록 가정폭력이 적게 나타나야 한다. 만약 결혼만족도가 높거나 낮은 사람들이 가정폭력에서 별 다른 차이를 보이지 않으면 새로 개발한 결혼만족도 척도는 개념구성타당도가 떨어지는 것으로 판단할 수 있다.

그러나 이론적으로 예측한 결과가 반드시 나타나지 않았다 하더라도 반드시 개념구성타당도가 확보되지 않은 것은 아니다. 그 이유는 기존 이론에 문제가 있을 수 있거나 조사설계가 잘못되어 그럴 수도 있기 때문이다.

개념구성타당도는 이해타당도, 수렴타당도, 판별타당도로 구성되어 있는데, 이 세 가지 타당도가 높아야 개념타당도가 높다고 할 수 있다(채서일, 1997: 260-262).

(1) 이해타당도

이해타당도(nomological validity)란 특정 구성개념을 이론적 구성도에 따라 체계적, 논리적, 포괄적으로 이해하고 있는 정도를 의미한다. 여러 개념을 체계적으로 이용한 이론이나 측정도구가 이해타당도가 높다고 할 수 있다. 예를 들어, 지능의 경우, 창조력, 문제해결능력, 판단력, 순간적인 대처능력 등으로 다양하게 정의할 수 있는데, 이를 모두 측정도구에 적합하게 담고 있다면 이해타당도가 높다고 할 수 있다.

(2) 수렴(집중)타당도

동일한 개념을 측정하기 위해 서로 다른 두 가지 방법을 개발하고 측정결과 얻어진 결과들 간에 높은 상관관계가 존재할 때 수렴타당도(convergent validity)가 높다고 한다. 예를 들어, 우울증 측정을 위한 두 가지 도구를 개발했다고 하자. 분석결과 우울증에 걸린 사람을 의사가 진단한 것과 새로 개발한 우울척도의 점수 간에 상관관계가 높았다면 수렴타당도가 높다고 할 수 있다.

(3) 판별타당도

같은 측정도구로 서로 다른 개념을 측정했다면 얻어진 측정치들 간에 상관관계가 낮을 때 판별타당도(discriminant validity)가 있다고 한다. 예를 들어, 동일한 척도로 언어적 능력검사와 수리력 능력검사를 실시한 결과 다른 결과가 나타났을 때 판별타당도가 높다고 말할 수 있다.

02 측정의 신뢰도

측정도구의 신뢰도(reliability)란 측정도구에 의해 도출되는 측정 값들이 얼마나 일정하게 산출되는지를 나타내는 측정의 일관성을 말한다. 즉, 측정도구를 동일한 응답자에게 반복해서 적용했을 때 어느 정도 일관된 결과가 나오는 정도를 의미한다. 어떤 측정에 대해 신뢰도가 높다고 하면, 그것은 동일한 대상에 대한 측정 결과들이 일관성 있게 지속적으로 나타난다는 뜻이다.

측정도구의 정확성을 나타낸다는 점에서 타당도와 같으나 신뢰도는 타당도와는 명백히 구분되는 개념이다. 타당도가 측정에 있어서의 체계적 오류들과 관련된 것이라면 신뢰도는 측정의 무작위 오류들과 관련되어 있다. 신뢰도가 높다는 것은 곧 측정도구에서 무작위적인 오류들이 적게 나타난다는 것과 같다.

동일한 대상을 반복해서 측정해 보면 그 값이 반드시 일치하지 않는 경우가 있다. 이는 측정이 일정 정도의 오류를 포함하기 때문이다. 그래서 측정의 신뢰도를 추정하는 방법을 통해 정확히 측정되었는지를 판단하게 된다. 신뢰도를 평가하는 방법으로는 상호관찰자 기법, 검사-재검사법, 반분법, 대안법 등이 있으며 계량적 분석에서는 주로 크론바하 알파계수(cronbach's α)를 활용하여 신뢰도 분석을 한다.

1) 상호관찰자 기법

측정의 도구가 관찰인 경우에 신뢰도를 측정하기 위해 많이 사용되는 방법이다. 두 명 이상의 관찰자들이 관찰의 내용을 서로 숙지한 다음에 관찰하여 개별 관찰자들 간에 일관성이 얼마나 나타나는지 혹은 얼마나 높은 상관관계가 있는지를 알아본다.

2) 검사–재검사법

검사–재검사법(test–retest method)은 동일한 상황에서 한 측정도구를 가지고 동일 대상자에게 시차를 두고 두 번 검사한 결과를 비교하는 것이다. 이는 도구의 안정성을 평가하는 것으로 측정결과의 일관성의 정도를 나타낸다. 즉, 동일한 집단의 측정 대상자들에게 같은 측정도구를 사용하여 측정을 두 번 실시하고 그에 따른 두 측정치의 결과에 대한 상관관계가 계산된다. 여기서 도출된 상관계수가 높으면 신뢰도가 높다고 할 수 있다. 이 방법에서는 한 사람이 두 번의 측정에서 각기 다른 점수를 나타내는 부분을 오류라고 규정한다.

이 방법의 장점은 적응이 간편하고 측정도구 자체를 직접 비교할 수 있다는 것이다. 단점은 두 검사 사이에 외생변수 등의 영향으로 대상의 속성이 실제로 변할 수 있는데 그것이 측정값의 차이로 나타날 수 있기 때문에 신뢰성을 측정하는데 한계가 있다. 또 두 번의 동일한 검사를 동일한 대상들에게 반복하여 실시함으로써 검사효과가 발생한다는 문제가 있다. 즉, 첫 번째 검사가 두 번째 검사에 영향을 줄 수 있으며 그것이 두 검사의 점수 차이로 나타날 수 있다.

3) 반분법

반분법(split–half method, 혹은 이분절 기법이라고 함)은 측정도구의 전체문항을 반으로 나누어 같은 시간에 각각 독립된 두 개의 척도로 사용함으로써 신뢰도를 추정하는 방법이다. 이는 동질성의 원리에 입각해 신뢰도구를 평가하는 방법이다.

이것은 종종 내적 일관성 신뢰도라고도 부르는 방법이다. 이 기법은 전체 측정도구를 몇 부분으로 나누어 그것들을 각기 독립된 측정도구들로 간주하여 신뢰도를 추정한다. 전통적인 방법은 측정도구의 전체 항목들을 둘로 나누는 방법이다. 반분하는 방법에는 보통 짝수 항목과 홀수 항목으로 반분하거나, 무작위로 항목을 반으로 추출하여 나머지를 또 하나의 척도로 만드는 방법을 일반적으로 사용한다.

반분법의 장점은 반분된 측정도구로 동시에 측정이 가능하기 때문에 검사-재검사 방법의 단점을 보완할 수 있고, 서로 측정시간이 다를 때의 시간간격으로 인해 파생되는 외생변수의 영향을 배제할 수 있으며, 동일 대상의 속성을 한 번만 측정함으로써 반복검사에서 나타나는 검사효과(주시험효과)도 배제할 수 있다는 것이다.

단점은 반으로 나누어진 각각의 측정문항들을 완전히 동등하게 만들기 어렵고 2분화된 최소문항이 8~10문항은 되어야 하는데 측정문항이 적은 경우는 사용할 수 없다는 것이다. 또한 반분법은 척도의 항목을 반분하는 방법, 즉 항목의 조합에 따라 다른 상관관계가 나타날 수 있으며 따라서 어느 조합을 사용하느냐에 따라 신뢰도 계수가 달라질 수 있다.

4) 대안법

복수양식법(multiple forms technique) 혹은 유사양식법(parallel-forms)이라고도 부르는 대안법(alternate-form method)은 두 가지 유사한 양식의 설문지(측정도구)를 동일 대상자에게 측정하여 신뢰도를 추정하는 방법이다. 즉, 이 기법은 측정수단이나 관찰방법은 비슷하지만 서로 다른 두 가지 형태의 측정도구로 동일한 대상을 차례로 측정하고 그 점수들 사이의 상관관계를 분석하여 신뢰도를 검증하는 방법이다.

이 방법은 앞서 말한 검사-재검사법의 시간적 간격의 문제, 즉 외생변수 개입의 문제와 동일한 시험을 두 번 시행함으로써 발생하는 검사효과를 극복하는 데 어느 정도 유용하다는 점이다.

그러나 동일한 현상을 측정하는 데 사용할 두 개의 유사한 측정도구를 개발하는 것이 어렵고 설사 개발해도 두 척도가 대등한지 여부를 평가할 객관적 방법이 없다는 단점이 있다. 또한 주시험 효과를 어느 정도 방지할 수는 있지만, 완전히 배제할 수는 없다는 한계를 갖고 있다.

5) 크론바하 알파계수를 이용한 신뢰도 분석

크론바하 알파계수는 반분법과 마찬가지로 동일한 측정을 위한 항목 간의 평균적인 관계에 근거한 내적 일관성 방법에 토대하고 있으며, 현재 신뢰도를 측정하는 기법으로 가장 널리 쓰이는 방법이다. 내적 일관성 분석법은 동일한 개념을 측정하기 위해 여러 개의 항목을 이용할 경우 크론바하 알파계수를 이용하여 신뢰도를 저해하는 항목을 측정도구에서 제외시킴으로써 각 항목들의 내적 일관성을 높이는 방법이다. 이 측정도구에서 측정하고 있는 개념을 구성하고 있는 문항들이 서로 동질적인가를 확인하여 이질성을 띤 문항은 분석에서 제외시킴으로써 신뢰도를 높일 수 있다.

크론바하 알파계수는 한 측정에서 가능한 모든 반분법을 시행했을 때 신뢰도의 평균값이다. 즉, 전형적인 반분법은 설문항목들을 번호에 의해 홀·짝 두 집단으로 나누지만, 크론바하 알파계수는 전체 문항들을 두 집단으로 분류하는 데 가능한 모는 조합을 동원한다. 예를 들어, {Q1, Q2, Q3, Q4}라는 4개의 문항으로 이루어진 측정도구가 있다고 하자. 전형적인 반분법은 {Q1, Q3}와 {Q2, Q4}인 두 개의 측정도구로 나누어 측정해서, 두 집단 간 상관관계의 크기로 신뢰도 계수를 구한다.

반면에 크론바하 알파계수는 가능한 모든 반분법의 조합으로 포괄적인 집단군을 만들어, 그것들의 상관관계 평균값을 계산한다. 즉, [{Q1, Q3} vs {Q2, Q4}], [{Q1, Q2} vs {Q3, Q4}], [{Q1, Q4} vs {Q2, Q3}]으로 구분하여 각 조합의 상관관계를 계산하고, 그들의 전체 평균이 측정도구의 신뢰도를 나타내는 크론바하 알파계수가 된다. 그런데 이제까지 이러한 방식이 잘 사용하지 않은 이유는 알파계수를 계산하는 과정이 방대하고 복잡한 작업이기 때문이다. 위의 예와 같이 단순히 4개 항목을 가진 도구를 두 집단으로 분류하는 조합은 세 가지에 불과하지만, 항목 수가 늘어난다면 조합 수도 늘어나기 때문이다. 이는 매우 방대한 계산을 필요로 하기 때문에 컴퓨터 통계 프로그램이 보급된 이후에야 널리 쓰이게 되었다(김영종, 2008: 196).

다른 신뢰도 계수와 마찬가지로 크론바하 알파계수 역시 0(신뢰도 전혀 없음)에서 1(완벽한 신뢰도)까지의 값을 갖는다. 보통 알파계수가 0.5 이상이면 측정도구가 내적 일관성을 갖고 있어 신뢰할 수 있다고 볼 수 있으며, 0.7 이상이면 대체로 신뢰도가 높다고 할 수 있다.

03 타당도와 신뢰도의 관계

측정에 있어서 타당도와 신뢰도를 동시에 확보할 수 있다는 것은 좋은 측정도구라고 할 수 있다. 즉, 타당도와 신뢰도는 측정의 정확성을 위한 중요한 요소이다. 그러나 타당도와 신뢰도를 동시에 확보한다는 것은 쉬운 일이 아니다. 예컨대, 신뢰도가 높다고 해서 타당도가 항상 높은 것은 아니며, 반대로 타당도가 낮다고 해서 반드시 신뢰도가 낮은 것만은 아니다.

때로는 실제 측정에서 타당도와 신뢰도는 일정 정도의 부정적 관계를 보이기도 한다. 즉, 신뢰도를 높이려면 타당도가 떨어지고 역으로 타당도를 높이려면 신뢰도에 문제가 생긴다는 점을 고려해야 한다. 하지만 타당도를 확보하기 위해서 신뢰도를 희생할 수 없듯이 신뢰도를 위해 타당도를 약화시킬 수도 없는 것이다. 일반적으로 타당도가 증가하면 측정도구가 정확해지고, 이렇게 되면 신뢰도는 증가하게 된다. 그러나 신뢰도가 높다고 반드시 타당도가 높은 것은 아니다. 그러므로 연구자나 측정도구를 실천에 사용하는 실천가들은 타당도와 신뢰도가 내포하는 구분되는 의미들을 정확하게 파악하여, 타당도와 신뢰도를 동시에 확보할 수 있는 측정도구를 작성하려는 치밀한 노력이 필요하다.

다음의 [그림 7-1]을 보면 첫 번째 그림은 신뢰도는 있으나 타당도는 없고, 가운데 그림은 신뢰도와 타당도 모두 결여된 상태이고, 마지막 그림은 신뢰도와 타당도가 높은 경우이다.

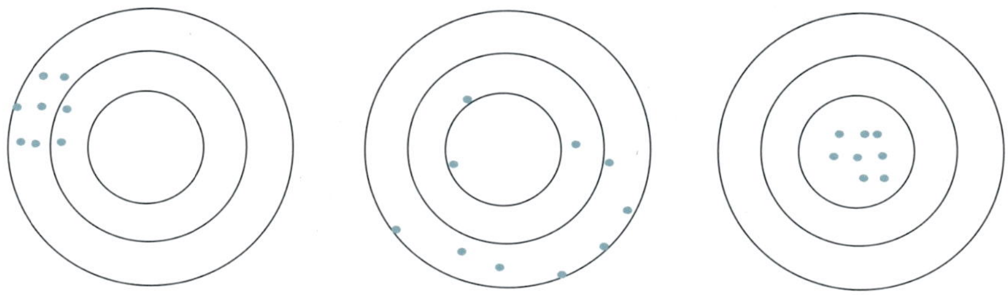

[그림 7-1] 타당도와 신뢰도와의 관계

04 측정의 오류

조사의 전 과정에서 오류가 나타날 수 있지만 가장 큰 두 가지 오류는 표집과정에서 나타나는 표집오류와 측정과정에서 나타나는 측정오류라 할 수 있다. 표집오류는 표본의 대표성 때문에 발생하는 오류로, 확률적 표집방법을 사용하거나 표본의 크기를 확대하면 어느 정도 극복될 수 있다. 본 절에서는 측정오류는 왜 발생하고 어떻게 줄일 수 있는가에 대해서 살펴보도록 한다.

측정에 대한 타당성과 신뢰성을 확인하기 위해서는 측정에 개입되는 오류들에 어떤 것들이 있는지를 먼저 알아야 한다. 측정에는 다양한 성격의 오류들이 발생할 수 있다. 변수를 측정하는 과정에서 나타나는 오류는 본래의 대상이 갖는 실제의 모습과 측정결과에서 나타난 모습 사이의 차이를 초래한다. 측정오류(measurement error)는 "측정도구가 측정하고자 하는 것을 측정했는가?" 혹은 "측정결과가 믿을 만한가?"에 대한 답변을 충족시키기 위한 충분조건을 말한다. 즉, 측정과 관련해서 나타나는 오류는 본질적으로 신뢰도와 타당도의 문제이다.

사회과학에서 만들어진 측정도구는 어떤 자연현상이나 물리적인 사실에 대한 측정이라기보다는 대상의 태도나 속성에 대한 측정이 대부분이므로, 측정하고자 하는 속성의 규명도 어렵고 이에 대한 측정이 정확하게 이루어지기 힘든 것이 현실이어서 측정오류가 항상 있을 수밖에 없다. 하지만 연구자는 이러한 측정오류를 최소화하여 측정의 타당도와 신뢰도를 높이려고 노력해야 한다. 측정의 오류는 오류가 체계적으로 발생하는 체계적 오류(systematic error)와 오류가 비체계적으로 발생하는 무작위 오류(random error)로 구분된다.

1) 체계적 오류

체계적 오류(systematic error)는 자료수집방법이나 수집과정에서 개입되는 오류로, 변수에 일정하게 체계적으로 영향을 주어 측정 결과가 모두 높아지거나 모두 낮아지게 되는 편향된 경향을 보이는 오류이다. 측정에서 나타나는 체계적 오류는 일반적으로 측정의 타당도와 관련 있다. 즉, 측정하려는 개념이 아닌 다른 것들이 측정되는 경우를 말하는 것이다.

(1) 태도와 행동

사회과학에서 사람에 관련된 변수들을 측정하려고 할 때 태도와 행동은 종종 뒤섞여 관찰되는 경향이 있다. 즉, 태도(attitude)를 측정하고서 실제로는 행동(behavior)을 예측하려 한다거나 반대로 행동을 측정하여 태도를 예측하는 것과 같은 경우들은 측정과정에서 종종 나타나기 쉬운 오류들이다.

예를 들어, 장애인복지시설의 필요성에 긍정적인 '태도'를 나타낸 지역사회주민들이 자기 지역에 장애인복지시설이 들어서는 데 대해서는 반대의 '행동'을 보일 수 있다. 이와 같이 태도와 행동이 일치하지 않을 수 있다. 태도와 행동은 반드시 일치하는 개념이 아니기 때문이다. 주민의 '태도'를 묻는 설문조사를 토대로, 주민들이 그렇게 '행동'하지 않을 것이라고 보는 것은 잘못이다. 따라서 조사연구자는 자신이 측정하려는 개념이 태도와 행동 중 어느 것에 해당하는지 스스로 명확히 구분해야 한다.

(2) 편의(bias)에 의한 오류

사람이 측정대상이 되어 스스로 측정 값을 제공하면, 그 사람이 갖는 편견의 영향으로 측정에서 오류가 발생하는데 다음과 같은 유형들이 이에 해당한다.

① 고정반응에 의한 편견

고정반응(response set)이란 설문지에서 일정한 유형의 질문 문항들이 연속해서 부과될 때 응답자들이 고정된 반응을 나타내는 것을 말한다. 고정반응은 응답자들이 개별문제들을 일일이 생각해 보고 응답하지 않고 앞서 계속되어 온 응답유형에 편향을 두고, 그 수준에서 자신의 응답을 쉽게 결정해 버리는 경우를 의미한다. 즉, 설문지에서 일정한 유형의 응답들이 연속적으로 부과될 때 주로 나타나는 오류로, 대학의 강의평가 시에 종종 발생한다.

② 사회적 적절성 편견

사회적 적절성의 편향(social desirability bias)은 응답자들이 질문자의 의도에 맞추어 대답하는 경우에 발생하는 측정의 오류이다. 즉, 자신들의 생각과는 무관하게 자신이나 자기집단이 어떻게 비추어질 것인가를 고려해서 대답하는 경우에 나타나는 오류이다. 만일 여성을 경시하는 사람에게 여성들의 인권과 참여기회에 대해 묻는다면 그 사람은 자기가 가지고 있는 생각보다는 사회적으로 바람직한 것을 답변할 가능성이 있다.

③ 순응적 반응양식

순응적 반응양식은 질문내용에 상관없이 진술의 대부분 혹은 전부에 무조건 긍정적이거나 부정적으로, 혹은 중립적인 응답을 하는 것을 말한다. 이와 같은 오류에는 관용의 오류(무조건 긍정적인 입장), 가혹의 오류(무조건 부정적인 입장), 중앙 집중경향의 오류(무조건 중립적인 입장), 대조의 오류(자기 자신과 상반되는 것으로 다른 사람을 평가하려는 오류), 후광효과(측정대상자의 한 가지 속성에 강한 인상을 받아 그것으로 전체 속성을 평가하는 데 부정적인 영향을 미치는 성향) 등이 있다.

(3) 인구통계학적, 사회경제적 특성으로 인한 오류

성별, 학력, 소득, 종교, 직업, 인종, 사회적 지위, 문화 등과 같이 인구통계학적 또는 사회경제적인 특성으로 인해 일정한 방향으로 오류가 나타나는 경향을 말한다. 실제로 응답자가 고학력자일수록 응답문항 중 앞쪽에 있는 답을 선택하는 경향(응답의 선행효과)이 있으며, 응답자가 저학력자일수록 응답문항 중 뒤쪽에 있는 답을 선택하는 경향(응답의 후행효과)이 있다.

2) 무작위 오류

무작위 오류(random error)는 체계적 오류와 달리 오류가 발생하는 과정에서 일정한 유형이 존재하지 않는다는 것이 특징이다. 즉, 무작위 오류의 영향은 측정을 일정한 방향으로 치우치게 하는 것이 아니라 한 측정과 다음 측정 간에 일관성이 없게 만드는 것으로 신뢰도의 문제를 야기한다. 측정대상, 측정과정, 측정수단(도구), 측정자 등에 일관성 없이 영향을 미침으로써 무작위적으로 발생하는 오류이다. 예를 들어, 무작위 오류는 측정장소나 시간, 소음, 날씨 등과 같은 환경이나 측정 당시에 사용되었던 용어나 뉘앙스 또는 응답자들의 개인적인 컨디션(긴장, 불안, 피로 등) 등과 같은 통제되기 어려운 요인들에 의해 발생한다.

3) 무작위 오류를 줄이는 방법

측정 오류들이 얼마나 개입되어 있는지, 그로 인해 측정의 결과물이 어느 정도 정확하게 측정 대상을 반영하고 있는지를 알기 위해서는 타당도와 신뢰도에 대한 고려가 필요하다. 타당도는 체계적 오류와 관련이 있고 신뢰도는 무작위 오류와 관련된다. 여기서 타당도(validity)란 "측정하려고 했던 것을 측정했는가"를 의미하고, 신뢰도(reliability)는 장소와 시간에 구애받지 않고 일정한 값을 계속해서 산출해 내고 있는지를 보는 것이다. 즉, 측정값들의 일관성을 신뢰도라 한다.

신뢰도는 무작위 오류와 관련이 있기 때문에 무작위 오류를 줄여야 한다. 무작위 오류는 측정도구, 측정대상, 측정상황 등에서 발생하는데, 이를 줄이기 위해서는 다음과 같은 방안이 강구되어야 한다.

첫째, 측정도구의 내용을 명확하게 하여 모호성을 제거한다. 이는 측정도구가 조사응답자에게 모두 동일한 의미로 해석되어야 한다는 것을 의미한다. 둘째, 측정항목 수를 가능한 한 늘린다. 셋째, 측정자들의 측정방식이나 태도에 일관성이 있어야 한다. 넷째, 조사대상자가 잘 모르거나 관심이 없는 내용에 대해서는 측정을 하지 않는다. 다섯째, 중요한 질문의 경우 동일한 질문이나 유사한 질문을 2회 이상 제기하여 일관성 있는 응답을 유도한다. 여섯째, 신뢰할 수 있는 측정도구를 사용한다. 일곱째, 측정자는 측정도구에 대한 교육과 훈련을 통해 사전준비를 철저히 한다(김기원, 2001: 222-223).

ESEARCH METHODS IN SOCIAL WELFARE

PART 04

표본조사와 자료수집

08 CHAPTER 표본조사

01 표본조사의 의의와 절차

연구자의 연구 대상이 되는 그룹(이를 모집단 population이라고 부른다) 전체를 관찰하거나 조사하는 것을 전수조사라고 하고, 모집단의 일부만을 추출(이를 표본 sample이라고 부른다)하여 조사하는 것을 표본조사라고 한다. 예를 들어, 여러분이 고급백화점에서 빅세일을 한다는 광고를 보았다고 하자. 평소에는 그 백화점에 가지 않더라도 빅세일 광고를 본 순간 쇼핑을 하고 싶은 충동을 느낄 수도 있을 것이다. 백화점에 도착한 여러분이 "세일을 하더라도 여전히 비싸지 않을까"라는 걱정을 하며 진열된 모든 상품의 가격을 확인해본다면 여러분은 전수조사를 시행한 것이라고 볼 수 있다. 그러나 대부분은 진열된 상품 중 몇 개만 추려서 물건가격을 살펴볼 것이다. 백화점의 모든 물건을 다 살펴보기에는 여러분의 시간과 노력, 체력 등이 소모될 뿐 아니라 전부를 살펴보지 않아도 일부 상품의 가격을 통해 고급백화점의 세일 가격을 여러분이 부담할 수 있을 정도인지 여부를 추론해볼 수 있기 때문이다. 이처럼 전체 중 일부를 추출하여 살펴보는 행위를 표본조사라고 하며, 표본조사를 통해 얻은 정보로 고급백화점의 빅세일 물품 가격에 대한 결론을 내리는 것(예: 고급백화점에서는 세일을 많이 해도 여전히 가격이 부담스럽다, 고급백화점이더라도 빅세일 기간에는 저렴한 가격으로 물건을 살 수 있다 등)을 표본조사에 근거하여 모집단의 특성을 추론(inference)하였다고 말한다.

연구자가 궁극적으로 알고자 하는 모집단의 특성과 표본으로부터 얻은 정보 간의 관계를 이해하기 위하여 또 다른 예를 살펴보자. 만일 우리나라의 가구당 평균소득을 알고 싶다고 하자. 우리나라에는 1천만 이상의 가구가 있기에 이들 모두의 소득(모집단)을 조사하는 것은 경제적으로 타당하지 않다. 이에, 모집단에서 1,000가구를 표본으로 추출하여 소득을 조사하였고, 그 결과 표본의 평균소득이 300만 원으로 나왔다고 하자. 엄밀하게 말하면 300만 원은 표본의 평균소득(통계량, statistic)이고, 1천만 이상 모집단의 평균소득(모수, parameter)은 아니다. 그러나 우리는 표본을 관찰하여 얻은 정보(통계량)로 모집단의 특성(모수)을 예측할 수 있다고 믿고 전수조사 대신 표본조사를 진행하였기에 표본의 평균소득을 모집단의 평균소득으로 추정하는 것이다.

이처럼 사회복지조사는 표본에 포함되어 있는 제한된 정보에 근거하여 연구자가 관심 있는 모집단 특성에 관해 추론하는 과정이므로 표본의 선정이 중요하다. 그러나 아무리 조심하여 표본을 선정하고 조사한다고 해도 오류가 발생하게 되는데, 이를 크게 두 가지로 구분하여 소개하고자 한다.

1) 표본추출오류(sampling error)

표본추출오류는 표본을 선정하는 과정에서 발생하는 오류로 표본오차 또는 표집오차라는 용어로 사용되기도 한다. 이 오류는 표본이 모집단 자체가 아닌 모집단의 일부이기 때문에 표본의 통계량과 모집단의 모수 간에 차이가 어쩔 수 없이 발생함에 따라 생기는 오류라고 볼 수 있다. 위에서 언급된 예처럼, 우리나라의 가구당 평균소득을 알고자 1천만 이상의 가구 중 1,000가구를 선정할 경우, 표본을 선정하는 방법이 다양하기에 표본에 어떠한 1,000가구가 포함되는지에 따라 표본의 평균값이 달라질 수밖에 없다.

표본추출오류는 표본크기와도 일부 관련이 있지만 그 외에도 고려할 사항이 있으므로 이에 관한 자세한 내용은 본 Chapter의 03절 표본의 크기와 오차에서 설명하고 있다.

2) 표본편의(sample bias)

표본편의는 표본추출과정에서의 구조적인 문제로 인하여 생기는 오류로서 표본의 대표성이 심각하게 결여되어 있는 경우이다. 위의 예에서 만일 1,000가구를 특정 지역, 즉 제주도에서만 추출하였다면 이 표본은 모집단의 축소판이라 할 수 없을 것이다. 다시 말하면, 표본이 모집단의 특성을 잘 반영하고 있다고 볼 수 없을 것이며, 그 결과 표본평균과 모집단평균 사이에는 많은 차이가 있을 것으로 짐작된다. 또 다른 예로는 사회복지수요를 조사하기 위해 온라인 서베이를 시행하게 된다면, 표본에는 인터넷접속이 가능한 사람들로만 구성될 것이므로 이 표본이 사회복지 프로그램을 대상으로 하는 모집단을 대표한다고 볼 수 없을 것이다. 모집단 특성에 관하여 정확한 정보를 얻기 위해서는 표본이 모집단의 특성을 잘 반영하여야 하며(대표성, representativeness), 그러한 경우에 표본으로부터 얻은 정보와 결론을 모집단에 일반화시켜 적용할 수 있을 것이다(일반화 가능성, generalizability). 이러한 대표성과 일반화를 높일 수 있는 표본추출과 분석방법 등에 관한 통계학 이론이 많이 개발되어 있으며 표본추출방법에 관한 이론은 다음 절에서 설명된다.

표본조사의 절차와 관련하여 몇 가지 의사결정이 필요한데 이와 관련하여 표본추출의 다섯 가지 단계를 간략히 소개하고자 한다([그림 8-1]).

1단계: 모집단의 정의

표본추출은 모집단으로부터 이루어지는 것이므로 연구목적에 맞는 모집단을 정확하게, 그리고 올바르게 정의하는 것이 매우 중요하다. 그렇게 함으로써 표본의 대표성을 높일 수 있게 된다. 흔히 모집단을 대상모집단(target population)이라고도 부르는데, 이는 연구대상이 누구이며 그들이 어디에 위치하고 있는지를 알아내는 것이 중요하기 때문이다. 대상모집단을 정의하는 단서는 연구목적에서 찾을 수 있으며, 연구목적에서 도출된 연구문제와 가설들을 통하여 모집단을 좀 더 정확히 정의할 수 있다. 모집단의 정의는 다음 네 가지를 명확히 하여야 한다.

- 모집단 내용(content): 모집단의 구성원들이 공유하고 있는 특성을 일컫는다.
- 표본추출 단위(unit): 분석의 기본 단위를 말한다.
- 범위(extent): 모집단이 대상으로 삼는 지역적인 범위를 의미한다.
- 시점(time): 모집단이 대상으로 하는, 따라서 표본에 포함되는 시점을 의미한다.

예를 들어, 연구목적이 65세 이상 독거노인들의 식생활습관을 조사하는 경우에 아래와 같이 위 네 요소 중에서 한 가지만을 달리 정의하더라도 연구결과는 달라질 수 있을 것이다.

모집단 정의 1 – 모집단 내용: 65세 이상으로 혼자 사는 노인들 중에서
표본추출 단위: 무료급식소를 찾는 노인들
범위: 서울특별시
시점: 2023년 1월 20일

모집단 정의 2 – 모집단 내용: 65세 이상으로 혼자 사는 노인들 중에서
표본추출 단위: 음식점에서 식사하는 노인들
범위: 서울특별시
시점: 2023년 1월 20일

이와 같이, 모집단을 정의하는 데 있어서 위 네 가지 요소를 연구목적에 맞추어 정확히 정의하는 것이 매우 중요하다. 이는 표본편의(sample bias)와 관련된 것으로서 구조적인 오류로 모집단의 일부만을 대상으로 하게 되면 표본크기를 아무리 크게 하더라도 표본편의는 줄어들지 않는다.

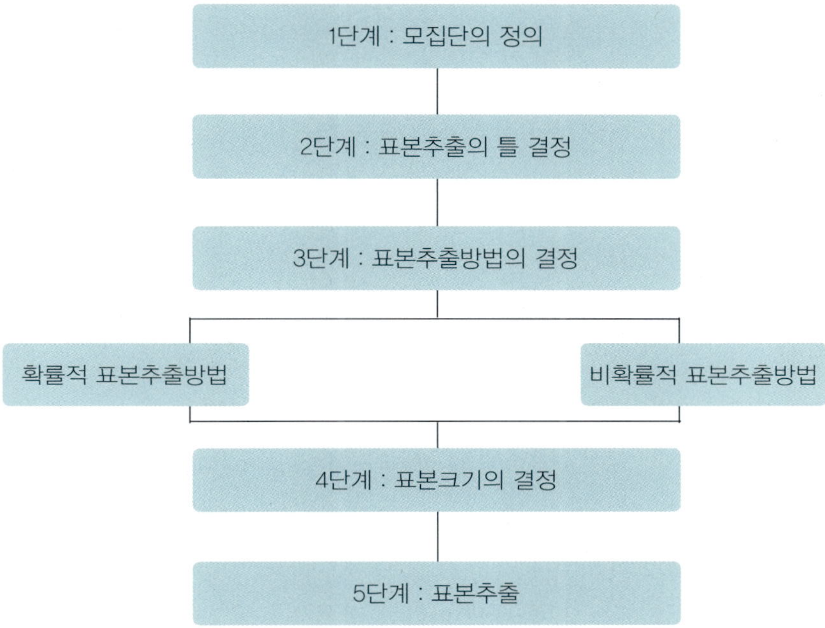

[그림 8-1] 표본조사의 절차

2단계: 표본추출의 틀(sampling frame)을 결정

표본추출의 틀은 모집단에서 실제로 표본추출의 대상이 되는 구성원들의 목록을 말한다. 물론 모집단 전체 구성원이 표본추출의 틀이 되는 것이 가장 바람직하지만, 많은 경우에는 연구자가 기관 등으로부터 얻을 수 있는 불완전한 목록이 표본추출의 틀로 사용되는 경우가 많다. 예를 들어, 여론조사를 하는 경우에 과거에는 전화번호부 목록을 표본추출의 틀로 종종 사용하여 왔다. 그러나 최근에는 휴대전화가 보편화되면서 가정에 유선전화를 신청하지 않은 가정이 늘어나는 추세이며, 휴대전화 번호는 전화번호부에 등록되지 않기 때문에 전화번호부는 이제 불완전한 표본추출의 틀이 된 상태이다. 더욱이 전화번호부에서 누락된 가구들의 비율이 전국적으로 일정하지 않고, 도시와 농촌, 그리고 연령층에 따라 휴대전화의 사용비율이 현저히 다르기 때문에 이러한 상황에서 전화번호부를 표본추출의 틀로 사용하게 되면 구조적인 표본편의(sample bias)가 생기게 될 것이다.

이상적인 표본추출의 틀은 당연히 연구대상의 모집단을 모두 포함하여야 한다. 그러나 현실적으로 이것이 불가능한 경우에는 모집단의 구성요소를 제일 잘 대표할 수 있는, 즉 모집단의 가장 정확한 축소판이어야 할 것이다.

3단계: 표본추출방법의 결정

위의 단계에서 강조하였듯이 표본추출방법을 결정하는 데 있어서 가장 중요하게 고려하여야 할 사항은 추출된 표본이 모집단을 잘 대표할 수 있도록 하는 것이다. 표본추출방법의 결정 시 우선 확률적 표본추출방법(probability sampling method)과 비확률적 표본추출방법(nonprobability sampling method) 중에서 선택하여야 할 것이다.

확률적 표본추출방법은 모집단의 구성원들이 표본에 포함될 확률이 얼마인지를 미리 정한 후, 표본을 그 확률에 따라 무작위(無作爲, randomly)로 추출하는 방법이다. 무작위로 추출한다고 하여서 연구자가 표본추출과정에 전혀 영향을 미치지 못하고 순전히 운에 따라 표본을 추출한다는 의미는 결코 아니다. 여기서 설명하고 있는 표본추출과 관련한 다섯 단계의 의사결정은 연구자가 하여야 하며, 다만 표본을 추출하는 경우에는 정해진 확률에 따라서 표본을 표본추출의 틀에서 무작위로 선택하는 것이다. 그러나 이처럼 확률에 따라 표본의 대상을 추출하였다고 하여서 표본으로부터 얻은 자료가 모집단을 잘 대표한다고 확신할 수는 없다. 표본추출의 틀이 잘못 선정되어서 모집단을 대표하지 못한다면 아무리 표본추출을 잘하더라도 추출된 표본은 대표성이 결여되어 있기 때문이다. 또한 표본추출의 틀이 잘 정의되었고 확률에 따라 표본을 무작위로 추출한 경우에도 추출된 표본의 대상들 중에서 많은 수가 응답을 거부하는 경우에는 대표성이 결여될 것이다.

서베이 자료수집에 있어서 무응답을 흔히 경험하게 되는데, 이에 대한 많은 주의가 필요하다. 왜냐하면 무응답을 하는 그룹은 응답하는 그룹과는 체계적으로 다를 수 있으므로 분석결과에 심각한 영향을 미쳐 편의(bias)가 생기기 때문이다. 이러한 경우, 표본에 근거하여 도출한 결론을 모집단에 일반화시킬 때 문제가 된다.

비확률적 표본추출은 수집 가능한 표본만을 대상으로 한다거나 특정 지역에 있는 대상만을 표본에 포함시키는 것처럼 모집단으로부터 무작위로 추출하지 않는 방법이다. 따라서 이처럼 추출된 표본이 모집단을 잘 대표한다고 말하기는 어렵다. 하지만 확률적 표본추출방법이 가능하지 않는 경우에는 이러한 비확률적 표본추출방법이 유용하게 사용될 수 있을 것이다.

확률적 표본추출방법과 비확률적 표본추출방법에 관한 자세한 설명은 다음 절에서 하기로 한다.

4단계: 표본크기의 결정

표본크기를 크게 하면 할수록 표본추출오류는 작아지게 되어 표본의 추정치가 모수와 점점 비슷해지므로 더 정확한 추정이 가능해진다. 그러나 표본크기를 크게 할수록 표본추출과 자료수집에 소요되는 비용과 시간이 증가하게 된다. 이처럼 상충관계에 있는 추정의 정확성과 비용의 효율성을 잘 고려하여 연구목적에 가장 적합한 수준의 표본크기를 정하여야 할 것이다. 이에 관한 자세한 설명은 03절에서 하기로 한다.

5단계: 표본추출

앞의 네 단계에서의 결정에 따라 실제로 표본을 추출한다.

02 표본추출의 방법

1) 확률적 표본추출방법

확률적 표본추출방법(probability sampling method)은 모집단의 구성원들이 표본에 포함될 확률을 미리 정한 후 그 확률에 따라 모집단으로부터 무작위로(randomly) 추출하는 방법이다. 포함될 확률은 통계학 이론에 근거하여 정하게 되는데, 이때 고려하는 것은 표본추출오류(sampling error)를 최소화하는 것이다. 확률적 표본추출방법이 비확률적 표본추출방법보다 선호되는 이유도 바로 표본추출오류를 최소화시킬 수 있을 뿐만 아니라 그 오차의 크기를 이론적으로 계산할 수 있어 통계적 추론에 활용할 수 있기 때문이다.

확률적 표본추출방법에는 여러 가지가 있는데, 여기서는 널리 사용되는 추출방법을 설명하고자 한다.

(1) 단순무작위표본추출

단순무작위표본추출(simple random sampling)은 모집단의 각 구성요소가 동일한 추출확률을 갖는 경우이다. 이를 시행하기 위해 난수표(random numbers) 또는 컴퓨터의 난수표발생기를 사용한다. 또한 추첨방법도 단순무작위표본추출 방식이다. 각종 행사에서 제비뽑기로 경품 당첨자를 정하는 것도 한 예이다.

(2) 층화표본추출

모집단 중에서 특정 소그룹에 연구자의 관심이 있는 경우에는 그 특정 소그룹에서 표본이 충분히 추출되도록 하여야 할 것이다. 이러한 경우에 널리 사용되는 층화(계층별)표본추출(stratified sampling)은 우선 모집단을 상호 중복되지 않도록 여러 개의 소그룹으로 나눈다. 그런 다음 각 소그룹에서 단순무작위표본추출

(simple random sampling)에 의하여 표본을 추출하는 방법이다. 이 방법은 단순무작위표본추출을 변형한 것으로 연구자가 관심이 있는 특정 소그룹에서 표본이 반드시 추출되는 것을 보장한다. 예를 들어, 전국의 65세 이상 독거노인들을 대상으로 서베이조사를 하는 경우에 만일 표본크기를 100명으로 정하게 되면, 표본크기가 그리 크지 않기 때문에 제주도와 같이 규모가 작은 지역에서는 표본으로 추출되지 않거나 극히 적은 수가 포함될 가능성이 있다. 더욱이 연구자가 제주도와 같이 규모가 작은 지역에 특히 관심이 있는 경우라면, 단순무작위표본추출에 의한 표본은 연구목적을 달성하는 데 부적합하게 될 수 있다. 따라서 전국을 시·도 단위로 계층분할을 한 다음, 각 시·도마다 추출하고자 하는 표본크기를 배정한다. 이때 각 지역에 거주하고 있는 65세 이상 독거노인들의 분포비율을 이용함으로써, 추출된 표본이 모집단(즉, 전국의 65세 이상 독거노인들)을 잘 대표할 수 있도록 만들 수도 있다. 가령 제주도에 거주하는 독거노인이 전국에서 차지하는 비율이 5%이라면, 제주도에 5명이 할당됨으로써 100명의 표본 중에서 5명은 반드시 제주도에서 추출되도록 보장한다.

(3) 군집표본추출

군집(집락)표본추출(cluster sampling)은 층화표본추출이 가능하지 않은 경우에 이 방법의 변형인 그룹별 무작위표본추출을 사용하는 것이다. 첫 번째 단계에서는 층화표본추출과 마찬가지로 모집단을 여러 소그룹으로 분류하게 된다. 그런 다음에 여러 소그룹들 중에서 무작위로 미리 정한 수만큼의 소그룹을 선택한 후, 그 선택된 그룹들 안에서 단순무작위표본추출에 의하여 표본을 추출하는 방법이다. 이 방법에 의하면 모든 소그룹에서 표본이 추출된다는 보장은 없게 된다. 이는 주로 소그룹이 매우 많은 경우에 사용할 수 있다. 예를 들어, 종합사회복지관을 이용하는 사람들을 대상으로 조사하는 경우에는 먼저 종합사회복지관을 선정한 다음, 그 선정한 복지관 안에서 이용자를 무작위로 선정하는 방법이다. 이는 전국에 있는 종합사회복지관의 수가 매우 많고, 경우에 따라서는 연구자가 필요로 하는 표본크기보다 크므로 모든 복지관에서 표본을 추출하는 계층별 무작위표본추출방법을 사용할 수 없게 된다. 이러한 경우, 군집표본추출이 단순무작위표본추출보다 우수한 점은 어느 특정 종합사회복지관에서 지나치게 많은 표본이 추출되는 것을 방지할 수 있다는 것이다. 그렇다면 첫 번째 단계에서 몇 개의 소그룹을 선정하여야 하는지, 그런 다음에 각 선정된 소그룹 안에서 몇 개의 구성원을 추출하여야 표본의 대표성을 최대화할 수 있을지 생각해 보아야 한다. 물론 첫 번째 단계에서 많은 소그룹을 선정할수록, 그리고 각 소그룹 안에서 추출하는 구성원의 수를 적게 할수록, 최종적으로 추출된 표본의 대표성은 높아질 것이다. 그러나 이렇게 함으로써 소요되는 비용 또한 늘어나는 상충관계(trade-off relation)가 존재하게 되므로, 연구목적과 연구비용 등을 고려하여 결정하여야 한다.

(4) 체계적 표본추출

체계적 표본추출(systematic sampling)은 우선 임의의 정수 n을 결정한 후 모집단 목록에서 매 n번째에 위치한 구성원을 표본으로 추출하는 방법이다. 따라서 모집단에 포함된 구성원들이 표본에 추출될 확률이 똑같지는 않게 된다. 여기서 n의 결정은 모집단에 포함된 구성원의 총 수와 원하는 표본크기에 따라 결정된다. 가령 모집단에 1,000,000명이 포함되어 있고 연구자가 원하는 표본크기는 200명이라면, n은 5,000(=1,000,000/200)으로 결정될 것이다. 그런 다음에, 1부터 5,000(n) 사이의 숫자를 무작위로 선정한다. 가령 20이라는 숫자가 선정되었다면, 제일 처음으로 20번째 구성원을 추출하고, 그 다음부터는 매 5,000번째에 위치한 구성원을, 즉 5,020번째, 10,020번째…와 같이 순차적으로 추출하는 방법이다. 이 추출방법의 효율성은 구성원들이 모집단 목록에 어떻게 분포되어 있는지에 달려 있다. 연구결과에 영향을 미치는 특성들이 비슷한 구성원들이 목록에서 근처에 위치하게 되면, 체계적 확률표본추출에 의한 표본은 그 특성을 다양하게 반영할 수 있을 것이다.

2) 비확률적 표본추출방법

비확률적 표본추출(nonprobability sampling method)은 수집 가능한 표본만을 대상으로 한다거나 특정 지역에 있는 대상만을 표본에 포함시키는 것처럼, 표본추출이 확률에 따라 이루어지지 않는 모든 방법들을 일컫는다. 이 경우에는 표본추출오류의 계산이 불가능하므로 통계적 추론을 하는 데 있어서 편의(bias)의 가능성을 조심해서 다루어야 한다. 하지만 확률적 표본추출방법이 가능하지 않은 경우에는 이러한 비확률적 표본추출방법이 유용하게 사용될 수 있다.

(1) 가용표본추출

가용표본추출(availability sampling)은 모집단 중에서 표본추출이 가능한 구성원들만을 표본에 포함시키는 방법이다. 예를 들어, 사회복지사업의 수요조사를 하는 경우에 어느 특정 종합사회복지관을 출입하는 사람들을 대상으로 서베이조사를 하는 방법이 여기에 속한다. 또 다른 예로, 노숙인들에 대한 조사를 하기 위해서 서울역 앞의 노숙인들과 같이 생활하면서 조사를 한다면 이 또한 가능성에 의한 표본추출이 될 것이다. 하지만 이러한 방법에 의하여 추출된 표본이 모집단을 대표한다고 보기는 어려울 것이다. 또한 조사 가능성에만 의존하여 표본을 추출하였기 때문에 표본추출에 구조적인 편의가 있을 것으로 여겨진다.

(2) 할당표본추출

할당표본추출(quota sampling)은 가능성에 의한 표본추출의 문제점, 즉 모집단의 대표성이 결여되어 있다는 문제점을 해결하기 위하여 약간 변형한 표본추출방법이다. 관심 있는 특성이 모집단에서 분포되어 있는 비율을 고려하여 모집단의 소그룹에 할당량(quota)을 배정한다. 예를 들어, 사회복지서비스의 수요가 성별에 따라 다르다고 믿는다면, 표본추출에 있어서 이들의 모집단분포를 고려하여 표본을 추출하여야 할 것이다. 만일 노숙인 모집단에서의 남자의 비율이 90%, 여자의 비율은 10%이고, 표본크기를 100명으로 하고자 한다면, 추출되는 표본에는 남자를 90명, 여자를 10명이 반드시 포함되도록 할당하여야 한다. 그 다음 남자들 중에서 서베이 가능한 90명, 여자들 중에서 서베이 가능한 10명을 선정하는 방법이다. 여기서는 간단한 예로 성별만을 보았지만, 나이 등과 같은 다른 특성들도 고려하여 각 특성의 소그룹에 할당량을 배정한 다음에 이에 맞추어 표본을 추출할 수 있다. 이렇게 함으로써, 가능성에 의한 표본추출보다는 모집단의 대표성을 높일 수 있을 것이다. 모집단을 소그룹으로 나눈 다음 표본을 추출한다는 점에서 앞에서 설명한 층화표본추출(stratified sampling)과 비슷하다. 그러나 각 소그룹에서 표본을 추출하는 데 있어서, 층화표본추출은 무작위로(randomly) 추출하는데 반하여, 할당량에 의한 표본추출은 조사 가능성에 의한 표본추출, 즉 비확률적 표본추출방법을 쓴다.

할당에 의한 표본추출의 경우에 할당결정에서 고려된 특성 이외의 다른 특성들의 관점에서는 모집단을 잘 대표하는지 아닌지에 대하여 알 수도 없을 뿐만 아니라 이를 조정할 수도 없다는 문제점이 있다. 예를 들어, 노숙인들의 성별과 나이만을 고려하여 정한 할당량에 따라 표본추출을 한다고 하자. 만일 노숙인의 행태가 노숙지역에 따라서도 차이가 많은 경우, 이들의 노숙지역을 고려하지 않은 표본추출, 즉 서울역에서만의 표본추출은 구조적인 편의가 생길 수 있게 된다. 현실적으로 할당량을 결정하는 데 있어서 연구결과에 영향을 미치리라고 여겨지는 모든 특성을 고려할 수가 없기 때문에 할당량에 의한 표본추출에는 구조적 편의가 생길 가능성이 높다. 이에 반하여, 앞에서 설명한 확률적 표본추출은 이러한 특성들에 의한 편의의 발생을 최소화하도록 고안된 방법이므로 확률적 표본추출이 가능한 경우에는 이들 확률을 이용한 추출방법을 사용하는 것이 바람직하다.

(3) 판단표본추출

판단표본추출방법(judgement sampling)은 연구자의 판단에 따라 표본을 추출하는 방법으로써, 이렇게 추출된 표본의 대표성은 전적으로 연구자의 경험과 지식에 근거한 판단에 의존한다. 사회복지전문가를 대상으로 설문조사를 하고자 하는 경우에 연구자의 판단에 의하여 어느 전문가들을 설문대상으로 선정할지를 결정하는 것이 바로 이 방법에 해당한다.

3) 확률적 표본추출과 비확률적 표본추출

위에서 살펴본 바에 의하면, 모집단 전체를 대상으로 잘 묘사하고 추론하는 것(descriptive or inference research)이 연구목적이라면 확률적 표본추출을 사용함으로써 표본의 대표성을 높일 수 있고, 그 결과 연구목적을 달성할 수 있을 것이다. 그러나 실험적 연구(exploratory research)의 경우에는 특정 소그룹에 좀 더 많은 관심을 갖고 집중적으로 분석함으로써 새로운 아이디어와 통찰력을 얻을 수 있으며, 그 결과 후속 연구를 위한 연구과제와 가설 등을 구체적으로 설정할 수 있을 것이다. 이러한 경우에는 특정 소그룹에 집중할 수 있도록 비확률적 표본추출을 사용하는 것이 적합할 수 있다.

03 표본의 크기와 오차

이제까지 여러 번 강조하였듯이, 표본을 추출하는 데 있어 가장 중요한 것은 추출된 표본이 모집단을 얼마나 정확히 대표할 수 있는가이다. 많은 사람들은 표본의 크기를 크게 하면 할수록 표본의 대표성이 증가하는 것으로 생각하지만 반드시 그런 것은 아니다. 앞에서도 설명하였듯이 모집단이 잘못 정의되었거나 표본추출의 틀이 잘못 결정되는 경우에 생기는 구조적오류로 인한 편의(bias)는 표본크기를 아무리 늘리더라도 줄일 수 없다. 이러한 편의는 표본추출의 의사결정 과정을 새로이 시작하여 모집단의 정의와 표본추출의 틀을 올바로 고쳐야만 없앨 수 있는 것이다.

표본크기를 결정하는 데 있어 고려하여야 할 사항들을 살펴보자.

1) 표본추출오류

모집단 전체를 관찰하는 것이 아니라 그로부터 추출된 표본만을 관찰함으로써 생기는 표본추출오류(sampling error)는 표본크기를 늘림으로써 그 오차의 영향을 줄일 수 있다. 예를 들어, 동전을 던질 때 앞면의 발생확률을 알아보고자 동전을 여러 번 던지는 실험을 해 보자. 공정한 동전이라면 앞면의 발생확률은 1/2이 될 것이다. 만일 동전을 2번 던지는 경우에 앞면의 발생비율을 살펴보면, 2번 모두 앞면이 나오는 경우(즉, 발생비율이 1)와 2번 중에 앞면이 한 번도 안 나오는 경우(즉, 발생비율이 0)를 쉽게 경험할 수 있다. 따라서 동전을 2번 던져서 나오는 앞면의 발생비율과 앞면의 진짜 발생확률(즉, 1/2) 사이에는 차이가 생길 수 있는데, 이를 표본추출오류라고 한다. 이는 표본에 어떠한 구성원이 포함되는지에 따라 표본으로부터 계산된 추정치가 달라질 수 있기 때문에 생기는 오차이다.

이에 반하여, 만일 동전을 던지는 횟수를 10,000번으로 늘린다면, 즉 표본크기를 10,000개로 늘린다면 표본추출오류에는 어떠한 변화가 생길지 예측해 보자. 동전을 10,000번 던졌을 때 앞면의 발생비율이 1이 되려면 10,000번 모두 앞면만 나와야 할 것인데, 그 가능성은 극히 낮다고 할 수 있다. 그러나 앞에서의 경우에는 2번 중에서 앞면이 연속적으로 2번 발생하는 것은 훨씬 가능성이 높았다. 또한 모두 뒷면만이 발생하는 경우, 즉 앞면의 발생비율이 0이 되는 경우도 마찬가지이다. 그러나 동전을 던지는 횟수를 늘려 10,000번을 던지게 되면, 그 중에는 앞면과 뒷면이 섞여서 발생할 가능성이 높아지며, 그 결과 10,000번 중에서 앞면의 발생비율은 진짜 발생확률인 1/2에 근접하게 될 것이다. 즉, 표본크기를 늘리게 되면 표본추출오류가 작아지게 된다. 이러한 원리를 대수의 법칙(law of large numbers)이라고 하는데, 시행횟수(또는 표본크기)를 점점 늘리게 되면 그로부터의 특정 사건의 발생비율은 모집단의 발생확률에 수렴해 간다는 내용이다.

현실적으로 우리는 모집단을 관찰할 수 없기 때문에 표본으로부터 얻은 추정치가 얼마나 모집단의 모수(parameter)와 일치하는지를 직접 비교할 수는 없다. 다만 확률이론에 근거하여 표본에 의한 추정치와 모집단 모수가 얼마나 차이가 나는지에 관한 확률적 판단을 할 수는 있다. 그리하여 모수가 포함되어 있으리라고 믿어지는 구간, 즉 신뢰구간(confidence interval)을 만들 수 있는 것이다. 가령 전국 가구들의 평균소득을 알기 위하여 무작위로 1,000가구를 추출하여 표본조사를 한 결과, 표본평균이 200만 원이라고 하자. 이 경우 전국에 있는 가구들 전체가 모집단이며 이들의 평균소득이 바로 모수가 된다. 모수의 추정치로 표본평균 200만 원을 얻었지만, 이 추정치가 모수와 일치한다는 보장은 없을 뿐만 아니라 실제로 일치할 가능성은 거의 없다고 보아도 무방하다. 좀 더 확신을 갖고 모수에 관한 정보를 제공하기 위해서는 추정치보다는 이를 중심으로 구성된 구간이 모수를 포함할 가능성이 훨씬 높아지게 되는데, 이 구간이 바로 신뢰구간인 것이다.

위의 예에서 추정치 200만 원에 10만 원을 더하고 뺀 구간, 즉 200만 원±10만 원 → [190만 원, 210만 원]이 전국 가구들의 평균소득인 모수를 포함하고 있을 것이라는 확신을 더욱 많이 가질 수 있다. 확률이론에 의하면 각 신뢰구간이 모수를 포함하고 있다고 확신하는 수준, 즉 신뢰수준을 계산하는 것도 가능하게 한다.

그렇다면 표본크기와 신뢰구간 사이에는 어떠한 관계가 있는 것일까? 위의 예에서 1,000가구로 구성된 표본평균이 얼마나 모수와 가까운지 또는 차이가 나는지에 따라 신뢰구간의 폭이 결정될 것이다. 표본평균이 모수와 차이가 적다면 다시 말하면, 표본평균이 모수를 비교적 정확히 추정하고 있다면 신뢰구간의 폭을 좁게 하여도 그 안에 모수가 포함될 가능성은 높아지게 되기 때문이다. 반면에 표본평균이 모수와 많이 다를 수 있다면, 즉 표본평균이 모수에 대한 정확한 추정치가 되지 못한다면 신뢰구간의 폭을 넓게 하여야만 그 구간 안에 모수를 포함시킬 수 있을 것이다. 따라서 우리는 표본평균이 모수와 어느 정도 차이가 나는지를 알아야 하는데, 이는 통계학이론 중에서 가장 중요한 '중심극한정리(Central Limit Theorem)'에 의하여 알려져 있다. 통계학 용어를 사용하면 표본평균이 모수와 차이가 나는 정도를 나타내는 측정치가 표준오차(standard error)이다. 이 표준오차는 표본크기와 반비례의 관계에 있어서 표본크기를 크게 할수록 표준오차는 작아지게 된다.

이러한 반비례 관계를 쉽게 이해할 수 있는데, 표본크기가 다른 두 표본을 추출하는 경우를 생각해 보자. 위의 예를 계속해서 사용하면, 1,000가구의 표본과 10가구의 표본을 추출할 때 이들의 표본평균이 모수와 얼마나 차이가 날지를 살펴보는 것이다. 모집단에는 여러 가구들이 포함되어 있으며, 절반 정도에 해당하는 가구들의 소득은 모집단평균보다 많을 것이며 나머지 가구들의 소득은 모집단평균보다 적을 것으로 짐작된다. 이처럼 다양한 소득수준으로 구성된 모집단에서 10가구만을 추출한다면, 표본에는 모집단평균보다 작은 가구들만 포함될 가능성이 꽤 높을 것이다. 그런 경우, 표본평균은 모수인 모집단평균과는 큰 차이가 있을 것이다. 그러나 표본크기를 늘려서 1,000가구를 추출한다면, 이 중에 모두 모집단평균보다 작은 가구들만 포함될 가능성은 10가구만을 추출할 때보다는 훨씬 적게 되고, 많은 경우에는 모집단평균보다 작은 가구들과 큰 가구들의 섞이게 되어 이들의 표본평균은 모수와 비슷해질 가능성이 높아지는 것이다.

앞에서 설명한 동전 던지기 예에서, 동전을 2번 던지는 경우보다 10,000번 던질 때 앞면의 발생비율이 앞면의 발생확률(이것이 모수임)과 훨씬 더 가까워지는 것과 같은 맥락이다. 표본평균과 모집단평균(모수)과 차이가 나는 이유는 표본평균이 모집단 구성원의 일부만을 사용하여 계산하기 때문이며, 따라서 어떠한 구성원들이 표본으로 추출되는지에 따라 표본평균과 모수 차이 나는 것이다. 이를 표본추출오류(sampling error)라고 한다. 표본크기를 크게 하면 할수록, 표본추출오류는 작아지게 되어 표본의 추정치는 모수와 점점 비슷해지므로 좀 더 정확한 추정이 가능해진다.

극단적인 경우를 생각해 보면, 표본크기를 무한정으로 크게 늘리게 되면 모수에 대한 아주 정확한 추정이 가능해진다. 즉, 표본추출오류를 0에 가깝게 줄임으로써 신뢰구간의 폭도 0에 가까워지게 된다. 그러나 표본크기를 크게 할수록 표본추출과 자료수집에 소요되는 비용과 시간이 증가하게 된다. 언론에서 시행하는 여론조사의 경우에 정확성도 중요하지만 비용과 신속성 또한 중요하기 때문에, 흔히 신뢰구간의 폭을 6%(±3%) 정도가 되게 할 수 있는 만큼의 표본크기(통상 1,000명 정도)를 사용한다. 결론적으로, 서로 상충관계에 있는 추정의 정확성과 비용의 효율성을 잘 고려하여 연구목적에 가장 적합한 수준의 표본크기를 정해야 할 것이다.

2) 연구가설

표본크기를 정할 때 고려하여야 할 또 다른 사항은 연구가설을 검증하는 데 충분한 양의 관측치가 보장되어야 한다는 것이다. 가령 3개의 변수를 사용하여 가설을 검증하는 경우를 생각해 보자. 이 변수들은 각각 4개의 값을 취할 수 있는 변수들이다. 그렇다면 총 4×4×4=64가지 경우가 존재하게 된다. 우리의 표본이 충분히 크지 않다면 관측치가 배정되지 못하는 셀이 많이 존재할 수가 있을 것이며, 그 결과 가설검증이 가능하지 않을 수 있다. 갈퉁(Galtung, 1967)은 각 셀에 10~20개가 배정될 수 있는 만큼의 표본크기를 정하여야 올바른 가설검증이 가능할 수 있다고 제안하고 있다. 이 제안에 따른다면 64개의 셀이 있고 각 셀에 20개를 배정한다고 할 경우 표본크기는 64×20=1,280이 될 것이다.

많은 경우에 연구자들은 회귀모형이나 분산분석 등의 통계모형을 사용하여 가설검증을 하기 때문에 위의 경우보다는 작은 표본을 사용할 수 있다. 가설검증이 가능한 가장 작은 표본크기가 얼마인지는 가설에 포함된 변수의 수와 각 변수들이 취할 수 있는 값의 종류에 달라진다. 일반적으로 30개 관측치를 최소 표본크기로 말하는 연구자들도 있는 반면에, 좀 더 보수적인 입장에서는 100개를 최소 표본크기라고 말한다(Bailey, 1987; Champion, 1981). 어쨌든 표본크기가 지나치게 작게 되면 연구결과에 대한 신뢰도가 떨어지는 것은 분명한 사실이다.

3) 모집단의 동질성(population homogeneity)

연구목적과 관련이 있는 특성이 모집단 내에서 큰 편차가 없는 경우, 즉 동질성이 높은 경우에는 표본크기가 크지 않아도 대표성에는 문제가 없을 것이다. 그러나 모집단의 특성이 다양하면 할수록 표본의 대표성을 높이기 위해서는 표본크기를 크게 하여야 한다.

09 CHAPTER

서베이 자료수집

01 자료수집의 의의와 종류

연구질문에 대한 해답을 찾는다거나 연구목적과 관련이 있는 가설을 기각 또는 채택하는 결정을 하기 위해서는 자료를 수집해야 하는 경우가 많다. 자료는 크게 두 종류로 나눌 수 있는데, 연구자가 직접 현장에서 수집해야 하는 일차 자료(primary data)와 통계청 등의 기관에서 이미 수집하여 연구자가 사용할 수 있는 형태로 정리된 이차 자료(secondary data)가 그것이다. 실증연구는 일차 자료와 이차 자료의 연속선상에서 어느 곳에든 위치할 수 있다. [그림 9-1]이 보여주듯이, 어떤 연구는 이차 자료만을 사용하여 모든 연구질문과 가설검정 등을 실행할 수 있는 반면, 또 다른 연구는 일차 자료와 이차 자료를 각각 절반 정도의 비율로 필요할 수도 있다.

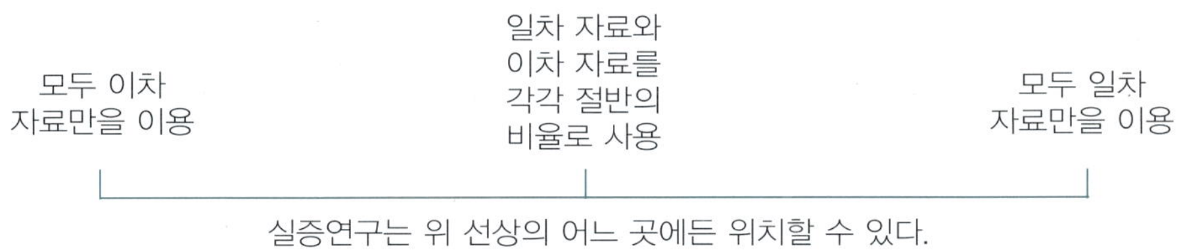

[그림 9-1] 일차 자료와 이차 자료

1) 일차 자료

연구자의 연구목적에 필요한 자료가 기존에 존재하지 않는 경우, 서베이(survey), 관찰(observation) 등을 통하여 연구자가 자료를 직접 수집해야 하는데, 이를 일차 자료(primary data)라 한다. 연구를 진행하는 과정에서 자료수집과 관련하여 항상 명심하여야 할 것은 무슨 연구문제를 어떤 방법으로 해결하기 위해서 해당 자료수집 단계에 도달하였는지를 잊지 않는 것이다. 그리고 우리가 수집하고자 하는 일차 자료는 연구 질문과 가설검정에 직접적으로 필요한 형태이어야 할 것이다. 예를 들어, 치매환자가 있는 가정을 대상으로 하는 프로그램을 개발하고자 한다면 치매환자 가족들이 필요로 하는 프로그램이 무엇인지에 관한 자료를 수집하여야 할 것이다. 가령 서베이조사를 실시하면서 관련이 없는 질문문항을 많이 포함시킨다면 자료 수집에 소요되는 비용과 시간이 증가할 뿐만 아니라 응답자들의 집중이 저하되어 부정확한 자료를 얻게 될 가능성이 높아진다. 따라서 특정 질문을 서베이조사에 포함시키기 위해서는 그 질문에 대한 답변이 연구 질문과 가설검정에 어떻게 도움이 되는지를 확인하는 절차가 필요하다.

일차 자료는 연구목적에 따라 여러 장소에서 수집이 가능하다. 정부 기관도 될 수 있고 종합사회복지관과 같은 시설을 대상으로 자료를 수집할 수도 있으며, 사회복지프로그램을 직접 이용하고 혜택을 받는 이용자와 그 가족들로부터도 자료를 수집할 수 있다.

2) 이차 자료

특정 목적으로 수집한 자료를 그 목적 이외의 연구에서 사용하는 경우, 그 자료를 이차 자료(secondary data)라고 부른다. 즉, 현재의 연구목적을 위해 연구자가 직접 자료를 수집하거나 작성하지는 않았지만, 그 목적을 성취하는 데 도움을 줄 수 있는 자료를 말한다. 통계청에서 전 국민을 대상으로 연령, 소득, 가구원

수 등을 조사하는 인구센서스데이터가 이차 자료의 좋은 예이다. 또한 치매노인에 관한 연구를 하기 위해서 노인(전문)요양시설이나 노인전문병원에 기록되어 있는 치매환자들에 관한 기록을 연구에 사용하는 경우, 이 자료도 이차 자료로 분류된다. 그 밖에 상담일지, 정부자료, 기관의 간행물, 발표논문 등도 이차 자료이다. 최근 컴퓨터 성능의 발전과 정보시스템의 보급으로 많은 자료가 축적되어서 이들 이차 자료를 이용한 연구가 활발하게 진행되고 있는 추세이다.

이차 자료는 (1) 미시수준의 자료(micro−level data), (2) 통합수준의 자료(aggregate− level data), 그리고 (3) 질적수준의 자료(qualitative−level data)와 같이 크게 세 가지 형태로 나눌 수 있다.

(1) 미시수준의 자료

분석대상의 개별단위에서 측정된 자료이다. 개별단위는 개인, 가구 또는 종합사회복지관 등이 될 수 있다. 예를 들어, 각 가구의 13세 이하의 아동 수를 조사하는 자료가 여기에 해당한다. 통상적으로 전국의 개인과 가구를 대상으로, 즉 미시수준의 인구학적 특성을 조사하는 인구센서스는 통계청과 같은 정부기관에서 시행하여 발표하고 있다.

(2) 통합수준의 자료

미시수준의 자료를 근거로 하여 지역적 또는 전국적으로 그 변수들을 통합하여 정리한 자료가 이에 해당한다. 통합수준의 자료에서는 개별 단위의 측정치는 알 수가 없게 된다. 우리나라의 노인 비율, 남녀 비율 등이 통합수준 자료의 예이다.

(3) 질적수준의 자료

수량화할 수 없는 모든 자료가 이에 해당한다. 예를 들어, 어느 노인전문요양시설에서 근무하는 사회복지사가 치매노인에 대한 프로그램 일지를 오랫동안 기록해 놓았다면, 이는 질적수준의 자료에 해당된다. 그리고 이를 연구에 사용하게 되면 이차 자료가 되는 것이다.

02 일차 자료수집방법의 분류

이차 자료수집은 연구자가 필요로 하는 자료가 어디에 저장되어 있는지를 알면 그로부터 수집할 수 있다. 이에 반하여, 일차 자료는 연구자가 직접 자료를 수집하여야 하므로, 필요한 자료를 효율적으로, 그리고 정확하게 수집할 수 있는 방법을 선택하여야 할 것이다. 여기서는 일차 자료수집에는 어떠한 방법들이 있는지를 설명하고자 한다.

연구목적에 따른 연구 질문과 가설검정에 필요한 자료는 연구마다 차이가 있을 수 있으므로, 그에 맞는 자료수집방법을 채택할 것이 요구된다. 일차 자료를 수집하는 방법으로는 크게 둘로 나눌 수 있는데, 하나는 의사소통(communication)을 통한 자료수집이고 다른 하나는 관찰(observation)에 의한 자료수집이다. 의사소통에 의한 자료수집방법은 연구자가 대상자에게 직접 질문을 하거나 대상자가 자기 기입 방식으로 질문에 응답하는 방법으로 이루어진다. 접촉하는 형태에 따라 서베이조사, 우편조사, 대인면접, 전화면접조사 그리고 온라인 조사 등이 포함된다. 이에 반하여, 관찰에 의한 자료수집은 상호 의사소통 없이 연구자가 대상을 관찰하는 방법을 통해 연구에 필요한 자료를 얻는 방법이다. 경우에 따라서는 대상자의 행동을 연구자가 아닌 기계에 의해서도 기록할 수 있다.

그렇다면 의사소통을 통한 자료수집과 관찰에 의한 자료수집 중에서 어느 것을 사용하여야 하는가? 각 자료수집방법은 고유의 장점과 단점이 있으므로, 이를 고려하여 결정하여야 할 것이다.

의사소통에 의한 자료수집방법은 융통성(versatility), 속도(speed), 그리고 비용(cost) 면에서 장점이 있다. 융통성이 높다는 것은 여러 형태의 자료수집에 적용할 수 있다는 것을 의미한다. 연구대상자들의 태도, 의도, 인식 여부, 동기, 행동 등에 관한 자료의 수집에는 의사소통에 의한 수집방법이 선호되며, 경우에 따라서는 유일한 자료수집방법일 수 있다. 이러한 질문에 대한 정확한 답변을 얻는 것이 연구자에게는 가장 중요한 일이며, 의사소통이 연구목적에 필요한 정보를 얻어 내는 데 도움이 될 수 있을 것이다.

의사소통에 의한 자료수집방법은 속도와 비용 면에서도 장점이 있다. 이는 연구자가 자료수집과정을 직접 조정할 수 있기 때문이다. 의사소통을 통하여 연구대상자로 하여금 과거 경험이나 행동을 기억하게 하여 자료를 수집할 수 있다. 그러나 관찰에 의한 방법은 대상자가 원하는 행동을 하도록 자료수집과정을 설계한 다음 그러한 행동을 관찰할 때까지 기다려야 하기에, 많은 시간과 비용이 들 수 있다. 예를 들어, 전화면접을 하면서 면접자가 심도 있게 질문을 하거나 기억을 상기하도록 도와줌으로써 1시간 동안에 4명을 면접할 수 있는 반면에, 관찰수집을 하는 연구자는 같은 시간 동안에 원하는 행동을 목격할 때까지 기다려야 하므로 얼마 동안 기다려야 할지가 확실치 않을 뿐 아니라 상황에 따라서는 오랜 시간이 걸릴 수 있다.

의사소통에 의한 자료수집방법의 단점으로는 연구대상자가 틀린 정보를 줄 가능성이 높다는 것이다. 연구대상자가 질문이 요구하는 기억을 할 수 없는 경우에 조사자를 실망시키고 싶지 않은 마음에서 정확치 않은 답을 주는 경우도 있을 수 있다. 그리고 경우에 따라서는 연구대상자가 조사자와 의사소통하는 것을 거부할 수도 있을 것이다. 또한 의사소통을 담당하는 조사자가 어떻게 질문을 하느냐에 따라 연구대상자의 답변이 영향받을 수 있는 것도 의사소통에 의한 자료수집방법의 단점이라 할 수 있다.

또 다른 자료수집방법인 관찰에 의한 수집방법의 장점은 의사소통의 단점인 부정확한 답변, 의사소통 거부, 그리고 조사자에 의한 편의가 없다는 것이다. 더욱이 의사소통에 장애가 있는 장애인이나 유아들을 대상으로 하는 조사에 있어서는 관찰이 훨씬 더 정확한 자료를 제공할 수 있을 것이다. 이처럼 관찰은 의사소통의 경우보다 객관성과 정확성에서 우위에 있는 것으로 여겨진다. 조사자와 직접 의사소통하는 경우에는 연구대상자가 자신을 좋게 보이고 싶은 마음에서 의식적으로 조사자가 원하는 답변을 할 수가 있다. 그러나 관찰의 경우에는 연구대상자가 의식하지 못하는 상황에서 하는 행동을 관찰하여 기록하기 때문에 객관성과 정확성이 높은 것이다.

그러나 관찰에 의한 수집방법의 단점 또는 한계점으로는 연구대상자의 내면세계, 즉 어떤 행동의 의도와 동기 등에 관한 관찰이 불가능하다는 것이다. 그리고 이 수집방법을 적용할 수 있는 범위가 제한적이라는 것이 또 다른 단점이다. 즉, 원하는 행동들이 짧은 기간 안에 자주 관측될 수 있어야만 비용과 시간 면에서 효과적일 수 있고, 실제로 자료를 수집할 수 있기 때문이다.

의사소통을 통한 수집방법과 관찰에 의한 수집방법을 병행하는 경우가 종종 있다. 왜냐하면 한 수집방법의 단점이 다른 수집방법에서는 장점이기 때문에, 두 방법을 적절히 병행하여 사용함으로써 연구에 필요한 자료를 더욱 풍부하게 수집할 수 있기 때문이다. 통상적으로는 먼저 관찰에 의한 수집방법을 실시한 후에, 관찰된 연구대상자에게 질문하여 왜 그러한 행동을 하였는지에 관한 답변을 얻는 방법이 많이 사용된다.

03 서베이 자료수집의 특성

서베이 자료수집(survey data collection)은 여러 종류의 자료수집방법들 중 한 방법을 지칭하는 용어로서, 모집단에서 추출한 구성원들에게 질문을 주고 그에 대한 답을 얻어내는 방법이다. 거의 모든 사람들이 어떤 형태로든 서베이의 대상이 된 경험이 있을 것이다. 길거리에서의 인터뷰, 투표 후의 출구조사, 우편에 의한 조사, 전화를 통한 조사 등이 그 예이다. 실증연구에서는 서베이를 통하여 연구에 필요한 자료를 모으는 경우가 종종 있다. 이러한 연구들은 모집단의 특성을 이해하기 위하여 모집단에서 추출한 대상으로부터 필요한 정보를 얻어내는 것이다. 그러므로 서베이 방법에 의하여 수집되는 자료는 정확하고 믿을 수 있을 뿐 아니라, 모집단으로 일반화시킬 수 있어야 할 것이다.

서베이의 대상을 추출할 때는 추출된 표본이 모집단을 잘 대표할 수 있는지를 확인하는 것이 무엇보다 중요하다. 많은 경우에 단순무작위 표본추출방법(simple random sampling)을 사용하는데, 이는 모집단의 각 구성원이 표본으로 추출될 확률을 똑같게 하기 때문이다. 그러나 경우에 따라서는 특정 그룹에 관심이 있을 수 있는데, 이러한 경우에 그 그룹의 구성원들이 일정 수 이상 표본에 포함되는 것을 보장하기 위해서는 층화무작위 표본추출방법(stratified random sampling)을 사용한다. 표본추출방법에 관한 자세한 내용은 Chapter 8에 설명되어 있다.

서베이자료를 사용한 연구에서의 독특한 특성은 측정과 관련된 단계인데, 여기에는 설문지 작성과 자료 수집방법이 포함된다. 모든 서베이는 응답자에게 여러 질문을 주게 되는데, 질문의 형태는 단순히 한 가지를 물어보는 간단한 질문과 여러 내용을 물어보는 복합적인 질문이 있을 수 있다. 이러한 질문들에 대한 응답을 수집하는 방법에는 두 가지가 있을 수 있는데, 그 하나는 설문지를 통한 방법이고 다른 하나는 인터뷰하여 응답을 수집하는 방법이다.

설문지(questionnaire)를 이용하는 자료수집방법은 조사자의 도움 없이 응답자가 미리 기록되어 있는 질문에 직접 답하는 것이다. 설문지는 응답자에게 직접 전달될 수도 있고, 우편 또는 컴퓨터 온라인으로 보내질 수 있다. 응답자는 설문지 질문들에 답한 후에 편리한 방법을 선택하여 조사자에게 보내게 된다.

면접(interview)에 의한 방법은 조사자가 질문을 읽어 주고 그에 대한 응답을 듣고서 기록하는 방법이다. 조사자는 응답자를 직접 만나거나 전화를 이용하여 인터뷰할 수 있다. 경우에 따라서는 설문지와 인터뷰에 의한 두 가지 방법을 병행하여 사용할 수도 있다. 몇 가지 질문들은 설문에 응답하게 하고 다른 질문들은 인터뷰를 통하여 응답을 기록하는 경우이다. 설문지와 인터뷰를 통한 자료수집방법은 모두 응답자에게 질문을 하고 그에 대한 응답을 수집하는 것이기 때문에 어떠한 질문을 하여야 하는지가 제일 중요한 사항이다.

서베이 자료수집과 관련하여 항상 주의하여야 할 사항은 조사자는 응답자들의 생각, 느낌, 태도 등에 관하여 그들이 응답하는 내용만을 기록한다는 것이다. 다시 말하면, 응답자들이 어떠한 생각을 하는지, 어떠한 느낌을 갖고 있는지, 그리고 어떻게 행동하는지에 관하여 조사자가 관찰하는 내용을 기록하는 것이 아니다. 예를 들어, 서베이에서 응답자의 반응이 "나는 마약을 하지 않는다"라고 기록되어 있다면, 이는 응답자의 답변일 뿐이지 조사자가 그 사람이 마약을 했는지 안 했는지를 실제로 검사한 결과를 기록한 것은 아니라는 것이다. 따라서 연구자는 "사람들은 마약을 하지 않는다고 응답했다"라고 결론을 내려야 할 것이며, "사람들은 마약을 하지 않는다"라고 결론 내려서는 안 된다는 점을 주의하여야 한다. 따라서 서베이에 의해서는 사람들이 실제로 어떻게 행동하는지가 아니라 어떻게 행동한다고 응답했느냐에 관한 자료만을 얻을 수 있는 것이다.

1) 서베이질문의 유형

질문방식은 두 가지의 유형으로 구분할 수 있는데, 폐쇄형 질문(closed-ended questions)과 개방형 질문(open-ended questions)이 바로 그것이다. 폐쇄형 질문은 응답자가 선택할 수 있는 대안들을 나열해 주고 그 중에서 고르게 하는 질문이다. 이에 반하여, 개방형 질문은 응답자로 하여금 적절한 용어들을 선택하여 자유롭게 서술하게 하는 질문이다. 수집되는 자료의 정확성뿐 아니라 이를 컴퓨터에 입력하여 분석하는 데 용이할 수 있도록 폐쇄형 질문과 개방형 질문을 적절히 배합하는 것이 중요하다.

일반적으로 질문에 대한 모든 가능한 응답을 사전에 나열할 수 있고 그 수가 너무 많지 않은 경우라면 폐쇄형 질문을 사용하는 것이 바람직할 것이다. 예를 들어, 결혼상태를 묻는 질문의 경우에는 가능한 응답으로 '미혼, 동거, 기혼, 이혼, 별거, 사별'과 같이 6가지 모든 경우를 나열할 수 있을 것이다. 어떤 경우에는 가능한 응답을 모두 열거할 수 없거나 또는 그 수가 너무 많지만 연구의 관심이 되는 항목들의 수는 제한적일 수 있다. 이때는 연구의 관심항목들을 모두 열거한 후, 그 이외의 항목들을 '기타'로 묶거나 응답자로 하여금 직접 기입하게 할 수도 있을 것이다.

이에 반하여, 개방형 질문은 탐색연구(exploratory research) 등에 적합하며 응답자들에게 제약을 주지 않고 자유롭게 답을 할 수 있도록 한다. 또한 가능한 모든 응답을 연구자가 사전에 나열할 수 없거나 그 수가 너무 많은 경우에도 개방형 질문을 사용하는 것이 적합할 것이다. 예를 들어, 현재의 거주지역으로 옮긴 이유를 묻는 질문의 경우 가능한 이유를 모두 열거하는 것은 현실적으로 불가능할 것이다.

질문의 형태를 결정하는 데 있어 고려하여야 할 또 다른 요인은 자료의 입력과 분석에서의 용이성이다. 개방형 질문은 보통 자료입력과 분석이 어려운 편이다. 글씨를 알아보기 어렵거나 응답한 답이 명확하지 않은 경우가 있을 수 있다. 또한 응답내용이 질문의 요지와 관련이 없는 경우도 종종 볼 수 있다. 게다가 개방형 질문에 대한 답을 컴퓨터 파일로 입력하기 위해서는 각 응답내용을 정해진 수의 항목으로 분류하여 부호화시켜야(coding) 하는데, 이 과정은 많은 시간이 소요될 뿐 아니라 오류가 생길 가능성이 높아진다. 그리고 여러 가지의 내용을 포함한 응답을 어떻게 분류하여 입력해야 할지도 결정하여야 한다. 예를 들어, 술 마시는 것을 끊은 이유를 묻는 질문에 대하여 "직장을 잃었기 때문에 음주 비용을 감당하기 어려워졌고, 또한 아내가 강요하였기 때문에"라고 답하는 경우에 과연 이를 어디로 분류하여야 할지가 명확하지 않게 된다.

폐쇄형 질문과 개방형 질문 중에서의 선택은 간단한 문제가 아니며, 그 결정에 따라 수집되는 자료의 정확성과 정보의 양이 영향을 받을 수 있는 중요한 결정사항이다. 많은 연구에서는 예비조사(pilot study)에서 개방형 질문을 사용하여 모든 가능한 응답내용에 관하여 조사한 후, 그 결과에 근거하여 실제 조사에서는 폐쇄형 질문을 주로 사용하는 자료수집방법을 사용하고 있다.

04 우편조사

우편조사는 전화 또는 인터넷의 사용이 보편화되기 전까지 널리 사용되어 왔으며, 요즘에도 필요에 따라서는 사용되고 있는 조사 방법이다. 많은 사람들을 대상으로 하는 경우 예를 들어, 한국의 전 가구를 대상으로 설문조사를 하고자 한다면, 우편조사 이외의 방법은 경제적으로 어렵다. 우편조사는 흔히 조사자가 설문지와 반송 우편봉투에 우표를 붙여 우편을 발송하면 응답자들이 인쇄된 설문지를 직접 읽고 답을 기록한 후 조사자에게 반송하는 형식이다. 따라서 원거리에 있는 대상자에게도 접근이 가능하여 많은 수를 대상으로 조사가 가능한 반면, 조사비로 우편봉투 및 우표값만 부담하면 되기에 소요되는 경비가 상대적으로 저렴하다는 것이 우편조사의 장점이다.

응답자도 대면 면접에 비해 익명성이 보장되고 본인이 집중할 수 있는 시간과 장소를 선택하여 우편으로 받은 설문지에 응답할 수 있다는 점에서 우편면접의 장점이 드러난다.

뿐만 아니라 폐쇄형 질문과 같이 선택항목을 나열하는 경우, 우편조사는 인쇄된 설문지를 사용하기 때문에 많은 항목을 나열하여도 무리가 없다는 점도 장점이 될 수 있다. 전화면접조사 또는 대인면접과 같은 인터뷰 조사는 그 항목들을 읽어 주어야 하므로 너무 많이 나열하게 되면 응답자가 그 모든 항목을 기억하기가 어려울 수도 있기 때문이다. 또한 시각효과를 활용할 수 없는 전화면접조사에 비해 그림 또는 그래프 등을 인쇄된 설문 용지에 보여줌으로써 질문의 이해도를 높일 수 있는 것도 우편조사의 장점이라 할 수 있다.

그러나 설문지를 읽고 답을 기입하는 과정을 조사자의 도움 없이 응답자가 스스로 해야 한다는 것이 장점이자 단점이 될 수 있다. 조사자와 직접 접촉하지 않음으로써 조사자의 오류나 영향을 피할 수 있다는 장점이 있는 반면에, 경우에 따라서는 응답자가 질문내용을 제대로 이해하지 못해서 적합하지 않은 답을 기입할 수도 있다. 질문의 내용을 해석의 혼동이 없도록 명확하고 완벽하게 만든다는 것이 현실적으로는 가능하지 않기 때문이다. 이러한 혼동의 가능성이 있는 상황에서 조사자의 추가설명이 없게 되면, 응답자가 자기 나름대로 해석하여 답을 하게 될 것이므로 그 해석의 차이에 따라 답변의 내용이 달라질 수 있을 것이다. 더구나 인쇄된 설문지를 사용하여야 하므로, 응답자의 시력, 문장 독해 능력, 그리고 다른 신체적 상태에 따라 응답 가능성이 달라질 수 있는 것도 우편조사의 단점이라 할 수 있다.

그중에서도 우편조사의 가장 큰 단점은 낮은 응답률을 지적할 수 있다. 우편으로 발송하기 위해서는 응답자의 주소지를 정확히 아는 경우만 가능한데 응답자의 주소지가 신고없이 이전된 경우에는 전달 자체가 불가능하기 때문이다. 게다가 많은 사람들이 우편함에서 설문지를 발견하게 되면 자세히 읽지 않고 휴지통에 버리거나 나중으로 미루다가 잊어버리는 경우도 비일비재하다. 특히, 우편을 잘 사용하지 않는 요즘에는 우편면접이 점차 줄어들고 있기 때문에 특별한 노력이 없이는 보통 10~20%의 응답률을 기록하는 것이 우편면접의 일반적인 현상이다. 이처럼 응답률이 낮게 되면 응답을 한 사람들은 응답하지 않은 사람들과 여러 면에서 차이가 있을 것으로 짐작할 수 있을 것이다. 그렇다면 추출된 표본이 모집단을 대표한다고 보기가 어려울 것이므로, 수집된 자료의 대표성(representativeness)과 일반화(generalizability)에 치명적인 결함이 있게 된다.

응답률을 높일 수 있는 방법 중 몇 가지를 나열하면 다음과 같다.

① 봉투와 겉표지를 응답자의 관심을 끌고 정해진 시간 안에 응답할 수 있도록 명확하고 읽기 쉽게 도안하는 것이다. 이를 위해서는 설문조사의 목적, 조사기관, 응답 완료 마감 시한, 설문 응답에 소요되는 예상 시간, 응답내용을 보내는 방법, 연구자의 연락처 등을 정확하게 명시하여야 한다.

② 질문의 수를 적절히 조절할 뿐만 아니라 각 질문의 길이가 너무 길지 않도록 한다.

③ 우표를 부착한 반송 봉투를 포함하여 응답자가 쉽게 부칠 수 있도록 한다.

④ 후속 독촉(follow-up)을 통하여 응답을 독려한다.

⑤ 응답 내용의 익명성(confidentiality)을 보장하되 후속 독촉이 가능한 방법을 모색한다. 미응답자를 구분하기 위해서 설문지를 발송하기 전에 각 설문지마다 일련번호와 같은 기호를 기입하는 것도 방법이다. 그래야 후속 독촉을 할 수 있기 때문이다. 그러나 이러한 기호의 표시가 응답자로 하여금 익명성이 보장되지 않는다고 느끼게 할 수 있으므로 기호는 단지 관리 목적으로만 사용된다는 것을 명확하게 밝혀야 할 것이다. 이러한 오해를 해소할 수 있는 방법은 설문지를 보낼 때 반송 봉투와 함께 엽서를 포함시키는 것이다. 이 엽서에는 우표는 물론 응답자를 알아볼 수 있는 기호를 포함하게 되는데, 응답자가 설문 답변을 보낼 때 우편엽서도 함께 동봉하도록 하면 연구자는 누가 응답하였는지를 추적할 수 있게 된다. 그리고 응답자는 설문지에 아무런 기호가 표시되어 있지 않기 때문에 익명성에 대하여 안심할 수 있을 것이다.

05 대인면접

대인면접은 조사자가 응답자와 얼굴을 맞대고 질문을 하고 그에 대한 답변을 기록하는 방법이다. 직접 대화가 가능하기 때문에 질문과 답변을 하는 과정에서 필요한 수준의 유연성을 유지할 수 있다.

1) 대인면접조사의 구조

조사자와 응답자가 가질 수 있는 유연성의 정도에 따라 세 가지로 분류할 수 있는데, 비구조화된 면접(unstructured interview), 반구조화된 면접(semi-structured interview), 그리고 구조화된 면접(structured interview)이다.

(1) 비구조화된 대인면접

이 구조는 가장 유연성이 높은 것으로서, 조사자가 연구 방향을 염두에 둔 상태에서 인터뷰를 진행하며 그때그때 상황에 맞추어 질문을 만드는 방법이다. 예를 들어, "며느리와 시부모 사이의 갈등을 알아내는 것이 연구목적"이라는 것만을 조사자에게 알려 주는 것이다. 이러한 경우에 조사자는 그에 맞는 질문을 대인면접조사를 진행하면서 만들어야 한다. 그러한 과정에서 조사자는 응답자와 상호작용을 하며 가능한 한 많은 갈등의 종류를 끌어낼 수 있을 것이다. 이 방법은 보통 탐색연구(exploratory research)에 사용된다. 조사자는 응답자에 따라 다른 질문을 할 수 있으며, 그 결과 서로 다른 정보를 얻어 낼 수 있게 된다.

(2) 반구조화된 대인면접

이 구조는 위의 표준화되지 않은 구조보다는 좀 더 제약을 포함한 방식이긴 하지만 여전히 조사자가 질문의 순서를 바꿀 수 있을 뿐 아니라, 필요한 경우에 새로운 질문을 만들 수도 있다. 예를 들어, 조사자에게 다음과 같이 지시하게 된다.

며느리와 시부모 사이의 갈등을 알아내는 것이 연구목적이며, 이를 위해서 다음 사항들에 초점을 맞추어 순서에 상관없이 질문하시오. 질문대상은 며느리입니다.

• 귀하의 친구나 주위사람들을 통하여 볼 때, 며느리와 시부모 사이에는 어떠한 문제가 있다고

알고 있는가?
- 귀하의 경우, 시부모와 어떠한 문제가 있는가?
- 귀하는 시부모와 다음 사항들과 관련하여 의견충돌이 일어난 적이 있는가?
  - 시댁식구
  - 친정식구
  - 자녀 교육
  - 경제적인 문제
  - 남편의 음주
  - 시부모의 생활비 지원

이러한 지침에 따라서 조사자는 면접조사를 진행하면서 질문의 순서를 정하고 상황에 맞게 질문을 변형할 수 있는 구조이다.

(3) 구조화된 대인면접

이 구조는 가장 정형화된 구조로서, 정해진 질문순서에 따라 구체적으로 명시된 질문을 그대로 사용해야 한다. 예를 들어, 앞의 (2)에서 예시한 질문내용을 명시하는 것이다.

〈표 9-1〉 질문순서가 정해지고 표준화된 구조양식

시댁식구와 관련한 다음 사항 때문에 시부모와 의견충돌이 있었는가?	전혀 없었다	한 번 있었다	2~3번 있었다	4번 이상 있었다
시부모의 재산				
시부모 모시기				
시동생의 용돈				
시동생의 결혼				
시누이의 간섭				

2) 대인면접조사의 장점

① 조사자가 응답자로 하여금 정확하고 완전한 답을 하도록 유도할 수 있다. 우편조사의 경우에는 응답자가 서둘러 설문작성을 끝낼 수도 있으며, 정확하고 완전한 답을 주려고 하는 동기를 갖기가 어렵다. 그러나 대인면접에서는 조사자가 응답자를 격려해 가면서 동기부여할 수 있는 여지가 있다.

② 응답자가 질문의 내용을 이해하지 못했을 때 조사자가 이를 보충 설명할 수 있으므로, 혼동이나 오류로 인한 부정확한 답변을 피할 수 있다.

③ 조사자가 응답자와 같이 마주하고 있기 때문에 우편조사와 같이 혼자서 응답할 때에는 조정할 수 없는 요인들도 조정이 가능하다. 예를 들어, 다른 사람이 아니라 응답자로 지정된 사람이 실제로 응답을 하게 할 수 있으며, 질문에 대한 답변을 순서에 맞추어 하는지도 감독할 수 있다. 또한 답변을 하는 과정에서 다른 사람의 도움이나 영향을 받지 못하게 감독할 수 있다.

④ 조사자가 필요한 경우에는 질문의 형태를 약간 수정할 수도 있는 유연성이 있다. 특히나 탐색연구나 초기 단계의 연구에서는 질문을 구체적으로 미리 정하는 것이 쉽지 않은 경우가 많다.

⑤ 조사자가 대인면접조사 과정에서 응답자를 관찰하면서, 설문지에 포함된 질문 이외에 유용한 정보를 관찰하게 된다면 이를 수집하여 사용할 수도 있다.

⑥ 위의 장점들로 인해 대인면접은 응답 결측치를 최소화하고 응답률을 높일 수 있다.

3) 대인면접조사의 단점

다음에 열거하는 단점들이 심각한 경우에는 다른 조사방법을 선택하게 된다.

① 가장 큰 단점은 비용이 많이 든다는 점이다. 대인면접을 수행할 조사자들을 고용하여 교육시키고 또한 일정 수당을 지급하여야 한다.

② 시간이 많이 걸린다. 설문지의 구조를 정하고 그에 맞는 질문들을 만들어야 하며, 조사자들을 모집하여 교육시키는 데 소요되는 시간이 상당히 긴 편이다. 또한 조사자가 응답대상자를 직접 방문하여 대인면접을 하여야 하기 때문에 하루에 할 수 있는 조사 건수가 극히 제한적일 수 있다.

③ 조사자에 따른 편의(bias)가 발생할 가능성이 있다는 것도 단점이 된다. 특히나 질문내용이 명확히 정해지지 않은 조사에서는 조사자 사이의 편차가 클 것으로 예상된다. 조사자의 특성, 성격, 그리고 태도가 응답자의 답변에 영향을 미칠 수 있을 뿐 아니라, 반대로 응답자의 특성과 태도 또한 조사자가 질문하는 방식에 영향을 미칠 수 있다.

④ 질문내용이 구체적으로 정해지지 않은 경우, 동일 조사자일지라도 조사 때마다 질문의 표현과 사용단어가 달라질 수 있어서 조사내용의 일관성에 문제가 생길 수 있다. 어떠한 단어를 사용하여 질문을 하느냐가 응답에 상당한 영향을 미칠 수 있기 때문이다.

⑤ 비구조화된 대인면접의 경우에는 충분히 훈련되지 않은 조사자의 경우, 면접 과정에서 새로운 질문을 도출해 내는 것에 어려움을 느낄 수 있다. 이 경우 면접 내용의 질이 매우 낮아질 수 있다.

⑥ 조사자와 응답자가 직접 얼굴을 보고 의사소통하는 과정에서 조사가 이루어지므로 응답자는 익명성이 보장되지 못한다는 느낌을 받을 수 있다. 특히 성소수자로서의 경험이나 도박 중독 경험과 같이 민감한 주제에 관한 대면 면접일 경우 응답자는 솔직하게 자신의 의견을 말하는 것에 부담을 느낄 수 있다.

06 전화면접조사

전화면접조사는 최근에 가장 많이 사용되고 있는 방법이라고도 할 수 있을 만큼 널리 사용되고 있다. 최근에는 휴대전화가 널리 보급되어 휴대전화와 가정의 유선전화를 병행하여 사용하고 있다. 선거 때마다 방송사와 신문사가 시행하는 후보 지지도의 조사가 그 좋은 예이다.

전화면접조사가 많이 사용되고 있는 이유 중의 하나는 일대일로 접촉할 수 있는 대인면접의 장점과 많은 사람을 효율적으로 조사할 수 있다는 우편조사의 장점을 갖추고 있기 때문이다. 즉, 전화면접조사는 다른 어떤 조사방법보다도 짧은 시간 동안에 많은 대상을 상대로 질문할 수 있다. 또한 우편조사와는 달리 비대면이기는 하나 일대일로 접촉하기에 응답자가 설문조사를 거절하기가 좀 더 어려워져 응답률이 비교적 높은 편이다.

또한 조사 대상을 직접 방문하지 않아도 되므로 시간과 비용을 많이 절약할 수 있다. 전화면접 조사에서는 조사자가 질문내용을 읽어 주며 직접 대화할 수 있기 때문에 대인면접조사에서처럼 내용이 명확하지 않거나 혼동되는 부분을 자세히 설명해 줄 수 있는 장점도 있다.

반면, 면접 도중에 전화를 끊어 버리는 등의 조사자들이 면접 상황을 통제하기 어렵다는 단점과 면접이 길어지면 응답자들의 주의집중이 금방 떨어져서 전화면접 조사 시에는 조사내용이 간결해야 한다는 단점이 있다.

07 온라인 서베이

컴퓨터 보급을 넘어 핸드폰과 패드 등이 확대되면서 온라인 서베이(electronic survey, online survey)가 늘어나고 있는 추세다. 전자서베이라고도 하는 온라인 서베이는 우편설문조사와 유사한 특성을 갖고 있다. 단지 우편으로 설문조사지를 보내는 대신 전자메일이나 웹(web) 링크를 통해 응답자에게 조사를 실시하고 응답을 전송받는 방법을 사용한다. 온라인 서베이는 최근 10년 사이에 급격하게 성장하고 있는 자료조사 방법이다. 특히, 컴퓨터나 핸드폰 등 전자기기(electronic devices) 활용 능력이 뛰어난 젊은 층과 고학력자에게 유용한 조사방법이지만, 컴퓨터 활용능력이나 이용이 적은 고령자나 저학력자에겐 한계가 있다.

온라인 서베이의 장점은 다음과 같다(채구묵, 2016).

① 비용이 저렴하다. 설문지 발송과 횟수에 따른 비용이 거의 들지 않는다. 설문지 인쇄, 조사원 교육, 설문지 우송료, 전화료 등 다른 조사에서 소요되는 많은 비용을 절약할 수 있다.

② 지역적 제한을 극복할 수 있다. 인터넷 이용이 가능하다면 지구촌 어디에도 조사가 가능하다.

③ 후속 독촉이 가능하다. 응답 대상별로 응답 여부를 자동으로 체크할 수 있으며, 서베이 시스템에 따라 이메일을 자동 취합할 수 있어서 후속독촉이 용이하다.

④ 응답자들이 온라인 상에서 직접 응답을 기입하므로 자료 입력 시간이 줄어들며 재입력하는 과정에서 발생할 수 있는 오류가 감소한다.

온라인 서베이의 단점은 다음과 같다(김영종, 2007).

① 표본추출의 대상이 제한적이다. 컴퓨터 통신망 이용 가능자에 한해서 조사가 가능하다. 따라서 연구대상 모집단을 대표할 수 있는 표본을 선정하는 데 어려움이 있다. 즉, 이러한 설문조사방식은 표본의 대표성과 일반화 가능성에 한계가 따른다. 그러나 연구 대상이 온라인에 익숙한 나이대라면 이러한 문제는 고려하지 않아도 된다.

② 표적집단의 확인이 어렵다. 응답자가 설문 대상자와 일치하는지를 확인하기 어렵다. 이는 우편설문 조사에서 발생할 수 있는 한계와 동일하다.

10 CHAPTER

질적연구

01 질적연구의 개념

우리나라에 질적연구가 소개된 것은 1970년대 후반에서 1980년대 초반인데 주로 교육학을 중심으로 실험적 연구들이 이루어지다가 간호 및 보건학, 상담학, 인문학, 신학 및 종교학 등 다양한 분야에 적용 되어왔다. 우리나라 사회복지 분야에서 질적연구가 시작된 시기는 1990년대 후반이라고 할 수 있다(최옥채, 2008). 질적연구는 이제 사회복지분야에서도 점차 확대되어 가는 추세이다.

질적연구의 효시라고 할 수 있는 스트라우스와 코빈(Strauss & Corbin, 1961)은 질적연구를 통계적 절차나 기타 계량화의 수단에 의하여 수행되는 것이 아닌, 이외의 것으로 연구결과를 창출하는 방법으로 "개인의 삶, 체험, 행동, 감동, 느낌, 사회운동, 국가 간의 상호작용 등에 적용되는 연구방법"이라고 하였다. 그 이후 여러 연구자(Padgett, 2001, Patton, 1987 등)에 의하여 질적연구의 개념적 정의가 제시되었다. 이러한 여러 학자들에 의하여 시도된 질적연구의 개념적 정의를 비교하여 공통적인 속성을 모아 정리한 크리스웰(Creswell)은 "질적연구는 사회적 또는 인간의 문제를 탐색하는 방법론적 연구의 전통에 기반하여 이해하는 연구과정"이라고 보았다. 연구자는 복합적이고 전체적인 그림을 구축하고, 언어를 분석하며, 정보제공자들의 구체적인 시각들을 보고, 자연스러운 상황에서 연구를 수행하는 것이라고 직시하였다(조흥식 외, 2005).

가장 일반적인 질적연구의 개념은 과학적 연구방법 중의 하나로 양적연구의 대비되는 개념으로, 계량을 통한 접근방법 이외의 연구방법을 의미한다. 즉, 양적연구와 연구문제의 형성과정, 연구설계의 경직성, 자료수집방법, 자료분석방법 측면에서의 차이점을 파악함으로써 질적연구의 개념을 명확히 할 수 있다.

첫째, 연구문제의 형성에서 차이가 있다. 연구문제의 형성에 있어서 양적연구는 선행연구 또는 문헌고찰을 통하여 명확하게 형성한 후 연구문제를 해결하기 위한 연구가 진행되지만, 질적연구는 연구문제의 방향성을 제시하고 연구가 진행되는 과정에서 점차 구체화시키는 것이 일반적이다.

둘째, 연구설계의 경직성에 차이가 있다. 양적연구에서의 연구설계는 연구과정에서 발생하는 외생변수들을 엄격하게 통제하여 경직성이 높은 반면에, 질적연구에서는 연구설계의 경직성이 높지 않아 연구과정에서 외생변수들을 수용하여 탐색적인 접근을 시도한다.

셋째, 자료수집방법에서 차이가 있다. 양적연구는 자료수집을 위한 표본이 매우 크고 연역적인 접근에 의하여 자료를 수집하여 광범위한 자료를 수집한다. 그러나 질적연구는 표본이 매우 작을 뿐만 아니라, 귀납적인 접근으로 연구대상자와 매우 밀착하여 구체적인 자료를 수집하게 된다.

넷째, 자료분석방법에서의 차이점이다. 양적연구에서는 연역에 의하여 구축된 분류화·유형화된 자료를 수집하여 인과관계의 설명을 추구하지만, 질적연구는 귀납적 접근에 의하여 수집된 흩어진 총체적인 자료를 분류화·유형화하여 인과관계의 설명을 시도하는 경우가 많다(임병우, 2017).

즉, 양적연구는 연구자가 가설을 세우고 그 가설에 대한 설문조사와 통계기법을 사용하여 그 가설에 대한 인과관계를 숫자로써 보여주는 것이고, 질적연구는 질문이나 면담, 관찰을 통해 어떤 개인이나 집단의 경험 속으로 들어가서 그 안에 있는 것들을 끄집어내는 것이다. 때문에 질적연구는 선행연구가 거의 되어 있지 않는 분야, 어떤 사건이나 상황의 의미를 알기 위한 경우, 독특한 현상 등에 관해 주로 적용된다(천정웅, 2022).

02 질적연구의 과정

질적연구의 과정은 질적연구의 유형, 종류에 따라 약간은 다르다고 할 수 있다. 그러나 질적연구에서 유형에 관계없이 가장 일반적인 것은 준비·설계 단계, 자료수집 단계, 분석 단계, 보고서 작성 단계로 볼 수 있다.

이러한 단계에 대한 설명은 최옥채(2008)의 사회복지사를 위한 질적연구에서 요약 및 발취한 내용을 중심으로 진술한다.

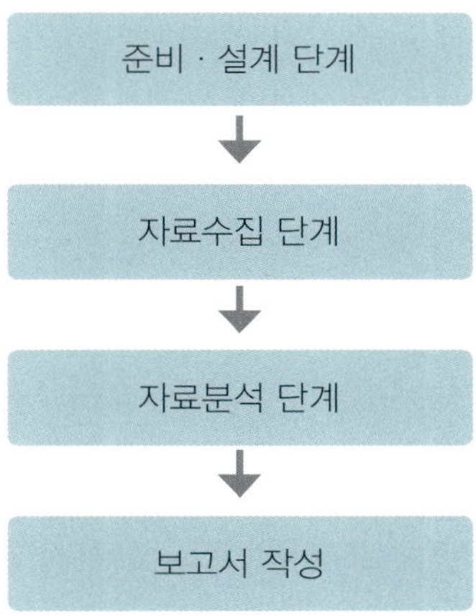

[그림 10-1] 질적연구의 과정

1) 준비단계

질적연구에서 준비와 설계 단계는 매우 중요하다. 준비단계에서는 연구주제의 확정 및 이해가 첫 번째이다. 연구자가 친숙한 주제를 정할 경우 이미 개인적으로 상당한 경험이 있는 주제일 가능성이 크다. 이러한 경우 친숙함에 따라 새로운 시각에서의 접근이 어렵게 되는 경우가 있다. 친숙하지 않은 주제에 접근할 경우 연구자의 연구 관련 분야 경험의 한계로 어려움을 겪을 수 있다. 주제와 관련된 사회복지현장의 이해, 연구방법에 대한 이해, 시간과 경비의 확보, 협력자 및 협력기관의 확보 등에서 어려움을 겪게 된다.

이러한 단점을 보완하기 위하여 문헌고찰 또는 전문가와의 면담을 시도하곤 한다.

연구주제가 확정되면 연구의 방향성을 설정하기 위하여 연구목적 또는 연구문제를 구체화한다. 질적연구에서는 연구문제를 연구가설로 발전시키지는 않는 것이 일반적이다(임병우, 2016).

2) 설계단계

설계단계에서는 무엇보다도 거시적 관점에서 일정계획, 연구방법 및 진행계획, 자료수집계획, 자료분석방법 설계가 구체화되어야 한다. 즉, 연구문제에 대하여 어떻게 답을 하여야 하는지에 대한 설계가 무엇보다 매우 중요하다. 미시적인 관점에서 설계단계에서 가장 중요한 것은 표본추출 설계, 연구현장선정, 대상자 선정이라고 할 수 있다. 첫째, 표본추출 설계이다. 표본추출 설계에서 양적연구의 경우 표본의 대표성 확보가 중요하나, 질적연구의 경우 주제와 관련하여 풍부한 정보를 제공할 수 있는 자료가 중요하다. 또한 양적연구와 다르게 질적연구에서 표본추출은 연구과정에서 지속적으로 이루어지게 된다.

둘째, 연구현장의 선정이다. 연구현장의 선정은 연구자의 관심과 연구의 실현가능성에 초점이 맞추어진다. 연구현장은 명확하게 지정하고 연구목적달성에 부합해야 한다.

셋째, 대상자 선정이다. 질적연구에서는 연구목적 달성을 고려한 편의표집이 보편적인 방법이다. 대상자 선정의 크기는 한 명에서부터 필요한 만큼으로 범위를 정하기가 쉽지 않다. 연구대상자 선정은 양적인 측면보다 질적인 측면이 고려된다(사회복지교육연구센터, 2019).

3) 자료수집 단계

자료수집은 연구주제와 관련된 단순한 주변의 자료를 수집하는 것이 아니라, 연구문제를 해결하기 위한 자료를 적절한 방법으로 적격한 자료를 수집하는 것이 중요하다. 설계단계에서 제시된 자료수집방법을 적용하기 위하여 자료수집을 위한 현장을 정확히 점검하고, 연구 참여자에게 접촉하여 참여 동의서를 받은 후에 자료수집을 진행한다.

질적연구에서 적용되는 자료수집방법은 참여, 관찰, 면접, 좌담, 문헌, 문건, 영상자료 등을 이용하여 기록, 메모, 녹음·녹취, 촬영 등으로 자료화한다.

첫째, 관찰을 통한 자료수집이다. 연구주제와 관련하여 경험이 많은 연구자에게 적격한 접근방법이다. 연구자는 선행경험을 멀리하고 현재 관찰하고 있는 사실에 집중하는 것이 중요하다.

둘째, 심층면접을 통한 자료수집이다. 심층면접은 면접 매뉴얼이 제공되어 체계적인 접근이 가능하다. 연구자는 연구의 목적 달성을 위하여 면접의 방향을 제시하고 흐름을 조절하게 된다.

셋째, 초점집단면접(FGI: focus group interview)을 통한 자료수집이다. FGI는 특정경험을 공유한 사람들을 모아 집단토의를 하게 하여 연구자료를 수집하는 연구방법으로, 토론자 간의 상호작용을 통해 사고가 활성화되고, 언어적 표현이 자극되며, 주제에 대한 풍부한 자료가 도출될 수 있다(김영순 외, 2018). FGI 집단의 크기는 4~15명까지로 유사한 배경을 가진 집단으로 구성하여 다양한 의견이 개진될 수 있도록 한다.

넷째, 기타 방법을 통한 자료수집이다. 기타 방법으로 회의록, 기고나 소개서, 인구조사 자료 등 기존의 이차 자료를 통하여 자료를 수집한다(사회복지교육연구센터, 2019).

4) 자료분석 단계

자료분석 단계는 질적연구에서 핵심적인 단계라고 할 수 있다. 자료분석은 수집된 자료를 체계화된 분석틀에 의하여 분석되고 분석결과에 의미를 부여하게 된다.

자료분석을 위한 기본작업으로 수집된 자료의 단어, 문장, 단락 등의 핵심용어를 정리하여 주요 개념을 이끌어 낸다. 도출된 주요 개념을 범주화하고 하위범주로 세분화하여 핵심주제를 만들어 낸다.

자료분석 과정은 관련 전문가의 도움과 추가적인 자료수집 및 확인 과정을 포함한다. 구체적인 자료분석 요령은 첫째, 원자료의 초벌 읽기를 통하여 전체적인 흐름을 파악한다. 둘째, 가로읽기와 세로읽기를 시도한다. 가로읽기는 자료의 내용을 시간의 흐름에 따라 읽어 내려가는 것이고, 세로읽기는 일정 시점별로 구체적인 내용을 파악하는 것이다. 셋째, 겹갈이를 시도한다. 읽기를 한 번에 끝내는 것이 아니고 반복하여 읽으며 분석의 깊이를 더한다. 넷째, 솎음질을 한다. 원자료에서 특정자료를 골라내고, 그것을 설명하는 주요 개념을 골라내는 작업이다. 다섯째, 분리 및 채질을 한다. 분리는 원자료를 몇 개로 나누어 각각의 개념을 도출하는 것이고, 채질은 분석내용의 완성도를 높이기 위하여 자료를 전제하는 작업이다.

자료분석이 마무리되면 해석과정으로 들어간다. 해석은 분석된 결과를 재창조하는 작업으로 상세하게 진술한다. 해석은 이해와 관련하여 두 가지로 설명이 가능하다. 하나는 텍스트의 이해로 연구하고자 하는 현상 또는 사건에 무엇이 포함되어 있는가에 대한 문제이고, 다른 하나는 실존적인 의미에 있어서 이해 자체란 무엇인가 하는 문제이다(양해림, 2007).

5) 보고서 작성 단계

보고서 작성은 연구자료의 분석 및 해석 내용을 정리하는 작업이다. 설계단계에서 제시된 보고서 양식에 맞추어 정리한다. 일반적인 양식은 서론(문제제기 또는 연구의 필요성), 연구방법, 문헌고찰, 연구결과, 결론, 함의 및 제언 순으로 정리한다.

03 질적연구의 종류

질적연구의 종류는 흔히 사회복지조사론에서 제시되고 있는 관찰, 내용분석, 사례연구 등이 있고 사회복지조사론에서 흔하게 제시되지 않고 독립적으로 질적연구의 범위를 형성하는 종류는 근거이론, 민속지학, 현상학, 내러티브, 전기, 담론 등 다양하다. 본서의 질적연구에서는 후자를 중심으로 주요한 방법만 정리하고 전자 중 관찰과 내용분석은 본서의 Chapter 11 에서 정리한다.

1) 근거이론

(1) 개요

근거이론(Grounded theory)은 1960년대 말 사회학자인 글레이저와 스트라우스(Glaser & Strauss, 1967)에 의하여 구체화되었다. 근거이론의 목적은 어떠한 현상, 사건 등을 분석 및 해석하여 새로운 이론을 구축하는 것이다. 즉, 근거이론은 기존이론이 형성되지 않았거나 확고한 기반을 갖추지 못한 현장의 현실적인 자료를 수집하며, 귀납적인 접근을 통하여 이론을 구축한다(김기원, 2001). 근거이론의 철학적 기반은 상징적 상호작용(론)주의라고 할 수 있다. 근거이론의 특징은 첫째, 개념구성이라고 할 수 있다. 개념은 현상을 설명하는 기본적인 요소로 정리 작업을 통하여 분석이 가능하다. 둘째, 실제 이론개발이 특징이다. 근거이론은 분석적 도구로써 새로운 지식을 창출한다(조흥식 외, 2005).

(2) 근거이론 연구방법

주제의 탐색과정에서 귀납적 접근이기 때문에 문헌고찰을 통한 기존의 연구결과를 배제한다. 그러나 문헌자료는 이차 출처로써 질문형성과 조사결과를 확인시켜 주고 부족한 부분을 밝히는 데 사용할 수 있다.

근거이론의 주목적은 이론을 개발하는 것이기 때문에 현상을 깊이 탐색하기 위해 필요한 유연성과 자유를 제공할 수 있는 방식으로 질문을 구성해야 한다. 가장 좋은 자료를 수집하기 위하여 참여자의 반응을 유발하고 참여자의 경험에 초점을 둔 답을 유도할 수 있는 질문이어야 한다(홍현미라 외, 2008).

근거이론에서 수집된 자료의 분석을 통하여 개념화가 가능해야 한다는 것이다. 자료는 동질성이 검증된 20~30명 정도의 참여자를 통하여 수집하게 된다.

분석과정을 체계적으로 유지하기 위하여 일정한 코딩과정, 즉 개방코딩, 축코딩, 선택코딩을 하게 된다.

첫째, 개방코딩을 한다. 속성과 차원에 따라 현상을 발견하고 이름을 붙이고 범주화하는 코딩이다. 연구자는 각각의 범주에서 몇 가지 속성을 분류하여 하위범주를 찾아낸다.

둘째, 축코딩을 한다. 개방코딩 이후에 관계적 혹은 변화적 표집, 속성과 차원의 발전, 하위범주와의 연결을 살펴보기 위함이다. 즉, 논리적인 다이어그램을 통하여 중심현상, 인과관계, 맥락, 중제조건, 결과를 묘사하고 제시한다.

셋째, 선택코딩을 한다. 각 범주가 포화될 때까지 자료를 수집한다. 그리고 이야기 줄거리를 확인하고 축코딩 범주를 통합하는 이야기를 서술한다.

넷째, 마지막으로 중심현상에 미치는 요인들로 구성된 조건 매트릭스를 개발하고 도식화한다(김태성 외, 2005).

자료분석을 통해 나온 연구결과의 실체분야에서의 적용성, 가능성을 확보하는 과정을 거쳐 이론적 모델을 제시하게 된다.

2) 현상학적 연구

(1) 개요

현상학적 연구는 어떠한 하나의 경험이 그 경험을 한 사람에게 주는 의미가 무엇인가의 탐구를 목적으로 한다. 현상학적 접근은 개인의 진술로부터 경험구조의 본질을 발견할 수 있다고 가정한다. 즉, 인간의 경험은 외부의 사람이 관찰할 수 없는 고유한 구조적인 속성을 가지고 있다고 본다. 현상학적 접근의 핵심개념은 괄호치기와 판단중지로 연구자의 선입견을 배제하기 위한 노력들이다(김태성 외, 2005).

(2) 현상학적 연구방법

현상학적 접근(phenomenogical approach)을 위한 연구주제 선정과 관련하여 연구자는 '왜 이러한 주제를 현상학적으로 접근해야 하는가?'에 대한 고민이 첫 번째이다. 자료를 수집하는 데 있어 초점은 연구 참여자를 선정하는 데 있다.

현상학적 접근은 통찰과 발견에 있으므로 연구자가 연구하려는 내용과 관련하여 깊이 있고 풍부한 정보를 제공할 수 있는 사례들을 목적에 따라 선정하는 유의적 표집방법을 활용하게 된다(홍현미라 외, 2008).

사례수는 본질적 구조를 직관하는 결정적 요소가 아닌 셈이며, 차라리 자유변환과 지향적 분석의 다양함과 질에 따라 직관하는 본질이 결정된다고 볼 수 있다. 현상학적 연구자가 자신이 경험하지 않은 현상에 대해 알아볼 때는 전적으로 경험하고 있는 사람의 기술에 의존해야 한다. 그 기술 중 어느 연구에 중요하고 어느 것이 중요하지 않은지를 미리 판단할 수 없기 때문이다(김태성 외, 2005).

현상학적 연구에서는 면접자료 이외에도 기록 자료를 많이 활용한다. 메를로-퐁티(Merleau-Ponty)나 밴 매넌(Van Manen)의 경우에는 기록 자료의 범위를 문학작품, 그림, 영화에까지 넓혀 활용하고 있다(홍현미라 외, 2008).

따라서 현상학적 분석의 관건은 드러난 그대로의 현상을 매개하는 언어나 텍스트 자료를 가지고 경험의 의미를 보존한 채 건져 낼 수 있느냐의 여부일 것이다. 이를 위해서 현상학적 연구에서는 연구자가 속한 학문분야의 해석 안에서 분석과 숙달의 단계를 충실하게 지켜 나갈 것을 엄격하게 요구하고 있다.

현상학적 연구에서의 자료분석은 참여자의 구술에서 의미 있는 내용을 추출하고 이를 연구자의 언어로 종합하여 핵심명제를 도출한 후, 그 구조를 확인하고 서술적으로 표현한 뒤, 구조적으로 통합하면서 발견적 해석과정을 거쳐 자료를 분석하는 것이다(조흥식 외, 2005).

질적연구의 정당성을 언급할 때 전통적 기준의 신뢰성보다는 타당성이 더욱 중요시된다. 타당성은 연구자가 자신이 보았다고 생각하는 그것을 보았느냐 여부에 대한 질문이라고 요약할 수 있다. 현상학적 연구에서 그 연구의 타당성을 판단하는 최종적인 기준은 그 현상의 본질에 대한 통찰의 명증성이다.

연구자 자신이 경험하는 현상이 아닌 타자가 경험하는 현상의 본질에 대한 현상학적 연구에서는 연구의 정당성 확보를 위한 기준들이 필요하다. 내적타당도, 외적타당도, 신뢰도, 신빙성, 전사성, 신뢰성, 확증성을 기준으로 연구의 확실성을 확보해야 한다(홍현미라 외, 2008).

3) 민속지학 연구

(1) 개요

민속지학(Ethnography)은 특정 문화를 공유하는 집단의 생활방식, 관습, 규범체계 등을 연구 기술하는 방법으로 1920년대 시카고 대학의 교수들이 문화인류학의 연구에 적용 하면서 시작되었다. 민속지학은 인공물, 물리적 흔적, 이야기, 신화, 문화적 주제연구 등을 대상으로 한다(조흥식 외, 2005). 민속학지 접근은 몇 가지 세부적인 유형이 있다. 첫째, 자기 발견적 중심 탐구이다. 연구하고자 하는 현상을 실제로 경험하고 자신의 생각과 감정을 연구하기 위하여 자기성찰을 하는 접근이다. 둘째, 해석학적 중심 접근이다. 해석의 과정에서 연구자는 복잡하고 구체적인 내용으로부터 일정한 구조를 찾고자 노력하는 접근이다. 셋째, 이해 중심적 접근이다. 연구자는 연구하고자 하는 대상이 그들에게 특별한 의미를 이해하고자 시도하는 접근이다(김기원, 2001).

(2) 민속지학 연구방법

민속지학의 연구방법은 연구현장을 강조한다. 민속지학 연구를 추구하는 연구자는 어느 특정 집단의 생활 현장에 들어가 상당기간 생활하면서 자료를 수집한다. 즉, 참여를 통한 관찰과 기록으로 자료를 수집하며 부수적으로 기타 자료를 수집한다. 연구 집단에 들어가기 전에 연구자를 소개하고 안내해 줄 사람이 필요하다. 자연스럽게 연구 집단에 동화되어 생활하는 것이 무엇보다 중요하다(김기원, 2001).

연구자는 구성원의 상호작용 과정에서 일어나는 사건, 현상을 폭넓게 관찰한다. 생활하면서 연구문제를 정립하고 구체화한다. 따라서 가능한 모든 자료를 활용한다. 예를 들어, 지도 작성, 친족 계보표, 인터뷰, 참여관찰자료, 생애사, 문화사, 민간전승, 공식적 기구, 커뮤니티 연구 등이 포함된다(홍현미라 외, 2008).

연구자는 다양하게 수집된 자료의 유형화된 규칙을 찾기 위하여 자료를 분석하고 결과를 해석한다. 기술은 개인, 집단, 조직 전체의 행동을 기술할 수 있으며, 그림, 사진 등을 첨부할 수 있다(김태성 외, 2005).

구체적인 자료분석방법은 생각, 삼각화, 패턴, 주요사건, 흐름도, 조직도, 매트릭스, 내용통계, 정교화 등이 활용된다(신경림 외, 2004).

4) 사례연구

(1) 개요

사례연구(case study research)는 하나의 사건, 현상 혹은 사회적 단위에 대한 집중적이고 전체적인 설명과 분석을 하는 연구방법이다. 사회복지 분야에서 임상적인 개입효과를 평가하는 수단으로 흔히 활용되어 왔다. 일반적인 사례연구에 대한 개념적 정의는 학자들마다 관점에 따라 상이한 차이를 보이고 있지만 "개별적인 사례에 관한 정보의 제공과 체계적인 조작방법"이라는 데는 동의한다. 여기에서 사례란 규모에 따라 개인에서부터 집단, 조직, 사회, 국가일 수도 있고 추상성에 따라 사건, 사업계획, 정책, 과정까지 다양하다고 할 수 있다.

여러 학자들의 개념적 정의들을 정리하면 첫째, 사례연구는 하나의 개별 또는 집단 사례를 심층, 다차원적, 종합적으로 발견하기 위한 접근방법이다. 둘째, 어떠한 상황적 맥락의 관계를 발견하고 조직화하는 연구방법이다.

사례연구는 일반적이고 보편적인 원리보다는 특정 사례에 대한 구체적인 사실을 규명하고 여러 각도에서 철저하게 분석하는 데 목적이 있다. 인과관계의 검증보다는 있는 그대로의 사실을 묘사하는 기술에 목적이 있다. 즉, 사례연구는 탐색이나 기술의 기초적인 연구목적으로 이용되기 때문에 일반적으로 연구주제에 관한 기초지식이 부족한 경우에 사용한다.

(2) 사례연구의 연구방법

사례연구에서 초점을 두고 있는 것은 통계적 일반화(외적 타당도 확보)에 있는 것이 아니라 분석적 일반화이다. 이를 위해 관찰, 면접, 기존 문서 검토 등 다양한 방법을 통해 자료를 수집하고, 집중적인 개입을 통해 사례를 심층적이고 총체적으로 파악하고자 한다.

사례연구의 특징은 여러 측면에서 찾아볼 수 있으나, 연구 방법적 측면에서 제시하면 다음과 같다(이지훈, 2000).

첫째, 사례연구는 주로 질적 접근을 시도한다. 사례연구의 대상은 개인, 가족, 집단, 조직 등이 하나의 사례가 된다. 또한 사례 수가 적은 사례연구의 경우 질적 접근을 시도하나, 사례 수가 많은 경우 양적접근을 시도하는 경우도 있다.

둘째, 사례연구대상에 대한 심층적, 다면적인 연구방법이 적용된다. 일반적으로 소수의 사례를 대상으로 심층적이고 종합적인 접근을 통하여 타당도와 신뢰도가 높은 결과를 도출하려 한다. 따라서 사례연구는 관찰, 면접, 관련 문서 등 각종 자료를 수집하여 분석하게 된다.

셋째, 분석 대상이 되는 사례 수를 소수로 한정한다. 다수의 사례인 경우 심층연구가 쉽지 않으며 이루어진다고 하더라도 많은 시간이 소요되게 된다.

5) 내러티브 연구

(1) 개요

내러티브(narrative)는 일련의 사건이 가지는 서사성을 말한다. 내러티브는 짧은 일화(story)가 아니라 언어로 기술이 불가능한 모든 종류의 서사성 전부를 포함하는 이야기의 개념으로 이해된다. 내러티브연구는 내러티브를 중심으로 한 질적 연구이다. 내러티브란 연대기적으로 연결된 하나의 사건, 행동 혹은 일련의 사건과 행동에 관한 이야기들을 제공하는 음성, 혹은 문자 텍스트이다. 내러티브 연구는 연구대상 및 자료, 절차 및 방법 등 다양한 측면에서 내러티브가 중심을 이루고 있기 때문에 내러티브 연구라 정의된다(초의수, 2019)

(2) 내러티브 연구의 방법

내러티브 방법은 해석의 범위가 넓기 때문에 쉽지 않은 연구방법이다. 달리 말해, 내러티브 방식은 개인이 문서로 작성한 단어, 말한 단어 또는 시각적인 표현에 의존한다. 내러티브 방식은 어떤 사람의 생애 스토리와 그 사람이 경험한 것의 의미를 찾는 방식이다. 연구절차는 우선 한두 사람에 초점을 맞추어 그들의 이야기를 수집함으로써 자료를 모으고, 개별적인 경험들을 보고하고 연대기적으로 나열하거나 생애주기 단계를 사용하는 것으로 구성한다.

연구자는 내러티브 분석을 사용하여 연구 참여자가 자신의 개인적 경험에서 나오는 스토리와 내러티브를 어떻게 구성하고 있는지 이해하여야 한다. 이 말은 내러티브 분석에서 해석을 하는 데 있어서 2중의 단계를 거친다는 의미이다. 먼저, 연구 참여자가 내러티브를 통하여 자신의 삶을 해석한다. 그런 다음에는 연구자가 그 내러티브가 구성하는 개념을 해석한다.

내러티브분석과 연구는 사회과학연구의 한 파트이긴 하지만 언제나 유일한 증거가 되고 지지를 받는 것은 아니다. 모든 스토리가 문화적 맥락에서 해석되지만 이러한 경험이 객관적인지 의문이 제기된다. 연구 결과는 개인적인 내러티브 연구와 해석의 다양성으로 인하여 잘못된 해석을 낳을 수 있다. 따라서 이러한 내러티브 연구방법을 활용할 때 잘못된 해석을 피하기 위하여 조심스런 접근이 필요하다(Friese, 2022).

04 질적연구의 쟁점과 윤리

1) 질적연구의 쟁점

첫째, '질적연구는 과학적인가?'에 대한 쟁점이다. 질적연구에서 과학적인가는 연구가 얼마나 엄격하고 체계적으로 이루어졌는가에 대한 문제이다. 따라서 엄격한 기준에 의하여 체계적으로 귀납적 접근이 이루어졌다면 과학적이라고 할 수 있을 것이다.

둘째, "질적연구의 결과는 일반화가 가능한가?"에 대한 쟁점이다. 질적연구는 연구결과를 일반적으로 적용하는 것보다는 연구결과가 다른 상황에 어느 정도 얼마나 일반화될 수 있는지에 관심이 있다.

셋째, "질적연구에서 연구자는 주관성을 배제할 수 있는가?"에 대한 쟁점이다. 질적연구는 간단하게 주관적인 것을 객관적으로 연구하는 것이라고 할 수 있다. 연구자의 주관성이 개입되는 경우가 종종 발생하며, 이것은 세세한 관찰과 기록을 통하여 어느 정도 제거가 가능하다.

넷째, "질적연구는 신뢰도를 확보할 수 있는가?"에 대한 쟁점이다. 신뢰도는 동일한 연구를 다른 연구자가 수행했을 때 동일한 결과를 도출할 수 있는가에 대한 문제이다. 그러나 양적연구와는 다르게 질적연구에서는 신뢰도를 연구결과의 일관성이 아니라, 연구자가 연구한 결과와 실제 내용과의 일치성을 강조한다. 즉, 자료의 정확성과 포괄성에 초점이 맞추어진다(이창희 외, 2007).

다섯째, 윤리적인 문제와 관련된 쟁점이다. 질적연구 뿐만 아니라 양적연구에서도 윤리적인 문제가 발생한다. 질적연구의 특성상 연구자와 연구대상자의 상호작용과정에서 자료가 수집되는 경우가 대부분이기 때문에 특히 강조된다. 윤리적인 문제는 연구설계에서 연구결과의 발표까지 광범위하게 적용되므로 연구가 시작되기 전에 윤리지침에 대한 숙지가 매우 중요하다(최옥채, 2008).

2) 질적연구의 윤리

질적연구방법은 여러 가지이지만, 대체로 현장에서의 참여관찰, 면담 등을 통해 수집한 자료를 분석해 참여자의 삶을 이해하고 의미를 해석하게 된다. 질적연구에서 연구자는 연구참여자를 인격을 가진 존재로서, 연구의 동반자로서 존중하여야하는데, 연구대상에 대한 존엄성을 지켜주는 것이 '기관생명윤리'이며 질적연구는 '기관생명윤리'를 지켜야 한다.

질적연구가 '기관생명윤리'를 지켜야하는 이유와 방법은 첫째, 연구참여자의 일상을 관찰하는 것이 연구의 핵심도구이기에 연구자가 연구참여자의 일상생활을 방해하거나 개입할 여지가 있기 때문이다. 둘째, 질적연구의 자료는 연구참여자의 언어나 사진, 비디오 등이기 때문이다. 이러한 자료는 연구참여자에게 민감한 내용이 될 수 있기 때문에 연구참여자가 원하면 언제라도 제시하여 삭제, 수정이 가능하도록 하여야 한다. 셋째, 연구자는 연구참여자의 경험을 존중하고 연구참여자를 단순한 연구대상이 아닌 감정과 인격을 가진 존재로 인식하여야 한다. 넷째, 질적연구에서 연구자는 연구참여자와 라포형성을 하여야 한다. 연구자에겐 참여관찰을 하기 위해서는 연구참여자와 일정 수준의 감정공유가 요구되기 때문이다. 다섯째, 연구자는 자신의 연구목적을 위해 의도적으로 연구참여자의 진술을 유도하거나 가설의 입증과 반박을 위한 자료를 찾지 않아야 한다. 질적연구자들은 연구참여자의 비밀을 보장하고, 그들의 일상생활이 침해받지 않도록 구체적인 계획을 수립하여야 하며, 필요시 기관생명윤리위원회(IRB: Institutional Review Boards)의 심의를 통해 검증 받아야 한다(김영순 외, 2018).

11
CHAPTER

관찰, 내용분석

01 관찰

1) 관찰의 개념

관찰(observation)이란 사전적으로 사물이나 현상을 주의하여 자세히 살펴봄을 의미한다(Naver, 2019). 일상생활에서 사물이나 현상을 항상 주의 깊게 살펴보는 것은, 그 사물 또는 현상에 대하여 정확하게 판단하는 데 도움이 된다. 즉, 우리의 일상생활에서의 관찰은 경험적인 인지과정을 의미한다고 볼 수 있다.

관찰을 통한 과학적 조사연구는 사회과학에서 광범위하게 활용되는 방법 중의 하나이다. 그러나 과학적 연구방법으로써의 관찰은 일상생활에서의 관찰과 다르게 좀 더 체계적이며, 연구목적에 한정된 관찰이기에 범위의 한정성을 띤다고 할 수 있다(이해영, 1999).

과학적 연구방법으로써 경험적 관찰 측면에서는 광의로 자료수집의 일체를 의미한다. 그러나 질적연구방법 중의 하나로 관찰은 그 초점이 비언어적 의사소통 또는 행동으로 한정되어 있다. 물론 언어를 통한 관찰이 있을 수 있으나, 언어 외적인 상호작용이 주요 관심사가 된다. 언어 외적인 관찰의 범위는 시각, 청각, 후각, 촉각, 미각 등의 감각기관을 포함한다(김경동 · 이온죽, 1986). 즉, 관찰의 주요한 특성은 주어진 조사 환경 내에서 조사자의 오감을 통하여 직접적으로 이루어진다는 점이다. 따라서 관찰을 통한 자료수집은 피조사자의 내면에 대한 특성 파악보다는 겉으로 드러나는 현상적인 특성 파악에 적격하다는 특징이 있다.

관찰을 통한 자료수집방법은 양적접근을 위한 자료수집방법과는 다르게 응답자가 아닌 관찰자가 자료를 직접 산출하는 방법으로 질적 접근 중의 하나라고 할 수 있다.

이러한 질적 접근 중의 하나인 관찰은 연구의 대상과 목적에 따라 사회복지의 다양한 영역에서 활용되고 있다. 특히 사회복지학계와 실천현장에서 관찰을 통한 자료수집과 연구에 대한 관심이 날로 증가하고 있다.

그러나 관찰이 질적 접근이기는 하나 연구의 목적에 따라 관찰된 결과의 계량화를 시도하는 경우도 있으며, 연역법과 귀납법을 동시에 사용하기도 한다. 이와 같이 두 가지 방법이 동시에 적용되는 것은 어떤 행동 또는 현상에 대한 관찰은 처음부터 끝까지 완벽하게 이루어지는 것이 거의 불가능하므로 어느 시점을 결정(time-sampling schedule)하여 관찰이 이루어지기 때문이다. 또한 관찰이 가능한 모든 사건 또는 현상을 대상으로 하며 실험과 비실험조사 연구에서 모두 사용된다.

2) 관찰의 유형

관찰의 유형은 직접관찰과 간접관찰, 자연관찰과 인위관찰, 체계적 관찰과 비체계적 관찰, 공개적 관찰과 비공개적 관찰 등으로 다양하게 분류된다.

본서에서 관찰의 유형은 관찰자의 참여정도와 관찰정도의 환경과 구조화 정도 등에 의하여 분류된다. 관찰자의 참여 정도에 따라 참여관찰과 비참여관찰로 구분되고 관찰조건의 구조화 정도에 따라 구조적 관찰과 비구조적 관찰로 나누어진다.

(1) 참여관찰과 비참여관찰

참여관찰은 관찰자가 관찰대상자 속의 일원이 되는 내부로부터의 관찰이며, 비참여관찰은 관찰자가 제3자로서 관찰대상자의 활동에 관여하지 않고, 폐쇄회로나 일방향 거울(one-way mirror) 등을 사용하는 관찰기법을 의미한다.

① 참여관찰

참여관찰(participant observation)은 연구자가 관찰을 위하여 구성한 대상 집단의 내부에 들어가 구성원이 되어 직접 관찰하는 방법이다. 참여관찰은 공개정도에 따라 공개·비공개, 공식적인 정도에 따라 공식·비공식, 참여정도에 따라 적극적·소극적 관찰자로 분류하기도 한다.

참여관찰은 연구자가 연구주제에 대하여 심도 깊은 지식이 없을 뿐만 아니라, 선행연구물이 부족한 경우에 사용하는 탐색적 연구에 적합하다(임병우, 2016). 참여관찰은 관찰대상의 자연성과 유기적인 전체성을 유지하고 원활한 상호작용을 위하여 관찰대상자의 언어, 습관과 같은 것을 배우기도 한다. 왜냐하면 관찰을 위해 구성된 집단으로부터의 이질감 또는 경계심은 적절한 관찰을 방해하는 요인이 되기 때문이다.

관찰자는 신분을 밝힐 수 없으며 사회복지분야에서는 자연스럽게 관찰자가 사회복지사나 슈퍼바이저로 참여하고, 관찰대상자는 클라이언트로 참여하는 경우도 있다. 경우에 따라서는 관찰대상자와 같은 위치에서 관찰할 수도 있다(정영숙, 2006).

참여관찰의 주요한 장점으로는 자연스러운 상태에서 상호작용 과정 자체와 관련된 세세한 자료의 수집이 가능하다는 것이다. 또한 어떠한 특이한 행동의 동기뿐만 아니라 미묘한 감정적인 상태까지 직접관찰이 가능하다. 그러나 주요한 단점으로는 한정된 집단 내의 관찰을 통한 연구결과의 객관성 담보가 어렵다는 것이다(김경동·이온죽, 1986). 특히, 관찰을 위하여 참여하는 연구자가 어떠한 역할을 하느냐에 따라 관찰 영역 및 개입 정도가 결정되어 관찰에 제약을 받게 된다. 관찰 기간이 길어질 경우 연구자가 집단에 동화되어 관찰과정에서 객관성을 잃을 가능성이 있다(생각의 마을, 2019).

② 비참여관찰

비참여관찰(non–participant observation)은 관찰자가 관찰대상자의 활동에 직접 참여하거나 상호작용하지 않고 외부에서 관찰하는 것이다. 관찰의 목적 또는 관찰대상자·프로그램의 특성에 따라 관찰대상자에게 관찰사실을 알리는 경우와 알리지 않는 경우로 나누어진다. 때문에 비참여관찰은 참여관찰에 비하여 계획된 관찰과정에 따라 체계적인 관찰이 가능하며 표준화하기가 용이하다. 그러나 계획표에 의한 체계적인 관찰의 범위는 한정적일 수밖에 없다. 예를 들어, 장애전담어린이집에서 운영되는 재활 프로그램인 집단미술치료과정을 계획된 관찰계획표에 따라 관찰할 경우 유리창 또는 컴퓨터에 설치된 카메라 등을 활용하여 장애 어린이들의 상호작용 관찰이 가능하지만 그 범위가 교실 내의 범위에 한정된다(임병우, 2017).

비참여관찰의 주요 장점으로는 일정한 공간에서 관찰이 이루어지므로 특정 행동에 대하여 집중적인 관찰과 반복관찰이 가능하다. 또한 관찰을 조직적·체계적으로 할 수 있어 자료처리의 준거화가 용이하다. 반면에, 단점으로 관찰의 규모와 범위가 한정적이다(정영숙, 2006). 또한, 관찰대상자가 스스로 대상자임을 인지하여 관찰현상을 왜곡할 가능성이 있다. 따라서 관찰 관련 현상의 발생 동기와 원인 등을 왜곡할 가능성이 있다.

(2) 구조적 관찰과 비구조적 관찰

관찰자가 사전에 관찰해야 할 조건들을 미리 구성했느냐 하지 않았느냐에 따라 구조적 관찰과 비구조적 관찰로 구분된다. 관찰조건들이 미리 구성되었으면 구조적 관찰이고 미리 구성되지 않았으면 비구조적 관찰이라고 한다.

① 구조적 관찰

관찰대상자의 개인적 또는 환경적인 조건에 따라 관찰이 가능한 영역은 한정되어 있다. 예를 들어, 신체의 행동과 같은 비언어적(nonverbal)인 행동에 대한 관찰, 공간적인(spatial) 행동으로 자신을 둘러싼 공간에 대한 관찰, 이동성의 범주에 대한 관찰, 언어 외적(external linguistic) 행동으로 말의 횟수, 크기, 발음의 독특성에 대한 관찰, 언어적(linguistic) 행동의 관찰 등 다양한 관찰이 가능하다. 그러나 이러한 모든 것에 대한 관찰은 불가능하기 때문에 연구의 주제, 목적, 성격에 따라 구조화된 관찰, 즉 구조적 관찰을 시도한다. 풍부하고 다양한 선행연구들에 의한 구체적 가설 도출이 가능한 경우에는 구조화가 강한 도구를 이용한 관찰이 이루어진다. 구조적 관찰은 관찰대상을 구체적으로 정하고 관찰도구를 사용하여 관찰을 하게 된다. 구조적 관찰은 주로 인과관계 설명을 위한 기술 또는 설명 목적으로 사용하게 된다(임병우, 2016).

② 비구조적 관찰

비구조적 관찰의 관찰기준은 사전에 마련하지 않고 결과의 표준화를 시도하지 않는다. 비구조적 관찰은 인과관계의 파악보다는 탐색목적으로 사용된다. 구조적 관찰에서는 조사표 또는 테스트 시트가 사용되어 언제, 누가 관찰하더라도 비교적 동질적인 과정을 통한 관찰이 가능하나, 비구조적 관찰에서는 이러한 점이 불가능하다. 이는 인간의 행위 또는 상호작용에서 발생하는 복잡한 요인을 인위적으로 단순화시켜 한정된 여러 요인 간의 엄밀한 인과적·법칙적 사태를 분명히 할 수 없다는 단점이 있다.

현실적으로 구조적 관찰과 비구조적 관찰을 명확하게 구분하기는 쉽지 않다. 비록 구조적 관찰을 시도한다고 할지라도 예측하지 않았던 관찰대상자의 행동을 관찰자는 기록할 수밖에 없고, 또한 연구의 목적을 달성하기 위하여 활용해야 한다(김영종, 2007).

(3) 기타 관찰법

기타 관찰법으로 자연적 관찰과 실험적 관찰을 들 수 있다. 실험적 관찰은 연구목적을 수행하기 위하여 실험집단을 대상으로 인위적·조작적인 상황을 연출시키고 관찰하는 방법이다. 즉, 사전에 기획된 절차에 따라 관찰 조건인 방법, 시기, 시간을 표준화하여 실행하는 기법이다. 자연적 관찰은 관찰하는 상황이 연구자의 의도가 개입되지 않은 실제 상황에서 관찰하는 기법이다(생각의 마을, 2019).

3) 관찰의 타당도와 신뢰도 문제

관찰은 면접이나 설문 등과 같은 간접적인 자료수집보다 직접적인 자료수집인 관계로 획득된 자료의 타당도와 신뢰도가 높을 것이라는 것이 일반적인 생각이다. 그러나 관찰과정에서 흔하게 발생하는 타당도와 신뢰도 저해요인은 관찰자의 인지와 인식과정의 오류에 의하여 발생한다. 여기서 인지과정은 신뢰도에, 인식과정은 타당도에 영향을 주게 된다(원석조, 2017).

관찰의 타당도는 관찰결과와 관찰하고자 한 것의 차이에서 발생한다. 관찰의 신뢰성은 관찰대상자를 여러 번 관찰했을 때 동일한 결과를 얻을 수 있는 정도를 말한다. 이러한 관찰에서의 신뢰도와 타당도에 영향을 주는 여러 요인들을 알아보면 다음과 같다(임병우, 2016).

(1) 관찰의 타당도에 영향을 주는 요인

첫째, 관찰자의 편견이 개입되어 관찰과 기록이 이루어질 개연성이 크다. 관찰과정에서 연구자가 과거의 경험 또는 기대하는 요인들을 중심으로 관찰을 하게 되는 선별적 관찰의 오류를 야기하게 된다.

둘째, 외생변수 개입으로 타당도를 저해하게 된다. 관찰과정에서 갑작스럽게 발생하는 외생변수에 대하여 관찰자의 통제가 불가능하다.

셋째, 관찰대상자의 반발·반작용은 타당도에 영향을 줄 수 있다. 관찰대상자의 반작용 자극에 의하여 본래 설정한 관찰요인들에 영향을 주게 된다.

넷째, 관찰자의 긴장, 피로, 놀라움, 충격 등과 같은 컨디션에 의하여 타당도는 영향을 받게 된다. 이러한 관찰자의 컨디션은 관찰과정에서 집중력이 떨어져 정확한 관찰을 어렵게 할 수 있다.

다섯째, 관찰을 위한 관찰자의 지각기관은 한계가 있다. 인간은 지각기관을 통하여 한 번에 여러 가지의 관찰이 불가능하다. 그러나 관찰대상자의 상호과정에서 대상자들은 동시에 여러 개의 감각기관을 활용하게 된다.

여섯째, 관찰범위의 불명확화에 의한 관찰의 오류와 기록과정에서의 오류가 타당도에 영향을 주게 된다.

관찰의 타당도를 높이기 위하여 첫째, 관찰 기간을 짧게 하여 관찰자의 상상이 개입되지 않도록 하고 관찰과 기록 간의 시간적인 간격을 줄인다. 둘째, 관찰하고자 하는 현상과 관련된 이론적 개념을 명확히 정의하고, 개념 간의 관계에서 상호배타성을 명확히 하여 일정의 규칙이 드러나게 한다(원석조, 2017).

(2) 관찰의 신뢰도에 영향을 주는 요인

관찰의 신뢰도에 영향을 주는 주요 요인은 연구자의 지각과정에서 발생하는 문제로 첫째, 관찰대상과 간접접촉을 하거나 관찰대상이 추상적이면 관찰결과가 왜곡되어 신뢰도에 영향을 주게 된다. 즉, 관찰하고자 하는 행동, 현상의 접근이 직접적으로 이루어지지 않을 경우 재해석 과정에서 신뢰도를 떨어뜨릴 수 있다. 현상이 추상적일 경우 구체화하여 기술하는 과정에서 여러 번 동일하게 기술하기는 쉽지 않다.

둘째, 관찰과정에서 동일한 현상에 대하여 관찰자는 그의 과거 경험에 따라 다른 느낌을 받게 되거나, 각기 다른 자극에 반응하는 정도가 다르다.

셋째, 관찰의 범위가 넓을수록, 관찰대상이 혼합될수록 관찰의 추리가 많이 작용하여 신뢰도를 낮추게 된다. 또한 관찰자의 정신적·신체적 조건, 전문성, 가치판단의 중립성 등이 신뢰도에 많은 영향을 주게 된다(정영숙, 2006).

신뢰도를 높이기 위한 방안으로 첫째, 관찰 단위를 가능한 한 세부적으로 설계하여 관찰한다. 둘째, 관찰자의 오감에 의지하지 말고 가능하면 카메라, 녹음기와 같은 객관적인 도구를 활용한다. 셋째, 관찰에 혼란을 초래하는 외생변수에 대한 통제를 적절하게 시도한다(임병우, 2016).

4) 관찰의 장 · 단점

(1) 장점

관찰의 일반적인 장점으로 연구자가 직접 관찰하여 자료를 수집하기 때문에 연구목적에 맞는 정확한 자료를 수집할 수 있다. 좀 더 구체적인 관찰을 통한 연구는 다음과 같다.

첫째, 즉각적인 관찰 및 기록을 통한 자료수집이 가능하다. 관찰은 상황을 즉시 포착하여 실시간의 기록을 통하여 자료를 수집하기 때문에 기억과정에서 발생하는 심각한 자료의 왜곡을 줄일 수 있다.

둘째, 자연스러운 환경에서 살아 있는 자료수집이다. 설문을 통한 자료수집은 인위적 상황 및 범위가 설정됨으로써 부자연스러움을 유발할 수 있고, 연구대상자의 의견 또는 기억에 의존하게 되어 정제된 자료를 얻을 수밖에 없다(김영종, 2007).

셋째, 비언어적 상황 또는 비밀스러운 행동에 대한 자료수집이 가능하다. 자기감정 또는 표현이 어려운 연구대상자일 경우에도 연구대상자로 할 수 있다. 연구대상자가 아동, 동물 등일 경우나 비협조적인 경우, 갱단 또는 AIDS 환자일 경우에도 자연스럽게 관찰이 가능하다.

넷째, 장기간 종적분석이 가능하다. 일정 시일 내에 완료해야 하는 표본조사 또는 실험조사와는 다르게 장기간 자료수집이 가능하여 종단분석이 가능하다.

다섯째, 귀납적 자료수집방법과 다양한 관찰기법을 통한 접근의 다양성 확보가 가능하다. 예비조사와 본 조사 모두에 활용이 가능하며 상황에 따른 폭넓은 자료수집과 반복으로 추가자료 수집이 가능하다. 뿐만 아니라 기술적 목적, 탐색목적, 보완을 위한 연구목적, 연구의 수정목적 등 다양한 연구목적에 적용이 가능하다(임병우, 2016).

(2) 단점

관찰을 통한 연구 수행의 단점은 다음과 같다.

첫째, 관찰대상자로서 참여가 쉽지 않다. 참여관찰의 경우 관찰자인 동시에 관찰대상자로서의 역할을 수행해야 하는데 쉽지 않다. 예를 들어, 폭력조직원 또는 매춘여성들의 상호작용에 대한 관찰을 시도할 경우 참여관찰자는 이들 환경에 적응하기가 쉽지 않을 것이다(김영종, 2007).

둘째, 관찰의 대상이 제한되어 있다. 정부 또는 기업과 같이 자료의 보완이 요구되는 집단이나 아주 민감한 주제와 관련된 관찰대상자의 관찰허락은 쉽지 않다. 예를 들어, 부부간의 관계와 관련된 주제에 대한 연구를 시도할 경우 관찰을 통한 자료수집은 한계가 있을 수밖에 없다(정영숙, 2006).

셋째, 변수의 통제와 내면적 의식파악이 어렵다. 자료수집과정에서 발생하는 외생변수의 통제가 어렵고 현상학적 접근의 특성을 가진 관찰은 내면의 의식에 대한 접근에 한계가 있다.

넷째, 관찰자는 관찰대상자를 장기간 관찰함으로써 관찰대상자에 익숙해지게 되어 객관성을 잃을 가능성이 있으며, 관찰대상자에 감정적으로 동화되어 가치의 중립을 유지하기 어려운 경우가 발생한다. 특히, 관찰대상자가 자신이 관찰대상이라는 점을 과도하게 인식하여 반응할 경우 왜곡된 행동이 나타날 가능성이 크다.

다섯째, 기타 관찰과 기록과정에서 관찰자의 주관이 개입될 여지가 많으며, 표본크기가 제한되어 수량의 확대를 통한 객관성의 확보에 어려움이 있을 수 있다. 이러한 한계를 극복하기 위하여 대규모 자료를 수집한다고 하더라도 처리과정에 상당한 시간이 요구된다. 이렇게 되면 시간적 뿐만 아니라 경제적으로 많은 부담을 가지게 된다(박희서 · 김구, 2006).

02 내용분석

1) 내용분석의 개념

내용분석(content analysis)은 문헌연구방법의 대표적인 방법 중의 하나이다. 내용분석을 통한 연구방법은 1920년대 미국에서 초기에 신문기사를 분야별로 분류하면서 시작되어 커뮤니케이션 분야에서 활용되었으나, 현재에는 인문학 뿐만 아니라 사회과학 분야에서 광범위하게 활용되고 있다. 그러나 활용되는 분야 또는 사용하는 학자마다 내용분석에 대한 개념적 정의는 조금씩 다르다.

스톤(Stone)은 내용분석이란 “주어진 메시지 또는 문헌에 나타난 준거, 태도, 주체 등을 알아내는 절차”라고 하였고, 카트라이트(Cartwright)는 “코딩이라는 말과 동의어로서 인간의 어떠한 기호적 행동을 객관적, 수량적으로 기술하는 것"이라고 보았다. 이와 유사하게 버넬슨(Berelson)은 "의사전달의 명백한 내용을 객관적, 체계적, 내용적으로 기술하는 것"이라고 하였다. 크리펜도르프(Krippen- dorft)는 믿을 만하고 확실한 추론을 할 수 있게 하는 연구기술이라고 보았다.

위의 학자들의 공통된 주장을 정리하면 내용분석이란 인간의 의사소통의 수단인 기호, 문자, 메시지 등의 요소들을 체계적으로 분류 및 수량화 할 뿐만 아니라, 원인과 결과를 체계적으로 추론하고 기술하는 것이라고 할 수 있다.

이러한 내용분석은 조사대상에게 직접적인 접근이 어려운 경우, 조사대상이 방대할 경우, 실증연구의 보충자료가 필요한 경우에 활용되며 연구주제의 범위 안에서 수집된 자료의 내용을 분류, 추론, 기술하는 것이라고 할 수 있다.

2) 내용분석의 목적

내용분석의 목적은 일정한 연구문제·가설을 경험적으로 검증하기 위한 것으로 구어적, 비계량적 자료를 계량적 자료로 변환시키는 데 수단적인 목적이 있다고 할 수 있다. 내용분석을 통하여 파악하고자 하는 내용이 누가, 무엇을, 누구에게, 어떻게, 그 효과는 무엇인가라면, 내용의 특성, 원인·동기, 효과·결과가 내용적 목적이라고 할 수 있다. 좀 더 구체적으로 내용목적을 진술하면 아래와 같다(박희서·김구, 2006).

첫째, 의사전달의 특성파악을 목적으로 한다. 둘 이상의 자료가 포함하고 있는 특성·내용의 비교, 동일한 출처이지만 환경이 다른 상황에서의 차이점 비교, 유사한 내용에 대한 시계열상 자료 간의 특성 비교 또는 두 가지 이상의 변수들의 관계 분석을 목적으로 한다.

둘째, 의사전달자의 원인, 의도, 선행조건 등의 추리를 목적으로 한다. 이것은 의사전달 내용에 나타나 있는 의미를 그대로 받아들여야 하는 의문에 대한 해답을 찾기 위함이다.

셋째, 의사전달 내용의 효과에 대한 추리의 목적이다. 문헌을 통하여 전달하고자 하는 내용으로 "피전달자에게 얼마나 영향을 주었는가?"를 파악하기 위한 목적이다(임병우, 2016).

3) 내용분석의 특징

내용분석의 특징은 다양하게 분류가 가능하나, 본서에서는 내용분석 대상 측면의 특징, 범주 측면의 특징, 분석카테고리 측면의 특징으로 기술한다.

(1) 내용분석 대상 측면의 특징

내용분석 대상 측면의 특성을 정리하면 아래와 같다. 첫째, 내용분석은 다양한 수단에 의한 의사전달 내용을 분석 대상으로 한다. 다양한 수단은 출판물, 대중매체, 각종 메시지, 노래, 그림 등 언어적 기호 뿐만 아니라 상징적 조형물도 포함된다. 분석 대상은 인간의 상징적 행동 관련 내용, 언어적 의사소통 관련 내용, 기록된 언어의 전문내용, 문서형태의 증거내용이 있다.

둘째, 메시지의 현재 내용 뿐만 아니라 잠재적 내용도 분석 대상이 된다. 즉, 의사전달의 일반적·외재적 내용에서부터 내부에 잠재해 있는 본문의 흐름, 암묵적 내용, 의사소통의 선행조건까지 포함된다.

셋째, 분석대상의 특징으로는 기존의 자료 뿐만 아니라 가치, 심리, 성향 등의 예측내용까지 분석대상으로 한다.

(2) 범주 측면의 특징

내용분석의 범주 측면의 특징은 첫째, 상호배타적이고 포괄적이어야 하며, 일정한 개념적 틀에 의하여 원자료를 표준화하고 양적인 형태로 전환시켜 코딩을 하게 된다. 질적자료를 수적인 자료로 환산에 어떤 기준 적용의 결정이 우선이며, 계량화의 체계는 유무, 빈도, 공간차지, 강도 등을 고려한다(임병우, 2016).

둘째, 조사주제 내용 또는 조사주제 내용의 변천 등이 대상이다. 즉, 조사주제와 관련된 현상의 결과 뿐만 아니라 과정까지 분석의 범주로 설정할 수 있다.

셋째, 조사분석자료가 문헌인데 범위가 너무 방대하거나 조사분석자료의 원천에 대한 접근이 어려운 경우가 된다.

넷째, 조사분석자료가 언어, 기호, 문체가 대상인데, 실증적 자료에 대한 보완적 연구가 필요한 범위 내에서 접근하곤 한다(원석조, 2017).

4) 내용분석의 유형

(1) 빈도분석과 강도분석

빈도분석은 조사대상 자료에 출현하는 조사주제어와 관련된 단어, 용어, 변인들의 빈도를 산출하여 계산 및 분석하는 방법이다. 예를 들어, 정책결정과정에서 이해 당사자들의 주장하는 글과 언어 등의 출현 빈도를 분석하는 방법이다.

강도분석은 조사주제어와 관련된 단어, 용어, 변인의 속성 등의 강도를 파악하는 방법이다. 예를 들어, 정책결정 과정에서 이해 당사자들이 주장하는 글과 언어 등의 강도를 파악하는 방법이다(생각의 마을, 2019).

(2) 상황분석과 원자분석

상황분석은 조사주제 분석단위만을 분석할 뿐만 아니라 조사주제와 유사한 단위를 동시에 분석하는 방법이다. 즉, 조사주제와 연관된 부수적인 상징적 단위를 분석함으로써 좀 더 확실한 추론을 시도하기 위함이다. 예를 들어, 진보주의 정책-서비스의 공공화, 자유주의 정책-서비스 시장화 등이 연관 분석단위라고 할 수 있다.

원자분석은 조사주제와 관련된 글과 언어 등의 상징과 맥락 간에 존재하는 연관성의 밀도를 분석하는 방법이다. 예를 들어, 원자분석은 어의차 척도에 따라 태도의 긴밀도 측정이 가능하다(사회복지교육연구센터, 2019).

5) 내용분석의 장 · 단점

내용분석의 장·단점은 문헌분석의 장·단점과 유사하나 구체적인 내용은 다음과 같다.

(1) 장점

첫째, 적은 비용으로 단기간에 연구를 수행할 수 있는 경제성이다. 설문조사의 경우 조사원과 조사과정에서 투입되는 경비가 많이 들 수밖에 없지만, 내용분석은 일련의 연구과정이 도서관 또는 인터넷상에서 문헌내용을 수집하고 분석하는 것이기 때문에 시간과 경비의 부담이 상대적으로 적다. 그러나 경우에 따라 방대한 자료의 내용을 분석해야 할 경우 시간과 경비가 상대적으로 더 많이 소요될 수도 있다(박희서 · 김구, 2006).

둘째, 안전도를 담보할 수 있다. 표본조사의 경우 조사과정에서의 실수로 유의도가 나오지 않을 경우 자료를 다시 수집하여야 하지만, 내용분석의 경우 주로 기존 문헌의 재점검으로 수정과 보완이 가능하다.

셋째, 설문조사를 활용한 종단연구의 경우 조사대상자의 탈락 등과 같은 타당도 저해 요인의 개입 우려가 있지만, 내용분석은 장기간 발생했던 현상 또는 사건에 대해 종단적일지라도 타당도 저해 요인의 개입이 불가하다. 또한 설문조사와는 다르게 조사자와 피조사자 간에 유발되는 반작용에 의한 오류가 발생하지 않는다(강영걸 외, 2004).

(2) 단점

첫째, 기록된 의사전달만을 다룰 수 있다. 내용분석은 타인에 의하여 기록된 자료에 의존할 수밖에 없다. 내용분석은 기록물에 의존하기 때문에 기록물에 포함되지 않은 내용 및 속성 등을 파악하지 못하는 문제가 있다.

둘째, 자료의 타당도를 확보하기 어렵다. 기록된 자료 당시 실제 내용을 그대로 담고 있는 것인지 일부만 기록된 것인지, 자료기록에 왜곡이나 삭제, 그리고 편의적 선택은 없었는지 확인하기 어려운 경우가 많다. 이러한 사실로 인하여 내용분석은 타당도를 확보하는 데 어려움을 겪는다.

12
CHAPTER

욕구사정과 프로그램 평가

01 욕구사정

1) 욕구의 정의

"욕구를 어떻게 정의할 것인가"하는 문제는 상당한 논란을 일으키는 문제이다. 이러한 이유로 욕구라는 용어가 학문 분야에 따라 다르게 사용되고 있다. 한국의 경우 경제학에서는 want를 욕구(慾求)로 번역하여 사용하고 있고 need는 필요(必要)나 요구(要求)로 번역하여 사용하는 것이 통상적이다. 반면, 사회복지학에서는 need를 욕구로 번역하여 사용하고, want는 결핍으로 번역하여 사용하는 경우가 일반적이다.

예를 들어, 보건경제학자인 양봉민(2002: 97-98)은 욕구, 요구, 수요에 대한 개념을 보건의료부문의 예를 들어서 구분하여 설명하였다. 우선 보건의료욕구(health care want)는 소비자가 신체적 이상을 느끼면서 의료서비스에 대한 소비의 필요성을 갖게 될 때 만들어지는 순수한 신체적 반응에 해당한다. 이에 반하여 보건의료요구(health care need)는 현존하는 의료지식에 근거하여 의사, 간호사와 같은 전문 의료인이 판단하기에 소비자가 의료서비스를 이용할 필요가 있다고 판단할 때 성립되며, 이것은 소비자의 주관보다 전문 의료인의 판단에 의존한다. 의료요구와 의료욕구는 상당부분 일치하나 동일하지 않는 부분도 있다. [그림 15-1]에서 의료요구(B+C)와 의료욕구(A+B)는 상당 부분 일치하나(B부분) 동일하지는 않은 것으로 나타난다. 예를 들어, 예방접종 같은 예방 보건서비스는 요구되지만 욕구되지는 않으며(C부분), 가벼운 감기치료는 소비자에 의한 욕구는 있지만 요구되지는 않기 때문이다(A부분). 그러나 의료요구와 의료욕구는 일치하는 경우가 많다. 보건의료수요(health care de- mand)는 의료요구나 의료욕구가 있으면서 구입할 능력이 있어야 발생한다. 즉, 의료요구나 의료욕구가 아무리 많아도 구매능력이 없으면 수요가 발생하지 않는다.

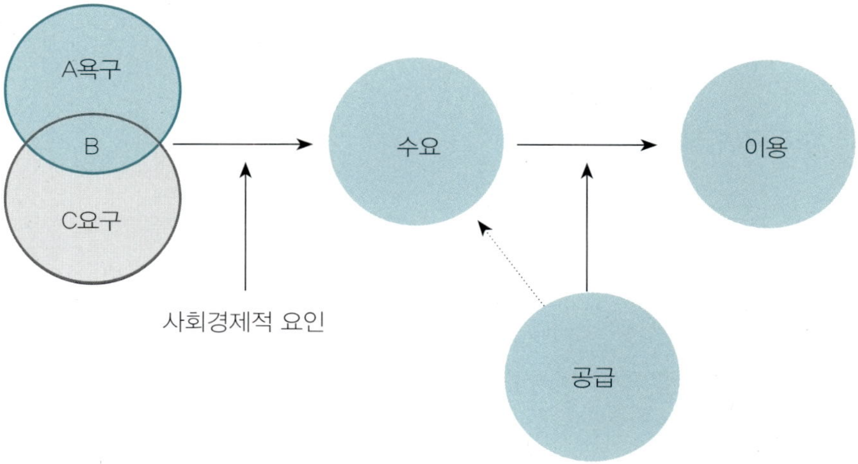

[그림 12-1] 의료수요, 의료욕구, 의료요구

반면에 사회복지학자인 홍경준(2000)은 욕구, 필요, 수요의 개념에 대해 사회복지학 차원에서 규명하였다. 욕구(need)는 개인이나 집단이 인간의 생존·성장·발전을 위한 것으로 필요보다 객관적 개념이라고 보았다. 필요(want)는 욕구에 비해 해결되어야 하고 또 해결될 수 있다고 기대하는 정도가 약한 것으로 욕구보다 주관적 개념이라고 정의하였다. 수요(demand)는 표출된 욕구로서 화폐를 포함한 금전적 재원에 의해 이루어지는 것으로, 시장에서 나타나기 때문에 따로 조사가 필요 없다고 보았다. 역시 사회복지학 연구자인 김영종(2007)과 지은구(2005)는 want를 "원함"으로 need는 "욕구"로 번역하여 사용하고 있다. 일부 학자들은 needs의 발음 그대로 "니즈"로 사용하고 있다.

한국어의 사전적 의미로 볼 때는 want가 욕구(慾求)나 욕망(慾望)으로 번역되고, need는 필요(必要)나 요구(要求)로 번역되는 것이 적절하다.[1] 따라서 욕구는 want와 같이 개인적 충족을 강조하며, 욕구의 해결방안은 개인의 능력에 달려있다. 욕구의 해결정도는 개인의 효용(utility), 즉 주관적 만족도(subjective satis-faction)에 의해서 측정된다. 그러나 필요는 need와 같이 객관적, 규범적 기준(objective, normative standard)이 적용되며, 해결방안은 사회적 해결능력에 달려 있고, 이 능력은 사회적 프로그램이나 정책을 통해서 발휘된다. 필요의 해결정도는 전문가나 전문직(사회복지전문가, 의료인, 법률가, 관계 공무원 등)의 객관적 판단에 의해 측정되는 개념이다. 따라서 인간의 want는 무한으로 충족시키는 것은 거의 불가능하지만 인간의 need는 사회적 능력이나 최저수준이라는 전문가의 규범적 기준에 따라서 충족이 가능하다.

근래에 들어 사회복지서비스 분야에서도 소비자 주권이 강조됨으로써 경제학적 용어인 want의 중요성이 커지고 있지만, 한국에서는 need가 want처럼 번역되어 쓰이고 있어서 소비자주권의 개념을 적용하기가 쉽지 않다. 일부 학자는 want를 결핍으로 번역하여 사용하고 있는데, 이는 대부분의 사회과학계통의 학문에서 사용되는 의미와 다른 번역이다. 그러나 이미 우리 사회복지학계에서는 need가 욕구로 번역되어 사용한 지 오래되었고, 욕구가 need를 대표하는 보편화된 사회복지용어로 사용되고 있기 때문에 본서에서도 그대로 사용하고자 한다. 따라서 본서에 등장하는 욕구는 기본적으로 영어의 need를 의미한다. 대신 want는 원함으로 번역하여 사용하고자 한다.

1) 민중 에센스 국어사전(1998)에 의하면 욕구(慾求)는 "바라서 구함" 또는 "욕심이 생겨서 구함"으로 욕망(慾望)은 "누리고자 탐함"으로 기술되어 있다. 반면에 필요(必要)는 "강력히 청하여 구함" 또는 "생활체의 생리적·심리적 기구에 생기는 어떤 결핍을 보완하거나 또는 과잉을 배제하려고 하는 생리적·심리적 과정"으로 기술되어 있다.

브래드쇼(Bradshaw, 1972)는 욕구인식(need recognition)의 기준에 따라 규범적 욕구, 체감적 욕구, 표현적 욕구, 비교적 욕구로 구분하였다.

첫째, 규범적 욕구(normative need)는 전문가나 전문직에 종사하는 사람들이 그들의 경험과 지식을 토대로 어떤 수준이 충족되어야 한다는 규범을 정하고 이 규범과 현재 상태와의 차이에 의하여 파악된 욕구이다. 규범적 욕구는 수량화하여 구체적인 표적을 제시할 수 있다는 장점이 있다. 이 욕구는 일반적인 need의 개념과 일치한다.

둘째, 체감적 욕구(felt need)의 개념은 want의 개념과 유사하다. 체감적 욕구는 보통 사회적 서베이나 지역사회공개토론회를 통해서 파악된다.

셋째, 표현적 욕구(expressed need)는 체감적 욕구가 행위로 전환되어 나타난 것을 말한다. 표현적 욕구는 수요(demand)와 유사한 개념이다. 어떤 서비스에 대한 대기자 명단에 올려놓았다면 이름을 올린 사람은 표현적 욕구를 나타낸 것이다.

넷째, 비교 욕구(comparative need)는 동일한 특징을 가진 사람들 간의 서비스 수혜 여부를 비교하여 파악된 욕구이다. 만일 동일한 처지에 있는 다른 사람은 서비스를 받고 있는데 어떤 사람은 서비스를 받고 있지 않다면 그 사람은 서비스를 받고 싶은 욕구가 있다고 파악한다.

2) 욕구사정의 필요성

일부 사회문제는 기초적인 사회적 안녕수준을 유지하는 데 가시적인 위협을 제공한다. 가정폭력, 청소년 범죄, 아동학대, 실업, 지역주의, 인터넷괴담, 빈곤 및 자살은 지역사회와 국가의 사회적 안정을 위협하는 문제점들의 예이다. 따라서 이러한 사회문제들은 일반적으로 대중매체의 관심을 많이 받는 대상들이다. 이러한 문제들은 우리 사회가 수용이 가능한 최저수준으로 유도하게 되는 사회문제들이다. 아동에 대한 신체적 학대, 십대 가출이라는 문제가 발생하면 그 문제를 해결하기 위하여 취하는 어떤 사회적 행동이 있다. 일반적으로 사회문제가 눈에 잘 보이면 사람들의 인식수준이 높아지고 대응도 용이해진다.

사회문제가 잘 보이지 않는다면 사회문제 전문가들이 공식으로 다루겠지만 일반 대중은 잘 모른다. 잘 보이지 않는 문제는 언제 어떻게 조치를 취하여야 하는지를 확정하기 힘들다. 행동문제를 가진 아동, 자기존중감이 낮은 사람, 결혼불만 등은 눈에 잘 띄지 않는다. 그렇다면 공적 기관의 지원을 받기 힘들다. 따라서 욕구사정은 우리 사회에서 눈에 보이는 문제와 눈에 보이지 않는 문제들을 파악하고 이를 해결하기 위한 프로그램이나 대책을 수립하기 위해 필요한 일이다.

욕구사정(need assessment)은 특정 지역사회 주민이나 특정 집단들을 위한 새로운 정책대안이나 프로그램을 개발하기 위해 또는 기존정책의 대안이나 프로그램을 보완하기 위해 대상 집단의 욕구의 종류와 수준을 파악하는 조사이다. 즉, 욕구사정은 사회적 욕구(social need, 예: 노인요양시설)가 실제로 존재하는 정도(노인요양시설의 필요정도)를 확인할 뿐만 아니라 그에 따른 해결책(예컨대, 프로그램이나 정책)을 구하기 위한 평가유형이다(Grinnell & Unrau, 2005). 따라서 이상적인 조건하에서 욕구사정은 프로그램(또는 신규 프로그램 구성요소)이 개념화되고, 재원조달과 인력배치, 실행이 이루어지기 전에 이루어져야 한다.

욕구사정은 기존의 사회서비스에서 차이가 있을 때(또는 기존 사회서비스가 없을 때) 필요하게 된다. 정치·경제적 변동, 불안, 사건, 기본적인 인구통계학적 추세의 변화 등이 있을 때 욕구사정을 필요로 한다. 예를 들어, 보건복지부 노인정책과의 과장이 농촌지역의 가정간호서비스 이용자가 적다는 사실을 지적하면서 서비스의 홍보, 접근성, 서비스 내용 등의 문제를 확인하기 위하여 욕구사정을 요구할 수 있다.

3) 욕구사정을 위한 자료수집

욕구사정을 위한 자료수집방법은 여러 가지가 있다. 자료가 도출되는 원천에 따라 욕구사정을 위한 자료수집방법은 다음과 같다(김영종, 2007; 김기원; 2007).

(1) 기존 자료의 활용

각종 사회조사나 선행 연구자료 등 2차 자료를 활용하여 지역사회의 욕구를 사정하기 위한 자료를 수집하는 방법이다. 이 방법의 가장 큰 장점은 신속하고 저렴하다는 데 있다. 이미 존재하고 있는 자료를 토대로 욕구사정에 필요한 것을 추출하기 때문에 자료수집을 위한 비용부담이 낮은 편이다. 이 방법의 주된 단점은 특정한 욕구사정의 구체적 상황에 적합한 자료를 얻기 쉽지 않다는 점이다.

2차 자료는 내부 자료와 외부 자료로 나눌 수 있다. 내부 자료는 조사자가 종사하는 조직 내부의 자료를 의미한다. 외부 자료는 타기관에서 생성된 모든 자료를 말하는데, 그 예로서 정부부처나 국·공립 및 민간연구기관 또는 각종 단체, 나아가 조사전문회사 등에서 발간하는 통계나 조사결과들, 학술지 및 각종 신문 등에 발표되는 모든 자료들이 포함된다. 2차 자료 중에 공신력이 있고 활용도가 높은 자료는 각종 정부기관이나 연구기관에서 발표하는 다양한 사회지표들이다.

(2) 지역사회포럼

지역사회포럼(community forum)은 지역사회의 다양한 구성원들로부터 가치나 태도, 의견 등을 직접 청취하여 자료를 수집하는 방법이다. 지역사회에 거주하거나 활동하는 사람들은 생활하는 가운데 지역사회 주민 다수가 갖고 있는 욕구나 문제를 직접 경험하거나 관찰을 통해, 또는 다양한 의사소통 매체를 통해 잘 알고 있는 편이다. 따라서 지역사회의 모든 사람들이 참여할 수 있는 공개적 모임을 주선하고 이 모임에 논의되는 내용을 수렴하여 지역사회의 욕구나 문제들을 파악하는 것이 지역사회포럼이다.

이 방법의 장점은 다음과 같다. ① 자료수집에 소요되는 비용이 비교적 경제적이다. ② 자료수집 소요시간이 적게 들어 시간적으로 경제적이다. ③ 광범위한 지역, 계층 및 집단들의 의견을 수렴할 수 있다. ④ 서베이조사를 준비하는 탐색적인 기회가 될 수 있다. ⑤ 프로그램이나 정책실시상 주민의 지지나 협조를 얻을 수 있다.

지역사회의 포럼의 중요한 장점은 자유로운 개진에 있지만 한편으로는 그것이 단점으로 작용하기도 한다. 단점은 다음과 같다. ① 의견을 발표하는 사람의 수가 적다. 주민이 모두 참석할 수 없을 뿐만 아니라 설령 참석했다 하더라도 모두 의견을 발표할 수 있는 기회를 갖기 어렵다. ② 관심 있는 사람들만 참석하기 때문에 이들만의 욕구가 반영되는 표집편의(selection bias) 현상을 나타내어 표본의 대표성을 확보하기 어렵다. ③ 자기선택(self selection)으로 인한 표본의 편의(bias) 현상이 나타나며, 참석자의 소수만이 의견을 발표하게 된다.

(3) 주요 정보제공자 서베이

주요 정보제공자 서베이(key informant survey)는 지역주민의 문제에 대한 정보를 가장 적절히 파악한다고 여겨지는 사람들을 대상으로 수행하는 조사의 한 형태이다. 주요 정보제공자는 지역사회 종교 지도자, 지역사회 유지, 지역사회 관련분야의 공직자, 자문위원 같이 대상집단과 관련된 직종에서 장기간 종사하였거나 기타 그 지역의 사정을 잘 알고 있어서 지역사회 주민이나 대상집단의 욕구와 문제를 잘 파악하고 있는 사람들이 해당된다.

이 방법의 장점은 비용이 적게 들고, 표본을 쉽게 선정할 수 있으며, 지역의 전반적인 문제를 쉽게 파악할 수 있다는 것이다. 단점은 주요 정보제공자를 선정하는 과정이 인위적이 되기 쉬우며 따라서 표집편의가 나타날 수 있고 이들이 지적하는 문제점들이 일반주민들의 욕구와는 다른 특수집단의 욕구가 될 가능성도 있다.

(4) 지역주민 직접 서베이

욕구사정을 위한 일차 자료수집방법으로써 지역주민 당사자에게서 직접적으로 자료를 획득하는 방법이다.

지역주민 서베이는 지역주민 전체를 모집단으로 둘 수도 있고, 잠재적인 클라이언트로 구성된 표적인구를 대상으로 할 수 있다.

① 일반인구 서베이(general population survey)

지역주민 전체를 대상으로 하는 조사로 지역사회 전체를 기준으로 개별적인 문제들의 상대적 중요도를 가늠할 수 있게 한다. 특정 인구 집단의 세밀한 문제나 특성을 파악하는 데는 한계가 있다.

② 표적인구 서베이(target population survey)

일반인구 가운데 일정한 특성을 가진 사람들만 선정하여 이들의 욕구를 조사하는 방법이다. 표적인구조사는 일반인구조사와 유사하나 일반인구를 몇 단계로 나누어 그 가운데 일부를 선정하기 때문에 표본의 크기가 상대적으로 작다.

예를 들어, 일반인구 중에서 65세 이상의 장기요양보호서비스 이용 남성 노인들을 표적인구로 선정한다면 일반인구는 65세 이상－장기요양보호서비스 이용자－남성 순으로 단계적으로 걸러지기 때문에 표적인구의 표본의 크기가 상당히 작아진다.

일반적으로 지역주민 서베이는 수요자 중심의 욕구를 사정하기에 좋은 자료수집방법이긴 하지만 시간과 비용이 많이 들고, 연구조사와 관련한 전문적인 능력을 필요로 한다는 단점이 있다.

(5) 사회지표 조사

사회지표(social indicator) 조사는 일정한 지역이나 대상집단의 생활상태나 문제에 관한 공공기록문서와 보고서(예: 인구조사자료나 보건복지자료)에 기록된 통계자료를 바탕으로 욕구를 추정하는 방법이다. 사회지표는 지리적 범위에 따라 전국지표, 광역자치단체나 기초자치단체의 지표로 나눌 수 있으며, 대상별로도 장애인, 아동, 청소년, 노인 등에 관한 지표로도 나눌 수 있다. 예를 들면, 통계청의 「인구조사보고서」, 보건복지부 「보건복지통계연보」, 지방자치단체의 「지역사회지표」 등이다.

(6) 델파이 기법

델파이 기법(delphi technique)은 어떤 문제에 대해 올바른 판단을 하기 위해 체계적으로 전문가들의 합의점을 찾는 방법이다. 1차 설문에 대한 응답을 정리하고, 2차 질문에서 1차 응답을 재확인하는 식으로 진행된다. 델파이 기법은 광범위하고 장기적인 정책이나 프로그램을 수립하는 데 종종 사용된다. 이 기법으로 욕구의 유형을 파악할 수 있고, 사회문제에 대한 상이한 판단을 야기하는 요인을 조사할 수 있으며, 응답자로 하여금 다양하고 상호 관련된 욕구들을 파악할 수 있도록 한다. 설문에 대한 응답은 무기명으로 하고 통제된 환류과정을 통해 정보를 수집하고 집단의 반응을 통계적으로 분석하여 집약한다.

델파이 기법의 구체적인 절차는 다음과 같다. ① 일단의 전문가를 선정한다. ② 주요 관심사에 관한 설문지를 작성한다. ③ 설문지를 우송한다. ④ 회수된 응답내용을 합의된 부분과 합의되지 않은 부분으로 나누어서 통계적으로 집계한다. ⑤ 1차 분석의 결과에서 합의도가 낮으면, 1차 판단을 내린 데 대한 전문가들의 여러 이유를 포함한 두 번째 설문지를 다시 응답자들에게 보내서 1차 분석의 결과를 참조한 각자의 의견을 묻는다. ⑥ 회수된 응답을 재분석한다. ⑦ 이러한 절차를 일정한 정도의 합의점에 도달할 때까지 반복한다.

이 기법의 장점은 참가자를 익명으로 할 수 있어 특정인의 영향을 줄일 수 있고, 익명으로 하기 때문에 집단의 의견에 개인을 순종시키려는 집단의 압력을 줄일 수 있고, 응답자의 시간을 효율적으로 이용할 수 있는 점 등이다. 단점은 반복적인 과정을 거치므로 시간이 많이 걸리고, 극단적인 판단은 의견의 일치를 얻기 위해서 제외되는 경향이 있어 창의적인 의견들이 경시될 수 있다.

(7) 초점집단면접

초점집단면접(FGI: Focus Group Interview)은 소규모 인원의 참여자(보통 5~10명)를 한자리에 모아 놓고 조사자(진행조정자)가 이들 집단구성원 간의 활발한 논의와 상호작용을 강조하여 토론을 촉진시킨다. 조사자는 사전면접의 목적이나 지침을 사용하여 회의를 진행하며 유연성을 가지고 면접을 진행한다. 이러한 과정에서 도출되는 토론내용을 분석하여 필요한 정보를 얻는다.

이 방법은 응답자들이 토론과정에서 자발적으로 자기의 생각과 느낌을 표현하게 되므로 포괄적이고 타당성 있는 정보를 얻을 수 있다. 또한 정보수집에 대한 비용이 상당히 저렴하고 시간도 적게 걸리는 장점이 있다. 반면에 조사에 적합한 사람들을 한 장소에 모으는 것이 쉽지 않고, 참여자 수가 제한되기 때문에 일반화가 어려운 점이 있다. 또한 비밀성이나 익명성이 보장되지 못함으로써 민감한 주제에 대하여 의사를 드러내지 않거나 왜곡시켜 표출할 수 있다. 이러한 이유로 초점집단면접은 하나의 독자적인 연구방법보다는 일반적인 조사연구의 과정에서 보완적인 자료수집방법으로 많이 활용되는 편이다.

4) 욕구사정 질문의 구성

욕구사정에 요청되는 질문은 보통 탐색적(exploratory) 성질이 있다(Grinnell & Unrau, 2005: 456). 따라서 개방형 질문을 사용하여 폭넓은 일련의 가능한 답변을 구할 필요가 있다. 욕구사정 질문의 핵심은 사회적 욕구를 잘 이해하기 위한 것이고, 파악된 문제점들을 해결하기 위하여 혁신적인 질문을 하여야 한다. 물론 욕구사정은 특별한 욕구나 문제점이 존재하지 않는다거나 생각했던 방식으로 존재한다는 것을 밝히는 것도 포함된다.

욕구사정 질문을 어떻게 구성하는가에 따라서 수집하는 자료의 종류에 영향을 미친다. 다음 두 개의 질문을 고려해 보자.

- 귀하가 살고 있는 지역사회의 주민에게 가장 큰 영향을 주는 시급한 사회문제는 무엇인가?
- 귀하가 거주하는 지역사회의 주민에게 부가적으로 필요한 사회서비스라면 무엇인가?

첫 번째 질문은 지역사회 주민의 현황과 욕구를 잘 파악하는 데 질문의 방향이 맞춰져 있다. 이는 새로운 해결책을 고안하거나 지역주민의 가장 절실한 욕구에 부합하도록 기존 서비스를 수정할 수 있다. 반대로 두 번째 질문은 지역사회주민이 겪는 현재의 문제에 대한 이해를 심화시키는 노력에서 벗어나 해결책을 첨가하는 방향으로 이루어졌다. 두 번째 질문만이 욕구사정의 주안점이라면 지역사회를 위한 다른 문제점들이나 해결책을 고려하지 않고 동일한 사회서비스들을 더 많이 추천할 위험이 있다.

예를 들어, 어떤 가출청소년쉼터가 정원이 차서 가출청소년을 더 이상 수용하지 못하고 돌려보내고 있다고 해 보자. 이러한 사실을 보고 돌려보내고 있는 청소년들을 수용하려면 쉼터의 공간이 더 확보되어야 한다는 결론을 내리기 쉽다. 그러나 이러한 결론이 불변의 결론은 아니다. 문제의 현 상황을 잘 파악하기 위한 어떠한 자료제시도 없이 '공간'(space)이 더 필요하다는 해결책 제시는 난제의 임시방편에 지나지 않는다. 사회복지사는 사회적 문제를 해결하기 위해 효과적이고 지속적인 해결책을 개발하고 이행하여야 한다. 이는 개입 전에 문제점들을 충분히 사정해야 한다는 것을 의미한다. 예를 들어, 가출청소년문제를 더 잘 이해하기 위하여 다음과 같이 질문할 수 있다.

- 청소년 쉼터를 이용하고 있는 가출청소년들은 누구인가?
- 가출청소년들이 가출하는 이유는 어떠한 것들이 있는가?
- 가출청소년들이 가출하는 장소는 어디인가?

앞에서와 같은 질문으로 구한 해답은 쉼터공간을 확장하는 것이 아닌 다른 해결책에 도달할 수도 있다. 예를 들어, 부모나 양육자들과 협상해서 가출청소년이 집에 돌아가게 도와주거나 친구 또는 친척과 함께 지내도록 도움을 제공하는 위기상담 프로그램을 추가할 수 있다.

질문은 일반적으로 아래의 다섯 가지 종류로 분류된다.

- 인구통계: 지역사회의 인구통계학적 프로필, 욕구에 대한 통계이다. 예를 들어, 평균연령, 사회경제적 수준, 가족구성 등이다.
- 시의 적절성: 기존 서비스가 시대에 뒤떨어진 것은 아닌가? 그렇다면 어떤 서비스를 제공하여야 할까? 지역사회의 현재욕구(current need)는 무엇인가? 지역사회 내 가장 시급한 욕구는 무엇인가?
- 역사: 시간이 경과함에 따라 욕구가 변화해 왔는가? 지난 5년 동안 지역사회에서 변화해 온 조건은 무엇인가? 과거에 사용한 해결책의 유형은 무엇인가?
- 수요: 기존 프로그램서비스는 서비스를 받는 사람들의 욕구를 충족시킬까? 기존 서비스들의 차이는 무엇인가? 특정 집단이 서비스를 요청하고 있지만 받고 있는 서비스는 전혀 없는가?
- 강점: 지역사회에서 긍정적인 점은 무엇인가? 지역사회에서 탄력성(resiliency)의 신호는 무엇인가?

02 프로그램 평가

1) 프로그램 평가의 정의

평가(evaluation)의 사전적 정의는 "사물 또는 그 속성에 대한 가치를 매기는 것"으로 정의할 수 있다. 평가에 대한 개념적 정의는 학자들마다 다르겠지만, 일반적으로는 평가란 특정 활동에 관한 정보를 수집하고 분석하며 해석함으로써 그 가치를 판단하는 것이다. 프로그램 평가란 프로그램의 효과성, 효율성, 적절성, 노력, 접근성, 만족도, 사회적 형평성 등을 체계적으로 분석하여 결정권자로 하여금 합리적인 결정을 내릴 수 있도록 정보를 산출하는 사회적 과정이다(김기원, 2007: 508). 패튼(Patton, 1986)에 의하면 평가란 프로그램의 특성 및 활동에 관한 체계적 정보수집을 통해서 불확실성을 제거하거나 효과성을 증진시키고 프로그램의 진행상황과 파급효과에 관한 의사결정을 위한 것을 의미한다.

따라서 사회복지 프로그램의 평가는 사회복지 프로그램의 기획, 과정, 성과에 관한 자료를 과학적 절차와 방법을 통해서 수집, 분석하여 프로그램의 질적향상과 프로그램 개발에 관한 중요한 의사결정을 돕기 위한 활동으로 정의할 수 있다.

프로그램 평가는 일반적으로 다음과 같은 특징을 지닌다(김기원, 2007: 508). ① 효과성, 효율성, 이용자만족도, 접근성 등을 기준으로 프로그램의 진행결과를 체계적으로 분석하는 행위이다. ② 프로그램 전반에 관한 결정을 위한 총괄적인 정보수집과정이다. ③ 프로그램의 가치, 양과 질, 장·단점 등에 관하여 체계적으로 분석하는 연구활동이다.

2) 프로그램 평가의 목적

평가전략을 수립하기 전에 평가목적을 명확하게 하는 것이 중요하다. 평가의 목적은 바람직한 성과를 산출하고 유사한 목표를 가진 다른 개입과 비교하여 화폐적 가치를 매기고, 필요한 곳에서는 이를 모방하여 따라 할 수 있는 구체화된 개입을 파악하는 것이다. 평가를 하는 데에는 여러 가지 중요한 사항들이 있다(Sefton et al., 2002: 37).

- 프로그램의 자금제공기관에 대한 책임성을 보장하기 위하여 프로그램이 행하는 일이 무엇인지, 지출하는 곳은 어디인지를 문서화한다.
- 프로그램이 처음 계획대로 잘 운영되고 있는지 점검한다(특히 여러 기관이 참여하고 있는 경우).
- 프로그램이 목표에 부합하는 방향으로 진행되는지 모니터링한다.
- 자금제공자와 정책결정자에게 프로그램을 홍보하기 위한 강력한 수단을 제공한다.
- 사회복지사업에 참여하고 있는 사회복지사와 클라이언트에게 얼마나 개선되고 있는지를 보여줌으로써 동기부여한다.

사회복지분야의 많은 평가는 이러한 종류의 현안들에 초점을 맞추고 있다.

3) 프로그램 평가의 유형

사회복지 프로그램 평가의 유형은 평가의 목적, 주체, 자료수집방법, 성과와 비용의 관점 등에 따라 구분할 수 있다. 평가의 목적에 따라 형성평가와 총괄평가로 나누어지고, 주체에 따라 내부평가와 외부평가, 성과와 비용의 강조점에 따라 효과성 평가와 효율성 평가 등으로 나눌 수 있다(황성철, 2005: 294–305).

(1) 형성평가와 총괄평가

형성평가(formal evaluation)는 프로그램 운영 도중에 이루어지는 평가로서 프로그램 수행과정에서 문제점을 발견하여 프로그램 수정 및 보완을 목적으로 이루어지는 평가조사이다. 따라서 형성평가는 프로그램을 만들어 나가는 뜻이 포함되어 프로그램의 개선과 개발에 초점을 둔다. 형성평가에서 평가자가 관심을 갖는 평가의 주요 내용은 다음과 같다(성규탁, 1994; 황성철, 2007; Grinnell & Unrau, 2005).

- 프로그램은 원래 계획대로 운영과 활동이 이루어지고 있는가?
- 프로그램의 인적·물적 자원은 계획된 시점에서 투입되고 있는가?
- 프로그램의 표적집단은 적절히 선정되어 서비스를 받고 있는가?
- 프로그램은 관련된 법규나 규정에 알맞게 수행되고 있는가?
- 프로그램의 효과는 발생되며, 발생되지 않는 문제는 무엇인가?
- 프로그램이 자금제공자, 위탁기관, 정부기관이 설정한 기준을 충족시키고 있는가?

형성평가는 프로그램 진행 도중에 일어나기 때문에 과정평가(process evaluation)라고도 하는데, 과정평가의 목적은 프로그램 과정을 서술하고 모니터링하면서 서비스의 질을 확보하는 데 있다. 따라서 형성평가에는 프로그램 모니터링과 서비스의 질을 보장하기 위한 노력이 포함된다.

총괄평가(summative evaluation)는 프로그램이 종료되는 시점이나 완전히 종결된 이후 프로그램의 성과(outcomes)와 영향(Impacts)을 파악하려는 목적으로 이루어지는 평가의 유형이다. 총괄평가는 프로그램의 대상이 되는 표적집단에 어떤 변화가 일어났는지와 투입 비용에 비추어 그 성과가 정당화될 수 있는지에 주안점을 둔다. 따라서 총괄평가는 효과성 평가(effectiveness evaluation)와 효율성 평가(efficiency evaluation)로 나눌 수 있다. 프로그램이 원래 달성하고자 설정했던 목표가 달성되었는지에 초점을 둔 평가가 효과성 평가이고, 프로그램의 성과가 투입된 비용에 비해서 경제적인지 여부를 판단하는 것이 효율성 평가이다. 이러한 이유로 효율성 평가는 경제성 평가(economic evaluation)라고도 한다. 총괄평가에서 평가자가 관심을 갖는 주요 내용은 다음과 같다(황성철, 2005: 295).

- 프로그램의 효과는 과연 프로그램 때문에 발생한 결과인가?
- 프로그램의 효과는 원래 의도했던 사회문제해결에 어느 정도 기여하고 있는가?
- 프로그램의 효과는 당초 선정한 프로그램 목표에 대비하여 어느 정도인가?
- 프로그램에 투입된 비용과 사회문제 감소로 인한 사회적 비용은 얼마인가?
- 프로그램의 효과는 총 비용을 상쇄할 만큼 크게 나타나고 있는가?

(2) 내부평가와 외부평가

프로그램의 평가는 평가의 주체가 누구인가에 따라 내부평가와 외부평가로 나누어진다. 내부평가는 사회복지기관의 최고관리자, 프로그램관리자, 프로그램 수행인력 등 조직 내의 구성원에 의해 이루어지는 평가이다. 내부평가는 조직이나 프로그램 운영의 과정이나 결과에 대한 자기반성적 평가의 성격을 가진다.

외부평가는 프로그램을 수행하는 조직의 구성원이 아닌 조직 밖의 전문가들에 의해서 수행되는 평가이다.

(3) 프로그램 평가의 기준

사회복지 프로그램을 올바로 평가하기 위해서는 일정한 기준이 마련되어야 한다. 프로그램 평가의 기준에 대해서는 여러 학자들이 다양한 기준을 제시하고 있다. 서치맨(Suchman, 1967)은 프로그램 평가의 기준으로 노력성, 성과, 적절성, 효과성, 효율성, 과정을 제시하였다. 트리포디(Tripodi, 1983)는 평가의 기준으로 노력성, 효과성, 효율성, 예상치 못한 결과를 강조하였다. 애킨슨과 브로스코버스키(Attkinsson & Broskowiski, 1978)는 접근성, 수용성, 종합성, 통합성, 인지도, 이용 가능성, 지속성, 비용의 기준으로 구성되어야 한다고 주장하였다. 본서에서는 이 중에서 효과성과 효율성의 관점에서 프로그램의 평가방법에 대하여 살펴보고자 한다.

4) 효과성 평가

사회복지 프로그램 평가에서 효과성(effectiveness)은 프로그램이 원래 의도했던 목적 또는 목표달성 정도를 말하는 것이다. 따라서 효과성 기준으로 평가하려고 한다면 프로그램의 목표가 확인되고 목표가 구체적으로 설정되었을 때만이 가능하다.

효과성 평가를 할 때에는 의도된 결과와 더불어 예상하지 못했던 결과도 생각해야 한다. 사회복지 프로그램의 효과 측정 때에 가장 큰 어려움은 그 프로그램의 성과에 대한 합의이다. 사회복지 분야의 성과는 다중적이고 외부효과를 지니고 있으며 측정하기가 용이하지 않는 영역이 많기 때문에 적절한 성과척도를 결정하고 측정하는 것이 어렵다. 따라서 성과척도의 적절성과 수용성을 충분히 검토하고, 측정수준과 척도 및 성과척도의 질을 충분히 고려하여야 할 것이다. 예를 들면, 학교 사회복지 프로그램에서 집단 괴롭힘과 집단 따돌림 건수의 경감 등을 기준으로 삼을 수 있다.

5) 효율성 평가

효율성은 경제성, 효율성 평가는 경제성 평가와 동의어로 사용된다. 따라서 효율성 평가는 최소의 투입(비용)으로 최대의 산출(성과)을 내는가에 초점을 둔다.

(1) 사회복지비용

사회복지서비스와 관련된 비용은 다음과 같이 분류하여 볼 수 있다(Byford et al., 2003; Sefton et al., 2002; 박창제 · 신복기, 2006에서 재인용).

- 프로그램 비용: 서비스를 제공하는 데 드는 직접 비용, 여기에는 직원 비용, 자원봉사자의 시간, 건물, 장비, 운송, 지원 서비스 등 서비스의 모든 개별 요소비용이 포함된다.
- 비프로그램 비용: 표출된 니드를 충족시키는 데 드는 관련 비용, 대안적 서비스의 니드 감소로 인하여 발생하는 절약 등으로 초래된 서비스의 효과, 또는 비공식 보호자의 보호시간 증가로 인한 비공식 보호비용
- 이용자와 그 가족 비용: 서비스 이용을 위한 교통비용, 육아계획, 비공식 보호 요건같이 서비스 소비의 결과로 발생하는 비용으로서 서비스를 이용하는 사람이나 그 가족들이 부담하는 비용.
- 생산성 비용 : 상병이나 장애의 결과로 근로능력이 손상을 입어서 발생하는 비용으로서 조기사망으로 인한 경제적 생산성의 상실이나 부양활동으로 인해 근로시간을 축소하거나 근로활동을 포기하여야 하는 비공식보호자가 부담하는 경제적 손실을 말한다. 이들 비용은 개인이 부담하는 손실(소득 손실)과 사회가 부담하는 손실(생산성 손실)로 구성된다.

(2) 사회복지성과

박창제(2006: 96-98)는 바이포드 등(Byford et al., 2003)이 분류한 성과 유형을 기반으로 사회복지성과의 유형을 좀 더 체계적으로 분류하였다.

① 과정 및 중간성과

과정성과(process outcome)는 이용자가 아니라 서비스에 초점을 두는 것이며, 서비스의 제공수준, 서비스의 양과 질로 나타난다. 과정성과는 사회복지사와의 면담 건수, 또는 학교 무단결석일수 등과 같이 서비스 활동과 관계가 있다. 중간

성과(intermediate outcome)는 취업상태, 교육성취도, 신기술의 습득, 또는 장애일수 등과 같이 이용자 중심의 척도이다. 과정 및 중간성과는 비교적 관찰하고 측정하는 것이 쉽기 때문에 사회복지 분야에 일반적으로 사용된다(Byford et al., 2003). 더구나 이러한 성과들은 서비스가 의도하는 대로 작용할지 여부에 대한 중요한 정보를 제공하며, 어느 서비스가 이용자에게 좋은 성과를 가져올지를 결정하는 데 도움을 줄 수 있다.

대부분 재정지원자가 의도하는 대로 서비스가 제공되기를 원하기 때문에 평가에서는 보통 의도적으로 중간성과나 과정성과에 초점을 맞추게 된다. 예를 들어, 어떤 장애인복지관에서 장애인의 사회적 배제와 고립을 줄이고 건강을 증진시키기 위하여 다양한 활동을 한다고 하자. 이 장애인복지관의 중간 및 과정성과는 클라이언트의 장애인 복지관 직원들과의 접촉시간, 프로그램 참여시간 또는 참여율 등을 들 수 있고, 초기 평가에서는 이러한 성과들에 초점을 맞춘다. 그러므로 중간 및 과정성과를 가지고, 관찰하는 데 여러 해가 걸리는 장애인의 편익인 사회적 배제, 건강, 불평등, 또는 장기적인 삶의 질에 미치는 전체적인 영향을 측정하는 것은 어렵다.

그러나 중간 및 과정성과는 이용자 편익에 관한 가정을 수반하는 이용자 성과의 대리지표이다. 서비스 제공자의 견지에서 이러한 지표들이 성공의 정도를 제공할지라도 이들 성과의 변화가 이용자에게 제한적인 편익이 될 수 있고 해가 될 수도 있다. 예를 들어, 노인을 위한 시설(가령, 노인병원이나 노인전문요양원)의 조기퇴원 프로그램의 평가에서는 노인이 집으로 돌아가서 독립적인 생활을 할 수 있도록 하는 데 1차적인 관심이 있을 것이며, 다수의 노인은 자기 집에서 독립적으로 사는 능력을 높이 평가할 것이다. 그러나 자기를 돌볼 가족이 없거나 고독을 크게 두려워하는 노인들은 시설이라는 환경 내에 사는 것을 선호할 수도 있다. 이들 노인들에게는 오히려 자신의 집으로 돌아가서 생활하는 것이 삶의 질을 떨어뜨리는 일이 될 수도 있다. 또한 어떤 과정 성과 측정치들은 서비스의 투입

요소이기 때문에 서비스의 비용이 되는 경우도 있다(Byford et al., 2003: 42). 따라서 이러한 측정치들을 성과로 포함시키면 이중계산이 되기 때문에 이 문제는 신중히 처리하여야 한다.

사회복지 분야에서 과정 또는 중간 성과들에 대한 척도들은 많이 있다. 즉, 재범률, 비행정도, 실업률, 취업률, 교육정도(학력), 일상생활동작지수, 가정복귀율 등은 좋은 예가 될 수 있다.

② 최종성과

최종성과(final outcome)는 서비스의 변화나 기타 대리 성과지표들이 아니라 개인적인 생활변화와 관계가 있다. 예를 들면, 삶의 질이나 사회적 기능이나 가족기능 같은 개인적 측면의 질(quality)에 있다. 최종성과가 초점을 두는 사항은 신체적 및 정신적 건강, 사회적 기능, 안녕(well-being)이나 삶의 질(quality of life)과 같은 최종목표를 충족시키기 위한 서비스의 능력에 관한 것이다. 최종성과를 측정하면 유형이 다른 개입에 대하여 훨씬 더 폭넓게 비교할 수 있게 되고 따라서 자원할당결정을 더 훌륭하게 뒷받침할 수 있다.

모든 사회복지의 중요한 목표는 사람들의 삶의 질을 향상시키는 것이고 경제학은 안녕을 극대화시키는 것에 관심이 있기 때문에 이상적으로 경제적 평가를 하려면 전체적인 안녕의 척도를 포함하여야 한다. 현실에서는 이러한 이상적인 평가가 불가능한 경우가 많고, 심지어 성과가 수년 동안 관찰되지 않는 경우도 있을 것이다. 예를 들어, "어린 아동의 올바른 인성을 육성하기 위한 프로그램"은 전체효과가 성인이 될 때까지 나타나지 않을 수 있다.

최종성과 측정치를 활용하는 것이 중간 및 과정성과 측정치의 이용에 해가 되어서는 안 된다. 중간성과 척도와 최종성과 척도는 목적이 다르기 때문에 중간 및 과정성과 척도에만 초점을 두는 연구나 최종성과 척도에만 초점을 맞추는 연구보다는 일정한 범위의 측정치들을 포함하는 연구에서 배울 것이 더 많다.

사회복지 분야에서 최종성과 척도들로는 범죄 프로그램에 대한 만족도, 범죄 감정척도, 주민 만족도, 사망률, 안녕척도, 우울척도, 삶의 질 척도 등이 있다.

(3) 효율성 평가의 분류

효율성 평가는 투입과 산출을 다루며 선택에 관심을 가진다. 이와 같은 두 가지 특성을 이용하여 사회복지 프로그램의 여러 가지 평가 상황을 구분하고 분류할 수 있다. [그림 15-2]는 두 가지 이상의 대안에 대한 비교, 검토 대안의 비용(투입)과 결과(산출)라는 측면을 6개의 셀 행렬에서 평가 상황에 따라 구분하여 정의한 것이다.

<table>
<tr><th colspan="5">검토대안의 비용(투입물)과 결과(산출물) 모두 존재 유무</th></tr>
<tr><td rowspan="8">대안비교여부</td><td rowspan="4">아니오</td><td colspan="2">무</td><td>유</td></tr>
<tr><td>결과만 검토</td><td>비용만 검토</td><td></td></tr>
<tr><td>1A 부분평가</td><td>1B</td><td>2. 부분평가</td></tr>
<tr><td>성과 기술</td><td>비용 기술</td><td>비용 성과 기술</td></tr>
<tr><td rowspan="4">예</td><td>3A 부분평가</td><td>3B</td><td>4. 전체적 경제성 평가</td></tr>
<tr><td rowspan="3">유효성 또는
효과성 평가</td><td rowspan="3">비용분석</td><td>비용최소화분석
비용 · 효과분석</td></tr>
<tr><td>비용 · 효용분석</td></tr>
<tr><td>비용 · 편익분석</td></tr>
</table>

[그림 12-2] 사회복지 프로그램의 비용(투입요소)과 결과(산출)

출처: Drummond 등(1997), p.10.

1의 셀(1A, 1B)과 2의 셀은 대안들을 비교하지 않는 분석방법이다. 즉, 하나의 서비스나 프로그램을 평가한다. 셀 1A에서는 서비스나 프로그램의 결과만을 검토한다. 이러한 평가를 성과기술(outcome description)이라고 한다. 셀 1B에서는 비용만을 검토한다. 이러한 평가를 비용기술(cost description)이라고 부른다. 비용이나 부담에 대한 많은 연구문헌이 이러한 범주에 속한다. 이러한 연구는 대안을 비교할 수 없기 때문에 완벽한 경제적 평가라고 볼 수 없다(Drummond, 1992).

셀 2에서는 하나의 서비스나 프로그램의 성과(outcome)와 비용만을 기술한다. 이러한 평가는 비용 성과기술(cost–outcome description)로 분류된다.

셀 3A와 3B는 두 개 이상의 대안을 비교하는 평가상황이지만 각 대안의 비용과 결과를 동시에 검토하지 않는 평가방법이다. 셀 3A에서는 대안들의 결과만을 비교한다. 따라서 이것을 유효성 평가(efficacy evaluation) 또는 효과성 평가(effectiveness evaluation)라고 부른다.[2)] 셀 3B에서는 대안들의 비용만을 검토한다. 이러한 상황에서 수행한 분석을 비용분석(cost analysis)이라고 부른다.

셀 1에서 셀 3까지의 평가방법은 경제적 평가의 두 가지 특성 모두를 반영하지 못하기 때문에 부분 평가방법(partial evaluations)이라고 한다. 이러한 방식의 연구도 나름의 의미가 있고, 따라서 많이 활용되고 있다. 왜냐하면 이러한 평가방식의 연구가 사회복지서비스나 프로그램의 비용과 결과를 분석하고 설명하는 데 있어서 중요한 중간단계를 나타내기 때문이다. 그러나 부분평가라는 이름을 붙인다는 것은 효율성에 대한 분석이 충분하지 못하다는 것을 의미한다. 따라서 전체 경제적 평가(full economic evaluation)를 하려면 셀 4에 열거된 기법이 활용되어야 한다.

일반적으로 프로그램의 효율성 평가를 언급할 때는 전체적 경제성 평가를 지칭하는 것이다. 그 중에서 사회복지 프로그램이나 서비스를 평가할 때는 비용·효과분석이 가장 많이 활용되고 있으며, 비용·편익분석은 프로그램의 책임성(accountability)과 타당성(validity)을 입증하는 데 가장 유용하나 적용상의 어려움이 있다. 또한 비용·효과분석에서 분화된 비용·효용분석은 최근 들어 사회복지 프로그램의 경제성 평가상의 어려움을 해결하는 데 좋은 대안으로 등장하고 있다.

2) 여기서의 효과성 평가는 앞에서 언급한 효과성 평가와는 다르게 사용된다. 앞에서의 효과성 평가(effectiveness evaluation)는 프로그램이 원래 의도했던 목적 또는 목표달성 정도를 평가하는 데 사용되었고, 여기서는 두 가지 이상 대안의 결과를 비교하여 평가하는 것을 말한다.

① **비용·효과분석**(cost-effectiveness analysis)

치매노인을 위한 보호로서 주간보호와 단기보호의 비용과 결과를 비교한다고 해 보자. 이 경우 획득된 성과는 두 프로그램이 공통적이라고 해 두자. 그러나 프로그램들에 들어가는 비용뿐만 아니라 결과를 획득하는 데 있어서 상이한 성공을 거둘 수도 있다. 이들 대안을 비교할 경우 치매노인의 상태 호전에 대하여 계산하고 효과단위당 비용을 비교하게 된다. 대안적인 프로그램 간의 비용 크기는 차이가 나지만 효과가 같을 경우 비용·효과분석을 통하여 분석한다. 이러한 비교의 결과는 효과 단위당 비용이나 비용 단위당 효과로 나타낼 수 있다. 고려 대상의 대안들이 근본적으로 다른 척도를 사용하여야 하는 경우가 아니라면 예산 제약하에서 비용·효과분석은 행할 수 있는 유용한 접근방식이다(Donaldson & Shackley, 1997; 박창제, 2005).

사회복지 프로그램에서 편익을 화폐적으로 추정하는 것은 어려운 일이다. 가령 노인과 가족에 대한 사회복지서비스 개입에 대한 문제는 복잡한 문제이다. 왜냐하면 프로그램의 편익에 대하여 완전히 화폐적인 가치를 부여하려면 궁극적으로 인간의 삶에 대한 가치를 부여해야 하기 때문이다(Gaugler, 1999). 따라서 비용·효과분석은 결과를 화폐가치화하지 않고 유사한 결과를 갖는 프로그램을 평가하기 위하여 특별히 좋은 방법이다.

② **비용·효용분석**(cost-utility analysis)

편익을 금액으로 평가하는 것을 조심스러워하는 분석가들이 선호하는 두 번째 평가척도는 효용(utility)[3]이다. 여기서 개인이나 사회가 특정한 사회복지증진 성과들(특정한 안녕상태)에 대하여 갖고 있는 선호를 언급하기 위하여 일반적인 의미로 효용이라는 용어를 사용한다.

안녕상태(또는 건강상태)의 성과, 효과 또는 수준에 대하여 느끼는 효용(주관적인 만족도)이 안녕상태 자체의 성과, 효과 또는 수준과는 다르다는 관념은 다

3) 효용의 경제학적 개념은 소비자의 주관적 만족도 또는 행복도를 나타낸다.

음 예제를 통해 설명할 수 있다.

직업을 제외하면(가령, 한 명은 오른손잡이 화가이고 다른 한 명은 국어교사라고 가정) 모든 면에서 동일한 조건의 쌍둥이가 오른팔에 골절상을 입었다고 가정해 보자. 장애정도가 동일한 상태에서 두 사람에게 팔의 골절상태에 대하여 주관적인 효용을 0(사망)에서 1(완벽한 건강)에 이르기까지 순위를 매기게 한다고 하면, 각기 직업상 팔의 동작이 차지하는 중요성이 다르기 때문에 효용을 설정한 순위는 상당히 다를 것이다. 결과적으로 치료가 가져오는 효용(각자가 느끼는 골절치료로 인한 삶의 질 증진 정도)이 다를 것이다.

비용·효용분석은 다른 프로그램의 비용과 성과들을 비교하기 위한 포괄적인 성과(generic outcomes)척도를 제공하면서도 특정한 성과들에 대하여 삶의 질(quality of life)에 대한 보정을 하기 때문에 유용한 기법이라고 할 수 있다. 질보정생명년(QALYs: quality-adjusted life-years)이라는 척도는 포괄적인 성과를 나타내는 것으로서 일반적으로 건강성과의 영향을 받는 시간길이에 그 건강성과의 효용가치(0에서 1에 이르는 척도)를 보정하는 방식으로 측정된다. 비용·효용분석은 효용을 프로그램 효과의 가치척도로 사용하는 분석이다. 비용·효용분석의 결과는 보통 다른 프로그램 대신 한 프로그램을 실시함으로써 얻게 되는 건강한 1년당 비용 또는 질보정생명년당 비용으로 표현된다.

③ 비용·편익분석(cost-benefit analysis)

대안적인 프로그램들의 결과가 동일하다는 보장이 안 되는 경우가 많다. 더욱이 두 대안의 관련성과(outcomes)를 공통적인 단일효과로 계산하는 것이 불가능한 경우도 많다(Drummond et al., 1997). 따라서 성과 비교를 쉽게 하기 위하여 공통분모가 필요하게 된다. 분석가들은 특정서비스나 프로그램에서 발생하는 효과들에 어떤 가치척도를 부여하기 위한 공통분모를 필요로 한다. 가치를 매기는 한 가지 척도는 화폐금액이고, 서비스나 프로그램의 결과는 프로그램 비용과 비교하기 쉽도록 편익을 금액으로 표현하게 된다. 대안들의 비용과 결과를 금액으로 측정하여 행하는 분석을 비용·편익분석이라고 부른다. 이러한 분석결과는 화폐비용과 화폐편익의 비(ratio)의 형태로 설명하거나 한 프로그램의 다른 프로그램에 대한 순편익(손실)을 나타내는 단순한 합으로 설명할 수 있다.

비용·편익분석은 비용은 물론 편익에 대하여 화폐적 가치부여가 비교적 쉬운 공학 프로젝트와 산업 프로젝트에 적용할 때는 논란이 거의 없다. 가령 상품수송을 용이하게 하기 위한 고속도로 건설 등의 비용·편익분석을 수행하는 것은 어렵지 않다. 그러나 사회복지 프로그램에서는 화폐적으로 편익을 추정하는 것은 어려운 일이다. 이러한 이유로 사회복지학 분야에서는 비용·편익분석이 많이 활용되는 편은 아니다.

〈표 12-1〉 경제성 평가의 비용과 결과의 측정

연구유형	비용측정	결과의 확인	결과의 측정
비용 · 효과분석	화폐단위	두 대안의 해당 효과는 단일척도이지만 결과 달성 정도는 다름	자연단위(즉, 장애일수, 우울점수 등)
비용 · 효과분석	화폐단위	두 대안에 반드시 공통적이지는 않지만 단일 효과나 다중효과가 있음	건강한 연수[보통은 보정생명년(QALY) 으로 측정]
비용 · 효과분석	화폐단위	두 대안이 반드시 공통적이지는 않지만 단일 또는 다중 효과가 있음	화폐단위

④ 경제성 평가 질문

경제성 평가는 수많은 질문에 응답하기 위한 것이다. 연구설계와 자료요건은 평가의 목적에 달려 있다. 어떤 질문은 전체 경제적 평가에 대한 것이고(가령, 어느 서비스나 서비스 조합이 가장 비용·효과적일까?), 다른 질문은 전체 경제적 평가를 위해 필요한 일로 분류될 수 있다(가령, 사회복지문제와 연관된 서비스의 함의와 비용은 무엇인가?). 자료요건은 전체 경제적 평가보다 더 제한적일 가능성이 있다. 평가가 제시된 질문에 적합하게 답하려면 연구의 목적을 더 명확히 하여야 한다.

전형적인 경제적 질문은 다음과 같다(박창제 · 신복기, 2006; Byford et al., 2003).

- 현재 및 장래의 해당 사회복지 문제와 관련된 서비스의 영향과 비용은 무엇인가?
- 활용할 수 있는 서비스는 무엇이 있고 그 비용은 무엇인가?
- 서비스 효과성과 관련된 서비스 비용은 있는가?
- 어떠한 서비스와 서비스 조합이 가장 비용 · 효과적인가?
- 간접적인 서비스 이용을 감소시키는 서비스나 서비스 조합이 있는가?
- 현재의 사회복지서비스에 대하여 투자를 증가시키면 비용 절감과 성과 향상에 의하여 더 장기적인 편익을 거둘 수 있을까?
- 서비스 이용을 늘릴 가능성을 증가시키거나 감소시키는 개인적, 가족적 또는 상황적 욕구나 환경이 있는가?
- 관련 사회복지문제가 현 서비스이용자 자녀의 보건의료, 사회적 보호 및 교육욕구와 서비스 이용패턴에 미치는 장기적 효과는 무엇인가?

드러몬드 등(Drummond et al., 1997)은 경제성 평가를 위한 의문사항에 대하여 체크리스트를 제시하였다(〈표 15-2〉 참조). 경제적 평가가 핵심적인 평가 체크리스트에 맞게 분석될 수 있다면 아주 견실한 분석이 가능할 것이다.

그러나 모든 연구가 이러한 모든 사항을 만족시킨다는 것은 비현실적이다. 그렇지만 이러한 사항들을 체계적으로 적용하면 독자들은 개별 연구의 강점과 약점을 확인하고 사정할 수 있게 된다.

〈표 12-2〉 **프로그램 평가를 사정하기 위한 체크 리스트**

1. 응답지에 질문이 적합하게 정의되었는가?
  1.1 연구에서 서비스나 프로그램의 비용과 효과를 검토하였는가?
  1.2 연구에서 대안을 비교하였는가?
  1.3 분석에서 진술하는 관점이 있고, 연구가 특정한 의사결정 맥락에 속하는가?

2. 경쟁적인 대안들을 포괄적으로 기술하였는가(가령 누가, 누구에게, 무엇을, 어디서 그리고 어떻게 하였는지를 말할 수 있는가)?
  2.1 중요한 대안 중 생략한 것은 없는가?
  2.2 없는 대안을 고려하였는가?

3. 프로그램이나 서비스의 효과성이 입증되었는가?
  3.1 무작위의 통제된 임상시행을 통하여 행하였는가? 그렇다면 시행이 정규적인 실천에서 일어난 것을 반영하는가?
  3.2 임상 연구들을 살펴봄으로써 효과성을 확인하였는가?
  3.3 효과성을 입증하는 데 관찰자료나 가정을 사용하였는가? 그렇다면 결과의 잠재적인 편의성은 무엇인가?

4. 각 대안에서 중요한 관련 비용과 결과를 확인하였는가?
  4.1 연구질문의 범위가 충분히 넓은가?
  4.2 모든 관련 관점을 포괄하는가(가능한 관점에는 지역사회나 사회적 관점, 그리고 환자의 관점 및 제3의 지불자의 관점이 포함된다. 다른 관점이 특정한 분석에 따라서 적절할 수도 있다)?
  4.3 운영비용뿐만 아니라 자본비용이 포함되었는가?

5. 비용과 결과가 적절한 물리적 단위(비공식 보호시수, 사회복지사 면담 건수, 의사 방문 수, 상실한 근로일수, 증가된 생명년수 등)로 정확하게 측정되었는가?
  5.1 확인된 어느 항목이 측정에서 생략되었는가? 그렇다면 이후의 분석에서 이들 항목들은 가중치를 둘 수 없다는 의미인가?
  5.2 측정을 곤란하게 하는 어떤 특수한 환경(가령, 자원의 공동사용)이 있었는가? 이러한 환경이 적절히 다루어졌는가?

6. 비용과 결과를 확실하게 평가하였는가?
  6.1 모든 가치의 원천을 명확히 밝혔는가(가능한 원천에는 시장가치, 환자나 클라이언트의 선호와 견해, 정책결정자의 견해와 관련 전문가의 판단이 포함될 수 있다)?
  6.2 자원 증가나 감소 등의 변화에 대하여 시장가치를 사용하였는가?
  6.3 시장가치가 결여되거나(가령 무급의 자원봉사), 또는 시장가치가 실질적인 가치를 반영하지 못하는 경우, 시장가치에 근사화하기 위해 조정을 하였는가?
  6.4 결과의 가치평가가 제기된 질문에 적절하였는가(가령, 분석유형의 적절성, 즉 비용·효과성, 비용·편익, 비용·효용의 선택문제)?

7. 시간이 다를 경우 비용과 결과를 조정하였는가?
    7.1 미래에 일어날 비용과 결과를 현재가치에 할인하였는가?
    7.2 할인율을 적정하게 사용하였는가?

8. 수행한 대안의 비용과 결과를 점증적으로 분석하였는가?
    8.1 생성된 부가적인 효과, 편익 또는 효용과 비교하여 한 가지 대안이 다른 대안보다 추가로 들어가는(증가적인) 비용이 있었는가?

9. 비용과 결과를 추정하는 데 있어서 불확실성을 고려하였는가?
    9.1 비용과 결과에 대한 자료가 확률적(stochastic)이라면 통계분석을 적절히 수행하였는가?
    9.2 민감도분석을 사용하였다면 값(주요 연구매개변수)의 범위를 적절하게 제공하였는가?
    9.3 연구결과가 값의 변화에 민감하였는가?(민감도분석의 사상범위 내 또는 비용과 결과 비(ratio)의 신뢰구간 내)

10. 연구결과의 발표나 논의가 사용자에게 관련된 모든 현안들을 포함하는가?
    10.1 분석의 결론이 일부 전반적인 지수나 비용과 결과의 비(가령, 비용 · 효과비)를 바탕으로 하였는가? 그렇다면 지수를 현명하게 해석하거나 체계적으로 해석하였는가?
    10.2 결과를 동일한 의문을 갖고 연구한 다른 사람의 연구결과와 비교하였는가? 그렇다면 연구방법론에서 잠재적인 차이가 있는지 고려하였는가?
    10.3 연구에서 결과를 다른 셋팅이나 환자/클라이언트 집단에 일반화시킬 수 있는지 논의하였는가?
    10.4 연구에서 고려하고 있는 선택이나 결정에서 다른 중요한 요소들(가령 비용과 결과의 분포 또는 관련된 윤리적인 이슈)을 언급하거나 고려하였는가?
    10.5 연구에서 기존의 금융적 또는 기타 제약조건하에서 선호되는 프로그램 채택의 현실성, 버린 자원을 다른 가치 있는 프로그램에 전환 사용할 수 있는지와 같은 집행상의 문제를 논의하였는가?

출처: Drummond 등(1997), pp.28-29를 참고하여 수정.

PART 05

자료분석과 보고서 작성

13
CHAPTER
기초통계

01 통계분석의 개요

통계분석 방법 선택에 있어서 고려하여야 할 사항은 통계분석을 통해 어떤 정보를 얻고자 하는가이다. 각각의 통계분석 방법은 자료를 바탕으로 고유의 계산과정을 거쳐 각기 다른 정보를 추출하기 때문이다.

통계분석 방법은 크게 기술통계(descriptive statistics)와 추론통계(inference statistics)로 나눌 수 있다. 기술통계는 변수를 묘사하고 요약하며, 변수들 간의 다양한 관계를 분석하는 방법으로 변수의 수에 따라 일원 기술통계, 이원적 기술통계, 다원적 기술통계로 세분화한다. 추론통계는 표본으로부터 얻은 정보를 근거로 하여 모집단의 특성을 추정(estimation)하거나 모수에 대한 가설을 검정(testing)하는 분석 방법이며, 변수의 수에 따라 일원적 추론통계, 이원적 추론통계, 다원적 추론통계로 세분화한다.

Chapter 6에서 배운 척도의 종류에 따라 통계분석 방법이 달라지므로 연구목적에 맞게 사전에 수집할 자료 및 척도를 결정하고, 자료를 수집한 이후에는 가장 적합한 통계분석 방법을 선택하여야 목적에 부합한 연구결과를 얻을 수 있을 것이다.

02 기술통계의 기초

여러분이 노인복지관에서 자원봉사를 하고 있다고 가정해보자. 누군가가 여러분에게 노인복지관을 이용하는 사람들의 특징을 묻는다면 어떻게 답변 하겠는가? 가령 봉사를 하며 만났던 몇몇 이용자들을 기준으로 나이가 주로 70세 정도이고 여성이 많더라는 경험적인 서술 형태로 응답할 수도 있을 것이다. 그러나 이러한 응답은 노인복지관을 이용하는 사람들의 특징을 정확하게 설명한다고 보기는 어렵다. 그런데 만약, 여러분이 해당 노인복지관을 이용하는 사람들의 성별, 나이, 소득수준 등과 같은 특성을 모두 알고 있을 뿐만 아니라 각 구성원들이 어떤 공통점이 있고 차이점이 있는지 설명할 수 있다면 앞선 응답에 비해 훨씬 정확하게 질문에 대해 응답하였다고 말할 수 있을 것이다.

이처럼 유용한 정보를 추출하기 위하여 표본자료를 요약하고 기술하는 방법이 바로 기술통계이다. 기술통계는 구성원들의 공통성 또는 대표성을 측정(대표값 또는 중심경향치)하고, 각 구성원들이 서로 얼마나 다른지를 측정(산포도)하며, 구성원들이 대표값을 중심으로 산포되어 있는 모양이 어떤지를 측정(분포도)하는 것이다. 그리고 한 변수가 다른 변수들과 어떠한 상관관계에 있는지를 측정(상관관계)한다.

1) 빈도분포표와 히스토그램

빈도분포표(frequency table)는 자료를 몇 개의 구간으로 일정하게 나누고, 각 구간에 속한 표본의 수를 간략하게 보여주는 표로 이를 그래프로 나타내면 히스토그램(histogram)이 된다. 예를 들어, 한 복지관에서 지역 내 우울증 고위험군 1인 가구 청년을 대상으로 우울증예방 프로그램을 진행하고자 신청자 30명에게 벡의 우울척도(Beck Depression Inventory) 검사를 실시하였고 그 결과를 다음과 같이 빈도분포표와 히스토그램으로 정리하였다고 하자.

〈표 13-1〉 빈도분포표

점수	상태	명
26–63	심각한 우울	6
16–25	중등도 우울	12
10–15	가벼운 우울	11
0–9	정상	1

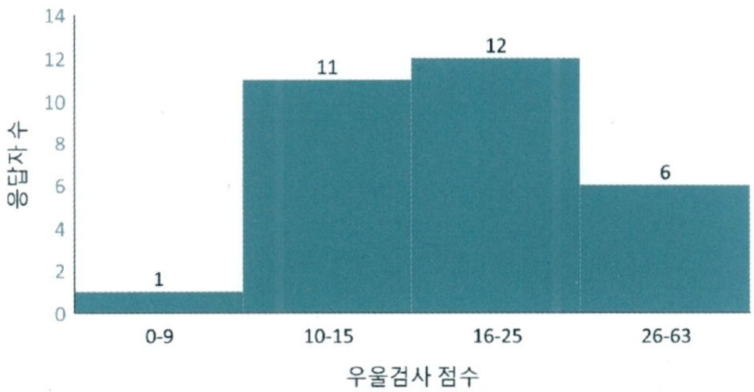

[그림 13-1] 히스토그램

빈도분포표와 히스토그램를 통해 표본자료가 어떠한 분포 모양을 하고 있는지 한눈에 볼 수 있다는 장점이 있다. 하지만, 해당 표나 그래프를 통해서는 핵심 정보나 주요 통계량을 파악하기 어렵고, 주어진 정보에 대한 판단이 주관적일 수 있다. 또한 신청자들의 나이나 소득, 1인 가구 거주기간 등 여러 개의 변수를 요약하고자 한다면 빈도분포표와 히스토그램으로 정리하기에는 복잡하고 자료의 패턴을 찾기가 더욱 어려워진다.

2) 중심경향의 측정

중심경향치(measures of central tendency)는 집중경향치라는 용어로도 사용되며, 빈도분포표처럼 여러 구간에 분포된 자료를 한 개의 대표값으로 요약한 통계량이다. 중심경향치에 관한 객관적인 측정치로 널리 사용되는 것으로는 평균

(mean, 또는 산술평균 arithmetic mean), 중앙값(median), 그리고 최빈값(mode)이 있다. 이들은 표본자료를 대표할 수 있는 수치를 제공하도록 고안되었는데, 각각의 장점과 단점을 잘 이해하여 표본자료의 측정수준과 분포모양에 따라 적합한 측정치를 사용하여야 한다.

(1) 산술평균

산술평균(arithmetic mean)은 변수값들을 모두 합한 후에 변수의 갯수로 나누어 계산한 통계량으로, 일상생활에서도 평균이라는 용어로 가장 널리 사용되는 계산 방법이다. 대학교에서 많이 사용하는 평점(GPA)이 한 예이다. 평균은 등간 측정과 비율 측정수준의 자료에만 적용될 수 있다. 즉, 범주 사이의 차이가 동일한 의미를 갖으며 산술계산이 가능한 경우이다. 평균은 표본에 있는 모든 변수값을 사용하여 계산을 하기 때문에 표본 안에 대부분의 변수값과는 차이가 많은 특이치(outlier)가 있게 되면, 평균의 값은 매우 불안정해진다.

〈표 13-2〉의 표본 1과 표본 2의 산술평균을 계산해보자.

표본 1: $\{(1\times 3)+(2\times 3)+(3\times 6)+(4\times 4)+(5\times 2)\}/18 = 2.94$

표본 2: $\{(1\times 3)+(2\times 3)+(3\times 6)+(4\times 4)+(5\times 1)+(100\times 1)\}/18 = 8.22$

두 개의 표본의 변수값 개수는 각 18개로 동일하지만 평균은 표본 2가 훨씬 큰 것을 알 수 있다. 표본 1은 3을 중심으로 비교적 밀접하게 좌우대칭으로 분포되어 있고 산술평균이 2.94로 거의 3에 근접하여 있음을 알 수 있다. 따라서 표본 1을 대표하는 값, 즉 중심경향치의 측정으로 산술평균을 사용하는 것이 적합하다고 할 수 있다. 이에 반하여, 표본 2에는 100이라는 특이치가 포함되어 있어 평균 값이 영향을 받아 8.22가 되었다. 표본 2에 포함된 다른 17개 변수값들의 제일 큰 값이 5로서 평균 값보다 모두 작은 상태이므로, 산술평균 8.22를 표본 2의 중심경향치로 사용하는 것이 괜찮은지 고민해 볼 필요가 있다. 이처럼 산술평균은 소수의 특이치 영향을 많이 받을 수 있기에 산술평균과 함께 표본에 포함된 모든 변수값의 분포(빈도분포표)를 살펴볼 필요가 있다.

〈표 13-2〉 특이치가 중심경향의 측정에 미치는 영향

표본 1		표본 2	
변수 값	빈도 수	변수 값	빈도 수
1 2 3 4 5	3 3 6 4 2	1 2 3 4 5 100	3 3 6 4 1 1
평 균 = 2.94 중앙값 = 3 최빈치 = 3		평 균 = 8.22 중앙값 = 3 최빈치 = 3	

만약 전국 가구들로부터 표본을 추출하여 평균소득을 계산하여 소득분포를 살펴보았을 때 〈표 13-2〉의 표본 2와 같이 비교적 오른쪽(소득수준이 높은 쪽)으로 치우치게 분포되어 있다고 가정해 보자. 즉, 소수의 매우 고소득 가구가 있고 다수의 저소득 가구가 분포되어 있는 형태이다. 이러한 경우에 소득의 산술평균을 우리나라 전국 가구 소득의 대표값으로 사용한다면 실제보다 가구 평균 소득이 높다고 정보를 받아들일 가능성이 높아진다. 따라서 이처럼 소수의 특이치가 존재할 때에는 산술평균과 함께 중앙값 또는 최빈값 정보를 함께 제공하는 것이 적합하다. 그러나 특이한 경우를 제외하고 대부분의 경우에서는 평균이 중심경향의 측정으로 가장 널리 사용되고 있다.

(2) 중앙값

표본의 변수값들을 크기순으로 나열할 때 맨 중앙에 위치한 변수값이 중앙값(median)이 된다. 즉, 변수값들의 크기를 비교할 수 있어야 가능한 중심경향치로 서열 측정수준 이상의 자료에 적용할 수 있는 통계량이다. 〈표 13-2〉의 표본 1과 표본 2의 변수값을 크기순으로 재배열하면 다음과 같다.

표본 1 : 1, 1, 1, 2, 2, 2, 3, 3, 3, / 3, 3, 3, 4, 4, 4, 4, 5, 5

표본 2 : 1, 1, 1, 2, 2, 2, 3, 3, 3, / 3, 3, 3, 4, 4, 4, 4, 5, 10

표본 1과 표본 2의 변수값 개수는 18개로 가장 중앙에 위치한 숫자는 9번째 숫자 3과 10번째 숫자 3의 중간이므로 (3×3)÷2로 계산하여 3임을 알 수 있다. 이처럼 중앙값은 순서만을 고려하기 때문에 특이치의 영향을 거의 받지 않아 평균에 비하여 안정적일 수 있다. 따라서 변수값들이 한쪽으로 치우쳐져 있을 때 중앙값은 의미있는 대표값이 될 수 있다. 그러나 중앙값만으로는 변수값들의 분포를 알기 어렵기에 중앙값을 중심경향치로 제시할 때에는 산술평균을 같이 사용하는 것이 일반적이다.

(3) 최빈값

빈도분포에서 빈도수가 가장 많은 변수값을 최빈값(mode)이라고 한다. 변수값들을 범주로 구분할 수만 있으면 되기 때문에, 명목 측정수준의 자료에도 적용할 수 있다. 학창 시절에 참여한 학급임원 선출이라든가 여러 의견이 나왔을 때 다수결로 결정하는 것들이 최빈값의 대표적이 예시가 될 수 있다.

〈표 13-2〉의 표본 1과 표본 2를 보면 가장 빈도수가 높은 변수값은 3(n=6)이므로 최빈값이 3임을 알 수 있다. 최빈값 역시 소수의 특이치에 영향을 받지 않기에 산술평균을 보완하는 중심경향치로 사용될 수 있다. 그러나 종종 빈도수가 가장 많은 범주가 2개 이상일 경우가 있는데, 이러한 경우에 어느 것이 표본의 중심경향치로 더 적합한지에 대한 판단이 어려울 수가 있다. 경우에 따라서는 둘 다 중심경향치로 부적합할 수도 있다. 예를 들어, 10명의 사회복지학과 대학생들에게 관심있는 전공 분야에 투표를 하도록 하였다고 해보자. 투표 결과 의료사회복지에 2표, 군사회복지에 1표, 아동복지에 2표, 노인복지에 2표, 장애인 복지에 2표, 다문화복지에 1표가 나왔다면 학생들의 관심이 어느 분야에 높은지 최빈값으로 설명하기 어려워진다. 이러한 이유로 최빈값의 유용성은 많이 떨어지게 되며, 통상 명목 측정수준의 자료에 사용이 제한되고 있다. 명목 측정수준의 자료에는 중앙값이나 평균은 사용할 수가 없고 최빈치가 유일하게 사용될 수 있기 때문이다.

2) 산포도의 측정

산포도(measures of dispersion)는 흩을 산(散)에 펼 포(布)의 의미로 변수값들이 중심경향치를 중심으로 '흩어져 펼쳐진' 정도를 의미한다. 즉, 표본을 구성하는 변수값들이 서로 얼마나 다른지를 나타내는 것으로 평균(mean)과 같은 중심경향치를 중심으로 변수값들이 분포된 정도를 측정한다. 두 표본의 산술평균이 같을 경우에 두 개의 표본을 동일한 것으로 해석하는 것이 가능한 거처럼 여겨질 수 있으나, 평균으로부터 변수값들이 분포되어 있는 정도가 서로 다르다면 두 표본을 동일하게 취급할 수 없다. [그림 13-2]에서 볼 수 있듯이, 표본 A는 표본 B에 비하여 변수값들이 평균에 더 밀집되어 분포되어 있으며 표본을 구성하는 개별 변수값들 사이의 차이가 조금 더 작음을 알 수 있다. 이처럼 중심경향치를 통해 확인된 중심값을 중심으로 변수값들이 어떻게 퍼져 있는지를 알 수 있기에 산포도가 제공하는 통계량이 기초통계에서 매우 유용하다.

산포도의 측정으로 널리 사용되는 네 개의 통계량으로는 범위(range), 사분편차(interquartile range), 분산(variance), 그리고 표준편차(standard deviation)가 있다.

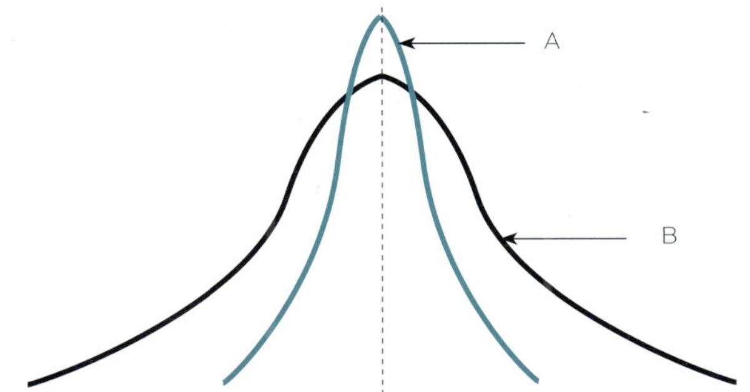

[그림 13-2] 중심은 같으나 분산정도가 다른 두 개의 분포

(1) 범위

범위(range)는 표본 중에서 가장 큰 값과 가장 작은 값의 차이로, 계산이 간편

하다는 장점이 있다. 다만, 변수값의 차이를 계산해야 하기에 변수값의 크기를 비교할 수 있는 서수 측정수준 이상의 자료에 적용할 수 있다. 다음 〈표 13-3〉에서 볼 수 있듯이, 표본 1에서의 범위는 4(5−1)인데 비해 표본 2에서의 범위는 99(100−1)로 증가하게 되므로 특이치의 영향을 많이 받는 편이다. 또한 가장 큰 변수값과 가장 작은 변수값이라는 양극단 값의 차이를 통해 산포도를 파악하기에 중간에 있는 변수값들이 어떻게 분포되어 있는지는 확인할 수 없다. 따라서 범위는 극단적인 특이치가 없거나 변수값들이 고르게 분포된 상황에서 사용하기에 좋다.

〈표 13-3〉 특이치가 산포도의 측정에 미치는 영향

표본 1			표본 2		
변수 값	평균과 차이의 제곱	빈도 수	변수 값	평균과 차이의 제곱	빈도 수
1 2 3 4 5	(1−2.94)2 (2−2.94)2 (3−2.94)2 (4−2.94)2 (5−2.94)2	3 3 6 4 2	1 2 3 4 5 100	(1−8022)2 (2−8.22)2 (3−8.22)2 (4−8.22)2 (5−8.22)2 (100−8.22)2	3 3 6 4 1 1
평균 = 2.94 분산 = 1.585 범위 = (5−1) = 4			평균 = 8.22 분산 = 525.948 범위 = (100−1) = 99		

(2) 사분편차

사분편차(interquartile range)는 양극단의 변수값 차이를 통해 산포도를 확인하기에 특이치의 영향을 많이 받는 범위의 특징을 일부 보완한다. [그림 13-3]과 같이 변수값을 크기 순서로 나열한 후 4등분하여 가장 크기가 작은 1/4의 변수값들을 1사분위로 두고, 가장 크기가 큰 1/4의 변수값들을 4사분위에 둔다. 그 다음에, 1사분위(first quartile, 즉 25%)에 위치하는 관측치(Q1)와 3사분위(third quartile, 75%)에 위치하는 관측치(Q3) 사이의 차이를 2로 나누면 사분편차가 된다. 즉, 사분편차는 (Q3−Q1)÷2이다. 사분편차가 커질수록 변수값들이 흩어져 있다는 것이고, 작을수록 변수값들이 밀집되어 있다고 해석할 수 있다. 관측치들의 크기를 비교할 수 있어야 하므로 서수 측정수준의 자료에 적용할 수 있는 통계량이다.

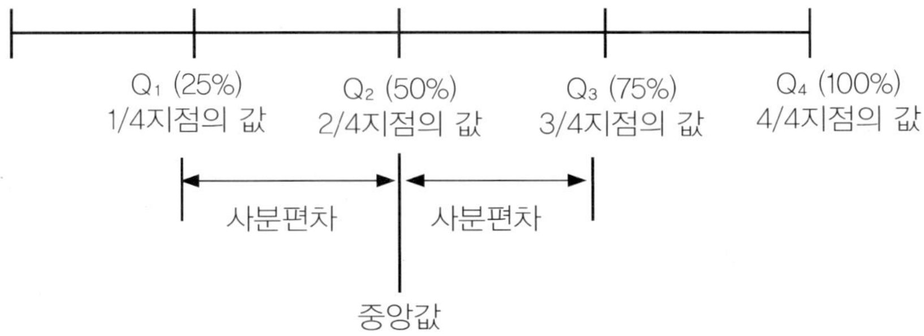

[그림 13-3] **사분편차**

예를 들어, 12명의 청소년 키에 대한 사분편차를 구하고자 다음과 같이 키 순서대로 나열해보았다고 하자.

청소년 키: 143, 145, 150, / 152, 153, 160, / 164, 166, 168, / 172, 173, 198

청소년 키의 범위(range)는 198−143으로 55가 된다. 반면 사분편차는 3사분위에 위치한 170과 1사분위에 위치한 151의 차를 2로 나누어 계산하므로 (170−151)÷2로 9.5가 된다. 이처럼 사분편차의 계산에는 양극단 값을 제외하고 1사분위와 3사분위에 위치하는 변수값을 사용하기 때문에, 범위보다는 특이치의 영향을 덜 받는다는 장점이 있다.

(3) 분산

분산(variance)은 변량이라고도 하며, 표본의 각 변수값이 평균으로부터 어느 정도 떨어져 있는지를 측정한 통계량이다. 참고로 분산은 범주 사이의 차이가 동일한 의미를 가지며 산술계산이 가능해야 하므로 등간 측정과 비율 측정수준의 자료에만 적용될 수 있다.

예를 들어, 여러분을 포함하여 4명의 학생이 수강하고 있는 사회복지조사론의 중간고사 평균 점수가 80점이고 여러분의 점수(변수값)는 74점이라고 해 보자. 여러분의 중간고사 편차(개별 변수값−전체 평균)는 (74−80)으로 −6이다. 즉, 여러분의 점수는 평균(mean)으로부터 왼쪽으로 6점 떨어져 있다. 다른 3명의 수강생 점수가 90점, 88점, 68점이라고 할 때, 수강생 모두의 편차를 구해보면 다음과 같다.

편차: (90−80)=10, (88−80)=8, (74−80)=−6, (68−80)=−12

이 편차의 합을 구하면 (10+8−6−12)÷4로 0이 되어 마치 모든 학생이 평균 점수인 80점을 맞은 것처럼 잘못 해석될 여지가 발생한다. 이러한 문제를 해결하는 방법의 하나가 제곱이다.[1] 편차를 제곱하여 모두 더한 후 변수 갯수로 나누어 계산하면 분산이 된다.[2]

분산: $\{(10)^2+(8)^2+(-6)^2+(-12)^2\} \div 4 = 86$

예시와 같이 분산의 계산은 모든 변수값을 사용하기 때문에 전체적인 변수의 흩어짐 정도를 파악하는 데 도움이 된다. 편차가 클수록 분산의 값은 커지게 되고, 분산이 클수록 변수값들이 이질적인 성향을 가지고 넓게 퍼져 있다고 해석할 수 있다. 반대로, 편차가 작을수록 분산도 작아지고, 이는 변수값들이 동질성을 가지고 평균 중심으로 밀집되어 있다고 볼 수 있다. 그러나 통계량을 구하기 위해 모든 변수값을 반영하기 때문에 하나의 특이치라도 존재하게 되면 산포도의 범위나 중심경향치의 산술평균과 같이 분산도 영향을 받는다. 〈표 13−3〉이 보여주듯이 표본 2에 포함된 특이치 100으로 인하여 평균과 차이의 제곱값, 즉 $(100-8.22)^2=8423.568$이 매우 크게 되므로 분산의 값도 525.948로 커진다.

1) 제곱 대신 절대값을 붙여 평균절대편차를 구할 수도 있지만 평균절대편차는 평균(mean)의 산포도가 아니라 중앙값(median)의 산포도이다.

2) 정확히 말하면 관측치 수에서 1을 뺀 값으로 나누는데, 이것이 바로 자유도이기 때문이다. 이에 관한 이론적인 설명은 본서의 범위를 벗어나며, 통계학 관련 서적에 설명되어 있다.

(4) 표준편차

표준편차(standard deviation)는 분산의 제곱근이다. 분산이 편차를 제곱하면서 실제 평균에서 벗어난 정도의 값에서 너무 멀어졌기에 이를 제곱근을 활용하여 제곱을 없앰으로써 측정단위를 다시 일치시키고 분산의 과장된 수치를 실제적인 의미로 나타낸 것을 표준편차라고 할 수 있다.

분산의 예시를 가지고 표준편차를 구해보자. 사회복지조사론의 분산이 86이었으므로 86의 제곱근 즉, $\sqrt{86}$이 되므로 표준편차는 9.27이 된다. 표준편차도 분산과 동일하게 값이 클수록 변수값들이 중심경향치에서 넓게 분포하고 있고, 값이 작을수록 밀접하게 분포하고 있다고 해석하면 된다. 이러한 표준편차는 분산처럼 숫자가 크지 않은 채 모든 변수값들이 평균(mean)으로부터 얼마나 흩어져있는지를 알 수 있기에 분산과 함께 산포도의 측정으로 가장 널리 사용되고 있다.

이상으로 산포도를 측정하는 네 가지 통계량을 살펴보았는데, 잠시 통계량 값의 의미에 대하여 생각해 보자. 앞에서 분산이나 표준편차가 크면 중심경향치에서 흩어져 있고, 작으면 밀집되어 있다고 설명하였다. 그렇다면 〈표 13-3〉에서 표본 1의 분산이 1.585라고 계산되었는데, 이 분산의 값은 과연 큰 것일까 작은 것일까? 정답은 하나의 분산만으로는 해석을 할 수가 없다이다. 분산 1.585는 분산이 525.948인 표본 2에 비해 변수값들이 퍼져 있는 정도가 작지만, 분산이 0.5인 표본보다는 더 다양하게 분포되어 있기 때문이다. 이처럼 분산은 두 개 또는 그 이상의 분산들을 비교함으로써 상대적으로 어느 표본이 평균을 중심으로 더 밀접하게 분포되어 있는지를 알려 줄 수 있는 것이다. 마찬가지로, 사분편차와 범위도 상대적인 비교를 통해서만 해석이 가능하다.

4) 분포도의 측정

분포도(distribution)는 변수값이 어떤 모양으로 분포되어 있는지를 보여주는 통계량이다. 변수값이 중심경향치를 기준으로 좌우대칭일 경우 분포도는 정규분포곡선(normal distribution) 형태를 가지고 있다고 말한다. 정규분포곡선은 종을 엎어 놓은 것처럼 중앙에 하나의 봉우리를 가지고 있고, 그 봉우리를 기준으로 좌우가 대칭을 이루는 모양이다. 정규분포곡선에서는 중심경향치의 주요 통계량인 평균값, 중앙값, 최빈값이 모두 같다. 하지만 현실에서는 이론적으로 완벽한 정규분포곡선의 형태를 갖는 자료는 거의 없기에 왜도(skewness)와 첨도(kurtosis)를 통해 비대칭 정도를 측정하게 된다.

(1) 왜도

왜도(skewness)는 변수값들의 분포가 평균을 기준으로 왼쪽(−) 또는 오른쪽(+)으로 기울어진 방향과 정도를 의미한다. 만약 왜도의 통계량이 0인 경우는 [그림 13−4]의 (b)와 같이 정규 곡선으로 평균과 중앙값, 최빈값이 동일하며 평균을 중심으로 변수값들이 좌우대칭인 상황을 의미한다. (a)의 경우는 왼쪽으로 꼬리가 길게 빠져 있는 형태로 부적편포(negative skewness 또는 negatively skewed)라고 하며, 평균이 왼쪽으로 치우쳐져 0보다 작고 최빈값이 가장 크다. 사회복지조사론의 중간고사 난이도가 높아 수강생들이 전반적으로 낮은 점수를 받아 평균 점수도 낮아진 경우에 해당한다. (c)의 경우는 (a)와 반대로 오른쪽으로 꼬리가 길게 빠져 있는 형태로 정적편포(positive skewness 또는 positively skewed)라고 하며, 평균이 0보다 높고 가장 오른쪽으로 이동해 있으며 최빈값이 가장 작다. 사회복지조사론의 낮은 중간고사 점수를 보완하기 위해 수강생들이 열심히 공부한 결과 기말고사 성적이 전반적으로 상승하였을 때 해당 왜도 모양을 보일 수 있다.

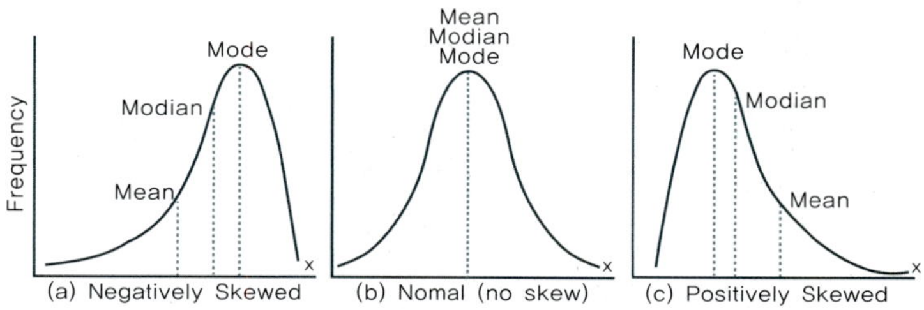

[그림 13−4] 왜도

(2) 첨도

첨도(kurtosis)는 변수값들이 평균값에 집중된 정도로 평균값의 높낮이 정도를 의미한다. 정규 분포의 경우, [그림 13-5]의 (b)와 같이 첨도값은 0이 된다. 첨도값이 0보다 작으면 변수값들이 중앙에서 많이 떨어져 있어 (a)첨도가 낮아지고, 첨도값이 0보다 크면 변수값들이 중앙으로 많이 몰려있어 (c)처럼 첨도가 높아진다. 어떤 사회복지기관에서 두 개의 프로그램을 기획하여 각 프로그램별로 50명씩 참여할 수 있도록 하였다고 하자. 프로그램을 모두 진행한 뒤 두 프로그램에 대한 만족도 조사를 한 결과, 두 프로그램 모두 5점 만점에 평균 3을 받았다. 그러나 A프로그램의 경우 1점부터 5점까지 만족도 응답이 다양한 반면, B프로그램은 40명의 응답자가 3점을 표기하였다. A와 B프로그램의 첨도는 [그림 13-5]에서 각각 어디에 해당할까?

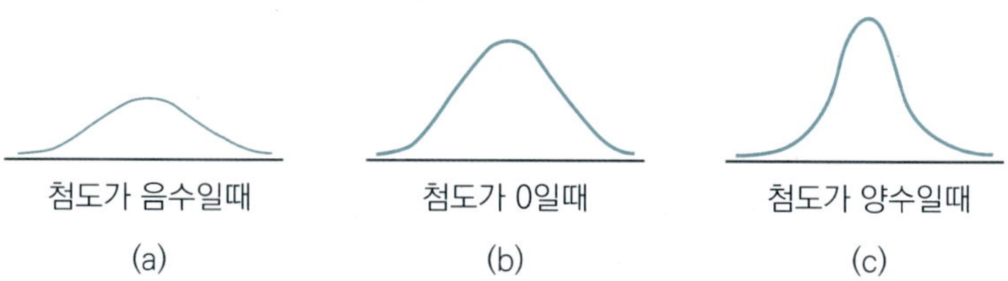

[그림 13-5] 첨도

50명의 참가자에게 1점부터 5점까지 골고루 점수를 받아 평균 3점이 나온 A 프로그램의 경우, 점수의 분포가 넓게 퍼져있기에 낮은 첨도를 갖게 될 것이다. 따라서 A 프로그램의 첨도는 (a)에 해당한다. 반대로 대다수가 평균 3점에 응답한 B 프로그램의 경우 평균에 점수(변수값)가 몰려 있으므로 높은 첨도를 가질 것이고, 따라서 (c)의 모양을 가질 것이다. 이처럼 중심경향치가 동일하거나 유사하더라도 첨도가 다르다면 두 집단이 유사하다고 말할 수 없다.

5) 상관관계의 측정

상관관계의 측정(measures of association)은 두 변수 사이에 얼마나 밀접한 관계가 있는지를 측정하는 것이다. 만일 한 변수 X의 값이 증가할 때마다 또 다른 변수 Y의 값이 정확히 일정한 비율, 예를 들어, 1:1 또는 1:1.5 등의 비율로 증가한다면, 두 변수 사이에는 완전한 양의 상관관계(두 변수가 같은 방향으로 변하기 때문에)가 있다고 말할 수 있을 것이다. X의 값이 1만큼 증가할 때 Y의 값은 일정한 비율이 아니라 0.9만큼 감소할 때도 있고 1.3만큼 감소할 때도 있다면, 두 변수 사이에는 음의 상관관계(두 변수가 다른 방향으로 변하기 때문에)가 있지만 완전한 관계는 아니라고 말할 수 있다. 만약, X가 증가할 때 Y의 값은 증가할 때도 있고 감소할 때도 있어서 패턴을 발견하기 어렵다면, 두 변수 사이에는 상관관계가 존재하지 않는다고 말하게 된다.

상관관계를 측정하는 대부분의 통계량들은 그 값을 r이라고 말하며 r의 범위가 1(완전한 양의 관계)과 −1(완전한 음의 관계) 사이의 값을 갖는다. 그리고 0의 값은 두 변수 사이에 아무런 상관관계 존재하지 않는다는 의미가 된다. 따라서 [그림 13-6]과 같이 양의 상관관계가 밀접할수록 1에 근접하게 되고, 음의 상관관계가 강할수록 −1에 근접하게 될 것이다. 이처럼 상관관계를 측정하는 통계량들을 적용하기 위해서는 변수들의 증가 또는 감소와 같이 크기를 비교할 수 있어야 하므로 서수 이상의 측정수준에 해당되는 표본이어야 한다. 여기서는 서수 이상의 각 자료 측정 수준에서 널리 사용되는 상관관계의 측정치에는 어떠한 것이 있는지 간략히 소개하고자 한다.[3)]

3) 그 측정치의 계산방법 등 자세한 내용은 통계학 관련 전문서적을 참조하기 바란다.

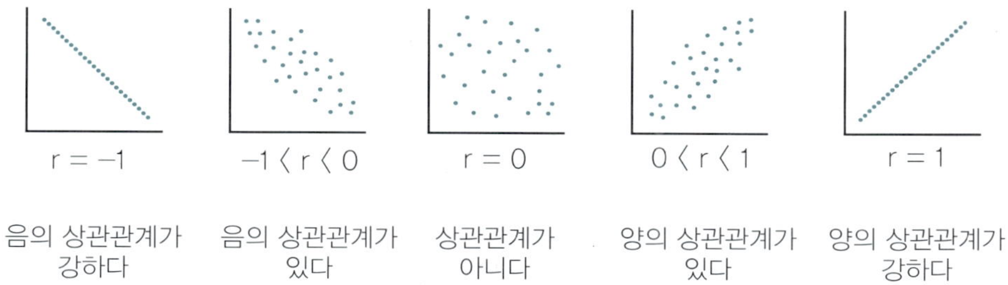

[그림 13-6] 상관관계 종류

(1) 스피어만 순위상관계수

이제 전국 종합사회복지관의 중 표본으로 추출된 10개의 복지관을 대상으로 예산액과 이용자 수라는 두 변수 사이에 어떠한 상관관계가 있는지를 알아본다고 해보자. 그런데 예산액과 이용자 수가 3개의 복지관으로 지나치게 치우쳐 분포되어 있음이 확인되었다고 해보자. 이런 경우에는 예산액과 이용자 수의 수치 자체를 사용하기보다는 각 변수의 순위를 사용해 분석하는 것이 더 적합할 수 있다. 이는 중심경향치를 측정할 때 특이치가 존재하여 분포가 한쪽으로 치우치는 경우에는 산술평균보다는 순위만을 고려한 중앙값이 좀 더 적합하다는 것과 같은 맥락이다. 이처럼 두 변수의 순위 사이에 얼마나 밀접한 상관관계가 있는지를 측정하는 것이 스피어만 순위상관계수(Spearman rank correlation coefficient)이며, −1과 1 사이의 값을 갖게 된다. 다만 복지관의 예산액과 이용자 수는 비율 측정수준의 변수이므로 이들을 서수 측정수준으로 변화하여 적용해야 한다. 이제, 두 비율 변수를 서수로 변경하여 10개 복지관의 예산액 순위(X)와 이용자 수의 순위(Y)를 나열하였다고 해보자. 한 복지관의 예산액 순위(X)가 3위인데 이용자 수의 순위(Y)도 3위로 두 변수 순위가 정확히 똑같다면, 그 변수들 사이에는 완전한 양의 상관관계가 있다고 말할 수 있다. 반대로 다른 한 복지관의 예산액 순위(X)가 9위인데 이용자 수의 순위(Y)는 2위로 서로 정반대라면, 이 두 변수 사이에는 완전한 음의 상관관계가 있다고 말할 수 있다. 이처럼 스피어만 순위상관계수는 크기를 비교할 수만 있으면 적용할 수 있으므로, 서수측정수준 또는 그 이상의 수준으로 측정된 변수들에 적용 가능하다.

(2) 피어스만 상관계수

등간 측정수준 또는 비율 측정수준의 변수들을 그보다 낮은 수준인 서수 측정수준으로 변환하여 사용하게 되면 사실상 많은 정보를 잃게 된다. 따라서 위의 예에서 종합사회복지관의 예산액과 사용자 수에 특이치가 없다면, 순위만을 이용한 스피어만 순위상관계수를 적용하는 것은 바람직하지 않다. 변수의 관측치 그 자체를 이용하여 상관관계를 측정하는 것이 피어슨 상관계수(Pearson correlation coefficient)이며, 계수는 스피어만 순위상관계수와 동일하게 −1과 1 사이의 값을 갖는다. 피어슨 상관계수는 등간 측정수준 이상의 두 변수 사이에 선형관계가 얼마나 밀접한지를 측정하는 것으로서, 비선형관계에 적용하게 되면 잘못된 측정이 될 수 있다. [그림 13-7]의 (b)에서 X와 Y 사이에는 매우 밀접한 상관관계가 있음에도 불구하고 비선형관계이기 때문에, 피어슨 상관계수의 값은 0에 가깝게 될 것이다. 따라서 두 변수의 산포도를 먼저 그려서 선형관계가 있다고 판단되는 경우에만 피어슨상관계수(Pearson correlation coefficient)를 사용해야 한다.

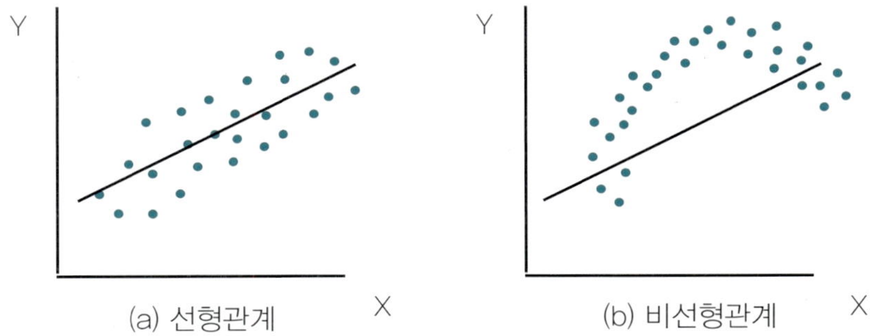

[그림 13-7] 선형과 비선형관계

상관계수를 해석함에 있어서 주의해야 할 점은 두 변수 사이의 상관관계가 강하다고 해서, 즉 상관계수의 값이 1 또는 −1에 가깝다고 해서 두 변수 사이에 인과관계(causality)가 존재하는 것으로 해석해서는 안 된다는 것이다. 인과관계를 확인하는 것은 추론통계를 통해 가능하며, 상관관계는 두 변수 사이에 존재하는 선형관계의 밀접한 정도를 측정할 뿐이다.

03 추론통계의 기초

추론통계를 활용하는 대부분의 사회과학 연구는 모집단에서 추출한 비교적 작은 크기의 표본자료를 요약하고 분석하여 모집단의 특성 즉, 모수(parameter)를 추정(estimation)하거나 모집단에 대한 가설을 검증(testing)하기 위한 목적으로 이루어진다. 따라서 표본자료로부터 얻는 정보를 토대로 표본의 모집단 전체에 확장 적용(일반화, generalization)시킬 수 없다면 그 표본정보는 가치를 잃게 된다. 예를 들어, 사회복지서비스에 대한 수요를 조사하기 위해서 전국에서 일부 종합사회복지관을 표본으로 추출하여 분석하였으나 그 분석 결과를 전국의 종합사회복지관의 경우로 일반화 시킬 수 없다면, 표본으로부터 얻은 연구 결과의 의미와 중요성은 조금 퇴색될 수 있다.

그렇다면 표본으로부터 얻은 연구 결과를 어떻게 모집단으로 일반화시킬 수 있는가? 이러한 일반화 과정에는 항상 불확실성과 오류가 생기는 것은 어쩔 수 없는 사실이지만, 추론통계(inferential statistics)를 통하여 그 불확실성의 정도를 줄일 수 있으며 오류의 발생확률이 어느 정도인지도 측정할 수 있다. 추론통계는 확률이론에 근거하고 있기 때문에, 확률적 표본추출방법으로 추출된 표본에만 적용이 가능하고 비확률적 표본추출방법에 의한 표본에는 적용할 수 없다.

확률적 표본추출에 의한 표본은 모집단을 대표하게 되어 있다. 그렇더라도 표본은 모집단의 정확한 축소판이 아니라 어느 정도 차이가 존재할 것으로 예상되는데, 확률이론을 이용하여 그 차이가 어느 정도일지를 확률개념으로 계산할 수 있다. 예를 들어, 전국 종합사회복지관을 이용하는 남성의 비율이 재작년까지 30%이었다고 하자. 작년에 남성을 위한 새로운 프로그램을 기획하여 전국 종합사회복지관에서 실시하였고, 그 이후 남성의 비율이 얼마나 증가하였는지 분석해보기로 하였다. 이를 위해서 전국 종합사회복지관들 중에서 무작위로 100개의 복지관을 표본으로 추출하여(확률적 표본추출) 조사한 결과 남성이용자의 비율이 41%이었다면, 11%의 증가가 과연 다른 이유 없이 오로지 남성을 위한 프로그램 시행에 의한 영향이라고 말할 수 있는가? 표본의 남성비율이 높게 나온 것이 우연히 남성 이용자가 많은 복지관들만 추출되었기 때문에 생기는 표본추출오류(sampling error)일 가능성은 없는가? 이러한 질문에 대한 답은 추론통계, 즉 가설검정(hypothesis testing)으로 얻을 수 있다.

여기서는 가설검정의 기본적인 내용, 즉 어떠한 논리에 근거하여 가설의 타당성을 검정하는지에 관하여 간략히 설명하고자 한다. 만일 모집단의 남성 비율이 과거와 변함없이 여전히 30%라고 가정해 보자. 이 모집단에서 표본을 추출하여 남성 비율을 조사하게 된다고 표본의 남성 비율이 모집단의 남성 비율인 30%와 정확히 일치하리라고 기대되지는 않는다. 왜냐하면 표본은 모집단의 일부이지 모집단 그 자체가 아니기 때문이다. 아무리 무작위로 100개의 종합사회복지관을 추출하더라도 그 중에는 남성 비율이 30%보다 큰 복지관의 수가 그렇지 않은 복지관보다 더 많이 추출되어, 표본의 남성 비율이 30%보다 클 수 있다. 그렇지만 남성의 비율이 30%인 모집단에서 표본을 추출하였다면, 표본의 남성비율이 30%보다 '과도하게' 클 가능성은 작을 것으로 예상된다. 그렇다면 얼마만큼의 차이를 '과도하게' 크다고 말할 수 있는지를 우리는 알아야 할 것이다.

확률이론에 의하면 모집단의 남성 비율이 30%인 경우에 그로부터 표본크기가 100인 표본을 추출하게 되면, 그 표본의 남성 비율이 얼마가 될 것인지를 확률적으로 예상할 수 있다. 예를 들어, 모집단의 남성 비율이 30%인 경우에 표본의 남성 비율이 38% 이상이 될 가능성이 5%이라고 하자. 그런데 실제로 추출한 표본의 남성 비율이 41%이므로, 새로운 프로그램의 영향이 없었다면(모집단의 남성 비율이 여전히 30%라면) 표본에서 관측된 41%는 '과도하게' 크다고 말할 수 있다. 따라서 우리는 전년도 남성을 위한 프로그램의 영향으로 금년에는 복지관을 이용하는 남성의 비율이 증가하였다고 결론을 내릴 수 있는 것이다. 그러나 프로그램의 영향이 없었더라도, 즉 모집단의 남성 비율이 여전히 30%로 변화가 없었더라도 표본비율이 38%보다 크게(즉, 41%) 관측될 가능성이 전혀 없는 것이 아니라 5%가 되므로, 위의 결론이 잘못될 가능성은 5%라고 말할 수 있다.

이상의 설명을 Chapter 3에서 배운 통계학 용어를 사용하여 다시 설명해 보자. 위에서 그 진위를 판단하고자 하는 가설, 즉 "모집단의 남성 비율이 30%이다"를 귀무가설 혹은 영가설(null hypothesis)이라고 한다. 관측된 표본자료에 근거할 때 어느 정도의 확신을 갖고 귀무가설을 기각할 수 있는지를 판단하는 것이 가설검정이며, 이를 위해서는 귀무가설이 맞을 경우에 발생 가능성이 높은 표본비율은 어떠한지를 알아야 한다. 만일 귀무가설이 맞는 경우에 그로부터 표본크기가 100인 표본을 추출하여 관측되는 표본비율의 가능한 값들의 분포를 표본분포(sampling distribution)라고 한다. 모집단에서 표본크기가 100인 표본을 추출할 수 있는 경우는 무수히 많기 때문에, 그들에서 관측되는 표본비율의 값도 다양하게 나올 수 있다.

많은 경우에 표본분포는 정규분포(normal distribution)를 따른다는 사실이 중심극한정리(Central Limit Theorem)에 의하여 이론적으로 알려져 있다. 그러한 표본분포에 근거하면 귀무가설이 맞는 경우에는 발생할 가능성이 낮은 값들은 어떤 것이 있는지 미리 설정할 수 있는데, 이 값들을 기각영역(rejection region)이라 하고 그 기각영역의 값들이 발생할 확률을 유의수준(significance level)이라 한다. 그런 다음 표본크기가 100인 표본을 실제로 추출하여 관측한 표본비율이 기각영역에 포함된다면 우리는 귀무가설을 기각할 수 있게 된다.

위의 예에서 유의수준을 5%로 설정할 경우 기각영역은 38% 이상이 되며, 표본비율이 41%로서 기각영역에 포함되므로 우리는 귀무가설을 기각한다고 결론 내릴 수 있다. 여기서 주의할 점은 이러한 기각결정이 잘못될 가능성은 유의수준인 5%만큼 된다는 것이다. 따라서 우리는 가능하면 작은 유의수준에서 귀무가설을 기각하기를 선호하며, 그럴수록 우리의 기각결정은 더욱 신뢰도가 높아지게 된다. 귀무가설을 기각할 수 있는 최소의 유의수준을 p값(p value)이라고 부르는데, SPSS와 SAS 등과 같은 모든 통계 프로그램은 귀무가설에 대한 p값을 계산하여 주므로 우리는 p값의 의미를 이해하고 이를 활용하여 귀무가설의 기각 여부를 결정할 수 있어야 한다.

14
CHAPTER

연구보고서의 작성

01 연구보고서의 작성기준

보고서 작성은 사회조사연구의 마지막 단계로서, 사회조사의 결과를 필요로 하는 사람들에게 객관적이고 효과적으로 전달하고 공개함으로써 조사결과의 보편성과 타당성을 검증받는 데 있다. 따라서 연구보고서는 다른 사람들이 그것을 이해하거나 이용하는 데 용이하게 작성되어야 한다. 연구보고서의 목적과 기능에 따라 형식은 다양하지만 좋은 보고서를 작성하는 데에는 다음과 같은 몇 가지 공통 기준을 따를 필요가 있다.

1) 포괄성

보고서는 그것을 이용할 사람들이 원하는 모든 정보를 포함하고 있어야 한다. 조사 당시에 제기했던 문제와 그에 대한 해답을 포함하고 있어야 하며, 자료수집 및 분석방법, 분석의 결과와 함의, 그리고 가능하면 대안 제시에 이르기까지 빠짐없이 기록되어야 한다. 다만 보고서의 효율성을 위해서는 포괄성의 정도를 정보이용자의 관심과 활용정도에 따라 결정하여야 한다.

2) 정확성

보고서 내용이 부정확하면 독자는 조사 결과를 올바르게 해석하거나 활용할 수 없다. 보고서의 정확성 여부는 자료수집 과정의 타당성, 수집된 자료의 질, 자료처리 및 분석과정의 적절성 등에 의해 결정된다. 그 밖에 보고서 작성 과정에서 자주 발생하는 오타, 누락, 숫자 오기 등 사소한 오류도 정확성을 해치는 요인이 될 수 있다.

3) 명확성

명확성은 보고서의 표현방식에 관한 것으로, 의미가 불분명하거나 여러 가지로 해석될 수 있는 모호한 표현은 명확성을 떨어뜨리는 요인이 된다. 보고서가 명확성을 확보하기 위해 작성자는 보고서 내용에 대한 분명한 이해를 바탕으로 논리적이고 명확한 문장으로 표현해야 한다.

4) 간결성

보고서의 내용이 효율적으로 전달되기 위해서는 간결성을 갖춰야 한다. 간결성은 보고서 작성의 다른 기준인 포괄성과 겉으로는 모순되는 개념으로 보이나 밀접한 연관을 가지고 있다. 즉, 필요한 모든 정보를 포함하는 포괄성을 가지면서도 이를 최소한의 문장과 단어로 표현하는 간결성을 유지해야 한다. 그러기 위해서는 동어반복이나 수사적 표현은 삼가고 짧고 직설적인 표현을 사용해야 한다.

02 연구보고서의 내용

보고서의 내용은 연구목적이나 이용자의 요구 등에 따라 약간의 차이가 있을 수 있으나 일반적으로 다음과 같은 순서로 작성한다.

Ⅰ. 서두부분
1. 제목(논문이나 보고서 이름)
2. 연구자의 이름, 소속 및 지위
3. 목차(내용 목차, 표 목차, 그림 목차, 일반적으로 논문에서는 생략)
4. 초록(abstract, synopsis, 또는 executive summary)

Ⅱ. 본문부분
1. 서론
    1) 연구 문제 및 연구목적
    2) 연구의 이론적 · 정책적 중요성 및 필요성
2. 이론적 배경 및 문헌 검토
    1) 이론적 배경
    2) 기존 문헌 검토
    3) 가설 및 개념 정의
3. 연구 방법
    1) 조사설계 및 연구모형
    2) 모집단과 표본, 표본추출방법
    3) 자료수집방법 및 기간
    4) 자료분석방법
4. 연구 결과
    1) 자료분석 결과
    2) 분석결과의 해석
5. 요약 및 결론
    1) 결과 요약
    2) 이론적 · 정책적 · 실천적 함의
    3) 연구의 한계 및 향후 연구를 위한 제언

Ⅲ. 끝 부분
1. 참고문헌
2. 부록

1) 서두 부분

본문 부분에 들어가기 전인 서두부분에 포함되는 내용으로 ① 학술논문이나 보고서의 제목, ② 연구자의 이름, 소속, 지위, ③ 목차, ④ 개요 등이 있다. 분량에 제한이 없는 석·박사학위논문, 연구보고서, 그리고 소논문이라고 불리는 학술논문 등에서는 대체로 이러한 내용을 모두 포함하고 있다.

초록(abstract)은 보고서의 전체 내용을 읽기 전에 보고서의 윤곽을 이해할 수 있도록 짧게 간추린 요약본이다. 개요에서는 조사의 배경과 목적, 표본 및 분석방법, 분석 결과와 결론 및 제언 등을 요약하여 제시한다. 학술논문의 경우 초록은 학술지마다 상이하지만 보통 A4 1/2매 내외로 중요한 내용만 간결하게 작성하는 것이 중요하다.

2) 본문 부분

(1) 서론

연구 문제가 도출된 배경을 설명하며 연구목적을 명확하게 밝혀야 한다. 또한 이 연구 문제를 확인하는 것이 사회복지의 이론적, 정책적, 혹은 실천적으로 어떠한 중요성을 갖는지를 설득력 있게 제시해야 한다.

(2) 이론적 배경 및 문헌 검토

해당 조사연구와 관련하여 현재까지 연구들이 어떻게 진행되어 왔는지 기존 이론과 연구 결과를 소개한다. 기존 이론이나 문헌은 본 연구의 문제설정 및 가설구성, 개념설정과 직접적인 연관성을 갖도록 검토되어야 한다.

그다음에는 선행연구의 한계를 설명하며 자신의 연구를 통해 해당 연구 주제에 기여할 수 있는 부분이 무엇인지를 설명한다. 이때 구체적으로 연구의 가설을 서술함으로써 연구의 구체성을 드러내고 나아가 자연스럽게 연구 방법으로 넘어

갈 수 있도록 한다.

(3) 연구 방법

연구에서 제기한 문제에 대한 해답을 구하기 위해서는 조사 방법이 바르게 설정되어야 한다. 조사 방법에는 모집단의 성격, 표본의 크기와 추출방법, 자료수집방법(설문지, 면접, 관찰, 실험, 내용분석) 및 분석방법 등이 명확하게 제시되어야 한다. 이때 연구자는 연구목적에 맞는 자료수집 및 분석방법을 선택하여 기술해야 하며, 필요시 연구모형을 그림으로 제시할 수 있다.

(4) 연구 결과

연구 결과를 분석하고 해석하는 부분은 연구보고서의 핵심 부분이다. 해당 부분에서는 자료 분석 결과가 처음에 설정한 연구 가설에 대해 긍정인지 부정인지, 연구 문제와 관련하여 어떤 의미를 지니는지를 설명할 필요가 있다. 단, 자료수집 과정에서 얻어진 모든 결과들을 제시할 필요는 없고 연구 문제 또는 목적에 부합하는 것들만을 통계 표나 연구모형을 중심으로 제시하면 된다. 일반적으로 주요 분석 결과를 제시하기에 앞서 조사대상자에 대한 인구사회적적 특성을 서술한다.

자료 분석 및 그 결과를 해석하는 데 있어서 따라야 할 일반원칙은 '숲에서 시작하여 나무로'라는 원칙이다. 전체를 포괄하는 가장 핵심적인 결과부터 제시한 다음 지엽적인 것을 제시한다(남궁근, 2021).

(5) 요약 및 결론

보고서를 최종적으로 정리하는 단계로 서론에서 언급되었던 연구 문제와 목적을 다시 한번 환기한 후, 핵심 연구 결과를 중심으로 요약한다. 이때 연구 결과에 따라 기존 이론체계에 대한 지지 여부를 밝히고 근거를 제시할 수 있다. 또한 연구 결과를 토대로 이론적, 정책적 또는 실천적 함의를 논의하고, 연구의 한계점과 함께 향후 연구를 위한 제언을 제시한다.

3) 끝 부분

연구보고서의 끝 부분에는 참고문헌과 부록 등을 포함한다. 참고문헌은 사회복지학문의 경우, 영어는 APA 형식이 일반적이나 한글은 학술지에 따라 상이하므로 반드시 사전에 참고문헌 규정을 확인하는 것이 중요하다. 부록에는 보고서의 본문에 수록하지 못한 주요 통계자료나 설문지 등을 수록한다.

다음은 한국 사회복지 분야의 가장 대표적인 학술논문 학회지인 한국사회복지학 논문작성 규정이다.

〈예시〉 한국사회복지학 학회지 논문작성규정

1. 모든 논문은 다음과 같은 순서로 집필하여야 한다.

1) 논문제목

2) 성명(소속을 성명 아래 괄호 속에 처리한다)

3) 국문초록(한글 600자 또는 A4 1/2매 내외)

4) 중심단어(6개 이내)

5) 본문

6) 참고문헌

7) 영문초록(1,000단어 또는 A4 1/2매 내외): 논문제목, 성명(소속은 성명 아래), 본문 순

8) key words(영문, 6단어 이내)

9) 부록(필요한 경우)

10) 프로필

※ 단, 2) 성명, 7) 영문초록의 성명 10)프로필은 게재가 확정된 후 논문 최종본에 기술한다.

※ 영문 논문의 경우 동일한 규정을 적용한다.

2. 본문의 항목별 번호는 다음의 순에 의한다.

1 2 3, 1) 2) 3), (1) (2) (3), ① ② ③, 가 나 다

3. 논문은 아래의 기준에 의거하여 작성한다.

1) 편집 프로그램

한글 소프트웨어: 한글 2002 이상(.hwp)

2) 편집용지

(1) '논문 제목' 글자모양: 휴먼명조. 글자크기 17(대제목), 13(소제목), 진하게.

(2) '저자' 글자모양: 휴먼명조. 글자크기 12.

(3) '장' 글자모양: 휴먼명조. 글자크기 13, 진하게.

(4) '본문' 글자모양: 휴먼명조. 글자크기 11.

(주석 글자모양: 휴먼명조. 글자크기 9.)

(5) 문단모양: 들여쓰기 10; 줄간격 160; 정렬방식 혼합.

(주석 문단모양: 들여쓰기 13 줄간격 130; 정렬방식 혼합)

(6) 용지설정: 용지종류(사용자정의, 폭 :194, 길이:264)

용지여백(위쪽 20, 머리말 12, 왼쪽 27, 오른쪽 27, 아래쪽 19, 꼬리말 10)

(7) 표 모양(크기: 가로 14㎝, 맨 윗줄 두껍게(0.4㎜), 구분 아래 두 줄 처리(0.5㎜), 맨 아랫줄은 얇게(0.12㎜ 사용)

표 글자모양: 휴먼명조. 글자크기 9, 줄간격 130.

표(그림) 제목: 중고딕, 글자크기 9.

(8) 참고문헌 글자모양: 휴먼명조, 글자크기 11.

3) 원고 분량

원고의 분량은 25매 이내로 하며, 총 30매를 초과할 수 없다.

4. 연구비 지원을 받은 논문 또는 학위논문의 경우 그 내용을 논문의 첫 장에 제목의 각주로 명시한다.

예)

* 이 논문은 ㅇㅇ년도 ㅇㅇㅇㅇ의 지원을 받아 연구함.

* 이 논문은 ㅇㅇ년도 ㅇㅇㅇㅇ의 연구용역보고서 "ㅇㅇㅇㅇㅇㅇ"의 자료를 부분적으로 활용하였음.

* 이 논문은 필자의 ㅇㅇ학위논문을 수정 · 요약한 것임.

5. 공동연구의 경우, 주저자와 교신저자를 명시하여야 한다. 이에 대한 구분과 표시방법은 아래와 같다.

(1) 주저자 인정기준: 공동저자들 내부에서의 자체적인 선정을 기준으로 한다

(2) 주저자 및 교신저자 표시방법: 논문 첫 장에 각주로 주저자 및 교신저자임을 명시한다.

예) 김XX+ 장XX++

+주저자 ++교신저자

(3) 주저자와 교신저자가 동일한 경우에는 교신저자를 밝히지 않고 주저자만 표기한다. 이 경우 주저 자를 교신저자로 인정한다.

(4) 공동저자들 간에 주저자가 없이 공동작업을 했다고 자체적으로 인정한 경우에는 공동연구로 인정 하여 주저자를 표기하지 않는다.

6. 국문초록은 아래 예(굴림 11포인트, 진하게, 네모 틀 안)와 같은 형식으로 작성한다.

예)

[요 약]

본 연구는 …

주제어 : 문제음주, 배우자 폭력, 피해자의 문제음주, 복지패널

7. 주석 및 참고문헌 등의 세부사항은 다음의 형식에 준한다.

1) 주석을 표기하는 방법은 다음과 같으며 예외 없이 지켜야 한다.

본문과 주에서는 저자의 이름과 저서의 출판연도를 기재하는 것을 원칙으로 하되, 내용을 그대로 인용한 경우는 인용 페이지를 반드시 기재하도록 한다. 직접인용과 간접인용의 구분은 윤리 규정의 인용원칙을 참고한다. 구체적인 예는 아래와 같다.

(1) 저자의 이름이 본문에 언급된 경우에는 그 다음에 출판연도를 괄호 안에 제시하고(예 1), 본문 에 언급되지 않은 경우에는 이름과 출판연도를 모두 괄호 안에 제시한다(예 2).

예 1) 김연옥(2012: 52)은… 예 2) … (김연옥, 2012: 52).

(2) 저자의 이름이 외래어인 경우, 그대로 제시한다.

예 1) Freund(2006, 67–69)는… 예 2) … (Freund, 2006: 67–69).

(3) 2인 공동저술인 경우 두 사람의 이름을 모두 제시한다.

예) 김진욱과 최영준(2012: 31–33)은… , …(김진욱·최영준, 2012: 31–33)

Forrester와 Harwin(2006: 325–335)은…, …(Forrester and Harwin, 2006: 325–335)

(4) 3인 이상의 공동저술인 경우 본문· 내각주 모두 "외"를 사용한다. 영문으로 된 서적이나 논문의 경우도 마찬가지 방법으로 기술하며 본문의 경우 '외'를 사용하고, 내각주의 경우 '외' 대신 'et al.'로 표기한다.

예) 본문: 조상미 외(2012: 29)는… , … (조상미 외, 2012: 29).

본문: Cleaver 외(2007: 120–125), …(Cleaver et al., 2007: 120–125).

(5) 2편 이상의 서로 다른 저술을 인용할 때는 국내문헌을 먼저 제시하고, 외국문헌을 제시하며, 년도순으로 세미콜론(;)을 사용하여 구분한다.

예) (홍백의, 2005; 김진욱, 2010; 윤홍식, 2011; 양영자, 2012).

(Carlson et al., 2002; Bowen et al., 2005; Latendresse et al., 2008)

(홍백의, 2005; 윤홍식, 2011; 양영자, 2012; Carlson et al., 2002; Bowen et al., 2005)

(6) 영어의 '&'는 사용하지 않으며, 'and'로 통일한다.

2) 참고문헌 작성 규정은 다음과 같으며 예외 없이 지켜야 한다.

주석과 참고문헌이 양식에 맞게 구성하였는지의 평가는 중요한 심사

항목이다. 참고문헌은 본문에 인용 또는 언급한 것으로 제한한다. 참고문헌 작성시 국내문헌은 저자 이름의 가나다순으로 먼저 제시하고 그 다음에 외국 문헌을 알파벳순으로 제시한다. 단, 중국어 및 일본어 저자명은 괄호 속에 영문 또는 한글을 병기한다. 참고문헌 작성의 구체적인 사항은 아래를 참조한다.

(1) 같은 저자에 의한 저술을 2편 이상 제시할 때는 출판년도가 이른 순서대

로 나열한다.

(2) 학술대회발표나 미간행 저술은 발표된 장소와 날짜를 기재한다.

(3) 같은 저자에 의한 저술로서 같은 연도에 출판된 것이 2편 이상일 때는 본문에서 인용된 순서대로 출판년도에 영문자 a, b, c 등을 부기하여 구분하고 차례대로 나열한다.

(4) 저자가 2인 이상일 때는 모든 저자의 이름을 기재해야 한다.

(5) 영문으로 된 서적이나 논문의 경우, 모든 저자는 성(last name)을 먼저 적은 후 쉼표(,)를 하고, 이름(first name)을 나중에 적는다.

(6) 영문서적의 경우 단어마다 첫자를 대문자로 표기한다. 영문저널명은 단어마다 첫 자를 대문자로 표기한다. 영어 논문 제목과 부제는 첫 단어의 이니셜만 대문자로 표기하고 나머지는 소문자로 표기한다.

(7) 영어의 '&'는 사용하지 않으며, 'and'로 통일한다.

8. 영문초록 및 프로필의 작성 기준은 다음과 같다.

(1) 영문 초록의 제목은 휴먼명조(글자크기 15)로 작성하며 조사를 제외한 모든 단어의 첫 이니셜 은 대문자로 기입한다.

(2) 저자명은 성, 이름으로 표기한 후 아랫줄 괄호 안에 소속을 표기한다.

예, Yoon, Myeong Sook

(Chonbuk National University)

(3) 프로필은 저자의 소속, 연구, 관심 분야, 메일을 작성한다(최대 6줄 이내).

예) 황진이

oo대학교 oo학과 부교수. 최근의 주요논문과 저서로 "지적장애청소년의 시설생활 경험에 관한 탐색적 연구"(『한국사회복지학』 64 (2). 2012, 공저), "장애아동청소년의 거주서비스 쟁점에 관한 혼합방법론 연구"(『한국사회복지학』 63(3). 2011). "인권 관점에 기초한 사회복지실천 경험에 관한 질적 사례연구– 장애인거주시설의 종사자 경험을 중심으로"(『한국사회복지학』63(1). 2011, 공저).『장애와 사회복지』(학지사, 2004, 공저) 등이 있음. 주요관심분야는 장애인복지, 질적 연구, 인권임.

E-mail:

※ 다음의 예는 위에 기술한 참고문헌 작성 규정을 따른 것이다.

(1) 단행본 : 저자명, 발행연도, 『도서명』, 소재지: 발행처.

① 단독 저서의 예

신섭중, 2001, 『한국사회복지정책론』, 서울: 대학출판사.

Wilensky, H. 1975. The Welfare State and Equality. Berkeley: University of California Press.

② 2인 공저의 예

김태성 · 김진수, 2007, 『사회보장론』3판, 서울: 청목출판사.

Hoffman, J., and Froemke, S., 2007, Addiction, New York: Rodale.

③ 3인 이상 공저의 예

김기태 · 박병현 · 최송식. 1999. 『사회복지의 이해』. 서울: 박영사.

Glass, Gene V., Barry McGaw, and Mary Lee Smith. 1981. Meta-analysis in Social Reaearch. Beverly Hills, Calif.: Sage.

(2) 번역서 : 번역자 명, 역서 발행연도, 『번역서명』, 원저자명, 원서발행연도, 원서명, 소재지: 발행처

조흥식 · 정선욱 · 김진숙 · 권지성 역, 2005, 『질적연구방법론』, Creswell, J. W., 1994, Qualitative Inquiry and Research Design, 서울: 학지사.

(3) 편저서 : 저자명, 발행연도, "제목", 편저자명, 『도서명』, 소재지: 발행처, 인용 페이지.

정익중, 2008, "새터민 청소년과 외상 후 스트레스 장애", 이혜원 편, 『청소년 권리와 청소년 복지』, 서울: 인간과 복지, 331-348.

Wolfe, D. A., Rawana, J. S., and Chiodo, D., 2006, "Abuse and trauma", 642-671, in Behavioral and Emotional Disorders in Adolescents, edited by Mash, E. J., New York: Guilford.

(4) 논문 : 저자명, 발행연도, "논문제목", 학술지명, 권수(호수): 논문 페이지.

① 1인 저자의 예

최옥채, 2012, "한국사회복지학 비평-형성 초기 1세대의 개론서와 역사주의 관점 중심으로",『한국사회복지학』, 64(3): 231-256.

② 2인 이상 저자의 예

남찬섭·백인립, 2011, "선진국 사회보험에서 적용·징수·급여업무의 통합사례에 관한 연구-제 도통합과 조직통합에 대한 역사적 고찰을 중심으로", 『한국사회복지학』,63(2): 5-30.

김교성·김종건·안현미·김성욱, 2007, "우리나라 사회복지 자원 총량 추계에 관한 연구", 『한국사회복지학』, 59(4):319-346.

Baldry, A. D., and Winkel, F. W., 2003, "Direct and vicarious victimization at school andat home as risk factors suicidal cognition among Italian adolescents", Journal of Adolescence, 26: 703-716.

Galaif, E. R., Stein, J. A., and Newcomb, M. D., 2001, "Gender differences in the prediction of problem alcohol use in adulthood : Exploring the influence of family factors and childhood maltreatment", Journal of Studies on Alcohol, 62: 486-493.

③ 학위논문의 예: 저자명, 발행연도, "논문제목" ○○대학교 ○○학위논문.

권태연, 2010, "우울수준과 음주행위 간의 종단적 상호관계에 관한 연구", 서울대학교 박사학위논문.

(5) 신문기사 : 언론사명, 발행연도, "기사제목", 발행년월일.

한국일보, 2012, "빈곤 사각지대 차상위층 늘었다", 2012년 6월 5일.

The Guardian, 2010, "Doctors' scepticism means rocky road for NHS reform", October 24, 2010.

(6) 인터넷 문서 : 저자명, 발행년도, "자료명(혹은 표 제목)", 사이트 주소.

통계청, 2011, "가구원의 만성질환", http://www.kosis.kr.

REFERENCE / APPENDIX

참고문헌 및 부록

참고문헌

강영걸·박성복·정영숙(2004). 사회복지조사론, 현학사.

김경동·이온죽(1986): 사회조사연구방법, 박영사.

김기원(2001). 사회복지조사론, 나눔의 집.

____ (2007). 사회복지조사론, 나눔의 집.

김영순·김진희·강진숙·정경희·정소민·조진경·조현영·최승은·정지현·오세경·김창아·김민규·김기화·임한나(2018). 질적연구의 즐거움, 창지사.

김영종(2007). 사회복지조사방법론, 학지사.

_____(2008). 사회복지조사방법론, 학지사.

김유진·박순미·박소정(2019). "고령자의 에이징 인 플레이스(Aging in Place)를 위한 서비스 지원 주거 모델 개발 연구". 보건사회연구, 39(2): 65-102.

김응렬(2001). 사회조사방법의 이해, 고려대학교출판부.

김태성·김기덕·이채원·홍백의(2005), 사회복지조사론, 청목출판사.

남궁근(2010). 행정조사방법론, 법문사.

남세진·최성재(2001). 사회조사방법론, 서울대학교출판부.

박창제·신복기(2006). 사회복지프로그램의 경제적 평가방법, 집문당.

박창제·신동호(2018). 농어촌지역 고령자의 행복감에 영향을 미치는 결정요인". 보건사회연구, 38(4): 98-128.

박희서·김구(2006). 사회복지조사방법론, 비엔앰북스.

사회복지교육연구센터(2019). 사회복지1급기본이론서: 사회복지조사론, 나눔의집.

생각의 마을(2019), 에쎕 사회복지조사론, 공동체.

신경림·고성희·조명옥·이영희·정승은 역(2004). 질적연구방법, 현문사.

원석조(2017). 사회복지조사론, 공동체.

양봉민(2002). 보건경제학, 나남.

양정하·황인옥·윤성호·이인숙·김태준(2006). 사회복지조사방법론, 공동체.

______________________________(2008). 사회복지조사방법론, 공동체.

양해림(2007). 현대해석학 강의, 집문당.

이민홍(2018). "독거노인의 사회자본이 자기방임에 미치는 영향 연구". 한국사회복지조사연구, 57: 81-107.

이지훈(2000). 사례연구법, 대경.

이창희·김병·김준규·이강·이용환·장천식·조병철(2007). 사회복지조사론, 창지사.

이해영(1999). 사회과학연구방법론, 학현사.

임병우(2016). 사회복지조사론, 창지사.
장민(2019). "노동시장 이중구조가 청년실업에 미치는 영향". 9: 1-60
정영숙(2006). 사회복지조사방법론, 공동체.
조흥식 외 3인 역(2005). 질적연구방법론, 학지사.
지은구(2005). 사회복지프로그램의 개발과 평가, 학지사.
차배근(1981). 사회과학연구방법, 세영사.
채구묵(2016). 사회복지조사방법론, 양서원.
채서일(1998). 사회과학조사방법론, 학현사.
_____(2002). 사회과학조사방법론, 학현사.
천성수·박종순(2000). 사회과학조사방법론, 아시아미디어리서치.
천정웅(2022). 논문작성 연구방법 실전 노하우-입말로 전하는 문헌·양적·질적연구, 양성원.
초의수(2019). 사회복지조사방법론, 정민사
최옥채(2008). 사회복지사를 위한 질적연구, 신정.
한승준(2007). 조사방법의 이해와 SPSS 활용, 대영문화사.
홍현미라·권지성·장혜경, 이민영·우아영(2008). 사회복지질적연구방법론의 실제, 학지사.
황성동(2015). 사회복사방법론, 학지사.
황성철(2005). 사회복지프로그램의 개발과 평가, 공동체.

Bailey, K.(1987). *Methods of Social Research*, 3rd ed., New York: Free Press.
Berelson, B.(1952). *Content analysis in communication*, NY. Glencoe.
Bogardus, E.(1933). "A Social distance social", *Socialogy and Social Peseath*, 17.
Britanica(2019). *Logical Positivism And Logical Empiricism*, https://www. britannica.com/topic/positivism
Bradshow, J.(1972). "The Concept of Social Need", New Society 19(March); 640-643.
Cartwright, D. P.(1953). Analysis of quantiative meterial, in Festinger & Katz, *research methods in the behaviour sciences*, NY. Holt.
Champion, D. J.(1981). *Basic Statistics for Social Research*, 2nd ed., Scranton, PA: Chandler.
Creswell, J. W.(1994). *Research design: Qualitative & Quantitative approach*, CA, SAge.
Donaldson, C. and Shackley, P.(1997). "Economic Evaluation", In R. Detels, W. W. Holland, J. McEwen, G.S. Omenn(eds.), *Oxford textbook of public health(third edition) Volume2: the methods of public health*(pp. 949-71) Oxford University Press, Oxford.
Drummond M. F., Bernard O'Brien, Stoddart, O'Brien Drummond, George W. Torrance, Greg L.(1997). *Methods for the Economic Evaluation of Health Care Programs*, Oxford University Press.

Erikson, E. H.(1978). *Adulthood*, New York: Norton.

Galtung, J.(1967). *Theory and Methods of Social Research*, New York: Columbia University Press.

Gaugler, Joseph E.(1999). "Evaluating Community-based Care for People with Dementia: The cost-effectiveness of adult day services", *Ph.d Dissertation*, The Pennsylvania State University.

Glaser, B. J. & Strauss, A. L.(1967). *The discovery of ground theory: strategis for qualitative research*, Chicago, Aldin.

Goode, W. J. & Hatt, P. H.(1955). *Methods in social research*, NY, McGraw-Hill.

Grinnell, R. M. and Y. A. Unrau(2005). *Social Work Research and Evaluation: Quantitative and Qualitative Approaches*, 7th ed., Oxford University Press.

Books & Arts

Published: 11 April 2012

David Kaiser(2012). *In retrospect: The Structure of Scientific Revolutions.* Nature volume 484: 164-165.

Lofland, J. & Lofland, L. H.(1995). Analyzing social setting, CA, Wadsworth.

Monette, D. R., T. J. Sullivan, and C. R. DeJong(2008). *Applied Social Research: A Tool for the Human Services*(7th ed.), Thomson.

Naver(2008). www.Naver.Com.

Newman, W. L.(2003). *Social Research Methods: Qualitative and Quantitative Approaches*(5th. ed.). Needham Heights, MA:Allyn & Bacon.

Padgett, D.(2001). 유태균 역, 사회복지질적연구방법론, 나남.

Patton, M. Q.(1987). *Qualitative evaluation and research methods*, CA, Sage.

Reamer, F. G.(1999). *Social work values and ethics*, New York: Columbia University Press.

Rubin, A. & Babbie, E.(2010). *Research Methods for Social Work*, 7th ed., Thomson.

Rubin, A. & Babbie, E.(2019) 유태균 역, 에센스 사회복지조사방법론, Cengage.

Stone, P. J. et al.(1966). *The general inquirer: the computer approach to content analysis in the behaviour sciences*, Cambridge, MIT Press.

Strauss, A. L. & Corbin, J.(1961). *Basics of qualitative research*, CA, Sage.

Suchman, Edward A.(1967). *Evaluation Research*, New York: Russel Sage Foundation.

Tripodi, Tony.(1983). *Evaluative Research for Social Workers*, Englewood Cliffs, N.J. : Prentice-Hall, Inc.

Weinbach, Rober W.(2005). *Social Work Research and Evaluation: Quantitative and Qualitative Approaches*(pp.24-43), 7th ed., Edited by Grinnell, R.M. and Y.A. Unrau. Oxford

University Press.

Wikipedia(2019). *Logical positivism*, https://en.wikipedia.org/wiki/Logical_positivism.

Wrenn, B., R. E. Stevens, and D. L. Loudon(2007). *Marketing Research: Text and Cases*, 2nd ed., New York: Haworth Press, Inc.

찾아보기

[부록 1] 난수표(Table of random numbers)

00000	10097	32533	76520	13586	34673	54876	80959	09117	29292	74945
00001	37542	04805	64894	74296	24805	24037	20636	10402	00822	91665
00002	08422	68953	19645	09303	23209	02560	15953	34764	25080	33606
00003	99019	02529	09376	70715	38311	31165	88676	74397	04436	27659
00004	12807	99970	80157	36147	64032	36653	98951	16877	12171	76833
00005	66065	74717	34072	76850	36697	36170	65813	39885	11199	29170
00006	31060	10805	45571	82406	35303	42614	86799	07439	23403	09732
00007	85269	77602	02051	65692	68665	74818	73053	85247	18623	88579
00008	63573	32135	05325	47048	90553	57548	28468	28709	83491	25624
00009	73796	45753	03529	64778	35808	34282	60935	20344	35273	88435
00010	98520	17767	14905	68607	22109	40558	60970	93433	50500	73998
00011	11805	05431	39808	27732	50725	68248	29405	24201	52775	67851
00012	83452	99634	06288	98083	13746	70078	18475	40610	68711	77817
00013	88685	40200	86507	58401	36766	67951	90364	76493	29609	11062
00014	99594	67348	87517	64969	91826	08928	93785	61368	23478	34113
00015	65481	17674	17468	50950	58047	76974	73039	57186	40218	16544
00016	81024	35635	17727	08015	45318	22374	21115	78253	14385	53763
00017	74350	99817	77402	77214	43236	00210	45521	64237	96286	02655
00018	69916	26803	66252	29148	36936	87203	76621	13990	94400	56418
00019	09893	20505	14225	68514	46427	56788	96297	78822	54382	14598
00020	91499	14523	68479	27686	46162	83554	94750	89923	37089	20048
00021	80336	94598	26040	36858	70297	34135	53140	33340	42050	82341
00022	44104	81949	85157	47954	32979	26575	57600	40881	22222	06413
00023	12550	73742	11100	03040	12680	74697	96644	89439	28707	25815
00024	63606	49329	16505	34484	40219	52563	43651	77082	07207	31790
00025	61196	90446	26457	47774	51924	33729	65394	59593	42582	60527
00026	15474	45266	95270	79953	59367	83848	82396	10118	33211	59466
00027	94557	28573	67897	54387	54622	44431	91190	42592	92927	45973
00028	42481	16213	97344	08721	16868	48767	03071	12059	25701	46670
00029	23523	78317	73208	89837	68035	91416	26252	29663	05522	82562
00030	04493	52494	75246	33824	45862	51025	61962	79335	65337	12472
00031	00549	97654	64051	88159	96119	63896	54692	82391	23287	29529
00032	35963	15307	26898	09354	33351	35462	77974	50024	90103	39333
00033	59808	08391	45427	26842	83609	49700	13021	24892	78565	20106
00034	46058	85236	01390	92286	77281	44077	93910	83647	70617	42941

00035	32179	00597	87379	25241	05567	07007	86743	17157	85394	11838
00036	69234	61406	20117	45204	15956	60000	18743	92423	97118	96338
00037	19595	41430	01758	75379	40419	21585	66674	36806	84962	85207
00038	45155	14938	19476	07246	43667	94543	59047	90033	20826	69541
00039	94864	31994	36168	10851	34888	81553	01540	35456	05014	51176
00040	98086	24826	45240	28404	44999	08896	39094	73407	35441	31880
00041	33185	16232	41941	50949	89435	48581	88695	41994	37548	73043
00042	80951	00406	96382	70774	20151	23387	25016	25298	94624	61171
00043	79752	49140	71961	28296	69861	02591	74852	20539	00387	59579
00044	18633	32537	98145	08571	31010	24674	05455	61427	77938	91936
00045	74029	43902	77557	32207	97790	17119	52527	58021	80814	51748
00046	54178	45611	80993	37143	05335	12969	56127	19255	36040	90324
00047	11664	49883	52079	84827	59381	71539	09973	33440	88461	23356
00048	48324	77928	31249	64710	02295	36870	32307	57546	15020	09994
00049	69074	94138	87637	91976	35584	14401	10518	21615	01848	76938
00050	09188	20097	32825	39527	04220	86304	83389	87374	64278	58044
00051	90045	85497	51981	50654	94938	81997	91870	76150	68476	64659
00052	73189	50207	47677	26269	62290	64464	27214	67018	41361	82760
00053	75768	76490	20971	87749	90429	12272	95375	05871	93823	43178
00054	54016	44056	66281	31003	00682	27398	20714	53295	07706	17813
00055	08358	69910	78542	42785	13661	58873	01418	97553	31223	08420
00056	28306	03264	81333	10591	40510	07893	32604	60475	94119	01840
00057	53840	86233	81594	13628	51215	90290	28466	68795	77762	20791
00058	91757	53741	61613	62269	50263	90212	55781	76514	83483	47055
00059	89415	92694	00397	58391	12607	17646	48949	72306	94541	37408
00060	77513	03820	86864	29901	68414	82774	51908	13980	72893	55507
00061	19502	37174	69979	20288	55210	29773	74287	75251	65344	67415
00062	21818	59313	93278	81757	05686	73156	07082	85046	31853	38452
00063	51474	66499	68107	23621	94049	91345	42836	09191	08007	45449
00064	99559	68331	62535	24170	69777	12830	74819	78142	43860	72834
00065	33713	48007	93584	72869	51926	64721	58303	29822	93174	93972
00066	85274	86893	11303	22970	28834	34137	73515	90400	71148	43643
00067	84133	89640	44035	52166	73852	70091	61222	60561	62327	18423
00068	56732	16234	17395	96131	10113	91622	85496	57560	81604	18880
00069	65138	56806	87648	85261	34313	65861	45875	21069	85644	47277

00070	38001	02176	81719	11711	71602	92937	74219	64049	65584	49698
00071	37402	96397	01304	77586	56271	10086	47324	62605	40030	37438
00072	97125	40348	87083	31417	21815	39250	75237	62047	15501	29578
00073	21826	41134	47143	34072	64638	85902	49139	06441	03856	54552
00074	73135	42742	95719	09035	85794	74296	08789	88156	64691	19202
00075	07638	77929	03061	18072	96207	44156	23821	99538	04713	66994
00076	60528	83441	07954	19814	59175	20695	05533	52139	61212	06455
00077	83596	35655	06958	92983	05128	09719	77433	53783	92301	50498
00078	10850	62746	99599	10507	13499	06319	53075	71839	09410	19362
00079	39820	98952	43622	63147	64421	80814	43800	09351	31024	73167
00080	59580	06478	75569	78800	88835	54486	23768	06156	04111	08408
00081	38508	07341	23793	48763	90822	97022	17719	04207	95954	49953
00082	30692	70668	94688	16127	56196	80091	82067	63400	05462	69200
00083	65443	95659	18288	27437	49632	24041	08337	65676	96299	90836
00084	27267	50264	13192	72294	07477	44606	17985	48911	97341	30358
00085	91307	06991	19072	24210	36699	53728	28825	35793	28976	66252
00086	68434	94688	84473	13622	62166	98408	12843	82590	09815	93146
00087	48908	15877	54745	24591	35700	04754	83824	52692	54130	55160
00088	06913	45197	42672	78601	11883	09528	63011	98901	14974	40344
00089	10455	16019	14210	33712	61342	37821	88325	80851	43667	70883
00090	12883	97343	65027	61184	04285	01392	17974	15077	90712	26769
00091	21778	30976	38807	36961	31649	42096	63281	02023	08816	47449
00092	19523	59515	65122	59659	86283	68258	69572	13798	16435	91529
00093	67245	52670	35583	16563	79246	86686	76463	34222	26655	90802
00094	60584	47377	07500	37992	45134	26529	26760	83637	41326	44344
00095	53853	41377	36066	94850	58838	73859	49364	73331	96240	43642
00096	24637	39773	74384	89342	52623	07992	12696	18601	03742	83873
00097	83080	12451	38992	22815	07759	51777	97377	27585	51972	37867
00098	16444	24334	36151	99073	27493	70939	85130	54846	54759	54759
00099	60790	18157	57178	65762	11161	78576	45819	52979	65130	04860

[부록 2] 설문지 예시

안녕하십니까?
저희 ○○○연구소에서는 요보호노인을 돌보는 부양가족의 장기요양요보호서비스 이용실태와 정서적 · 경제적 어려움, 장기요양보호서비스의 효과를 파악하여 요보호노인과 가족을 효과적으로 지원하기 위한 정책대안을 모색하고자 합니다.
이 일은 여러분이 부양자들이 자신의 상황을 어떻게 관리하는지에 대하여 알고 이해하는 데 기여할 중요한 기회가 될 겁니다.
바쁘시더라도 본 설문에 솔직하게 응답해 주셔서 노인을 위한 장기요양보호서비스 정책과 실천방안을 개선하는 데 필요한 기초 자료가 수집될 수 있도록 도와주시기 바랍니다. 귀하께서 응답하여 주신 내용은 본 연구의 목적으로만 사용되며, 무기명으로 통계처리될 것이므로 비밀이 철저히 보장됩니다.
바쁘신 가운데 본 조사에 귀한 시간을 내어 주셔서 감사드리며, 귀댁의 안녕과 번창하심을 기원합니다.

연구참여자
○○○
연락처: ○○○-○○○○-○○○○

[장기요양보호서비스 이용에 관한 조사]

○○○ 연 구 소

지역번호	조사표번호		

주 소	_____시 _____동 _____군 _____면			
응답자와 노인의 관계			전화 번호	
조 사	조사(방문)일시	월 일 시	검토 결과	① 양호 ② 약간수정
조사원 성명	(인)		전화 번호	

Ⅰ. 노인의 일반적 특성과 의존적 특성

1. 연령 만 세

2. 성별 ① 남 ② 여

3. 결혼상태는?

① 미혼 ② 유배우 ③ 별거 · 이혼 ④ 사별 ⑤ 재혼

4. 노인의 자녀는 모두 몇 명입니까? ( )남 ( )여

5. 노인과 같은 집에서 거주한(시설에 입소하였다면 입소하기 직전에 함께 거주한) 가족을 모두 말씀해 주십시오. 노인과의 관계를 노인을 중심으로 나타내 주십시오(예: 첫째 며느리, 둘째 손자 등).

가족원번호	노인과의 관계	연령(만)	가족원 번호	노인과의 관계	연령(만)
1			4		
2			5		
3			6		

6. 현재 노인이 앓고 있는 질병 또는 증상을 해당란에 ✓로 표시해 주세요.

1) 질병 및 증상 해당되는 것은 모두 ✓로 표시해 주십시오.	
ㅁ ① 없음 ㅁ ② 치매 ㅁ ③ 중풍(뇌졸증) ㅁ ④ 고혈압 ㅁ ⑤ 당뇨병 ㅁ ⑥ 관절염(퇴행성, 류마티스) ㅁ ⑦ 요통, 좌골통(디스크탈출, 척수관협착)	ㅁ ⑧ 일상생활에 지장이 있을 정도의 호흡 곤란(심부전, 만성폐질환, 천식) ㅁ ⑨ 난청 ㅁ ⑩ 백내장, 녹내장 등 시각 장애 ㅁ ⑪ 골절, 탈골 등 사고로 인한 휴유증 ㅁ ⑫ 암(진단명:) ㅁ ⑬ 기타(진단명:)

2) 주요 질병 및 증상 위의 1)에서 파악된 내용 가운데 현재 기능 상태 저하에 가장 직접적인 원인이 되고 비중이 가장 높은 항목 한 가지만 ✔로 표시해 주십시오.	
ㅁ ① 없음	ㅁ ⑧ 일상생활에 지장이 있을 정도의 호흡곤란
ㅁ ② 치매	ㅁ ⑨ 난청
ㅁ ③ 중풍(뇌졸중)	ㅁ ⑩ 백내장, 녹내장 등 시각 장애
ㅁ ④ 고혈압	ㅁ ⑪ 골절, 탈골 등 사고로 인한 휴유증
ㅁ ⑤ 당뇨병	ㅁ ⑫ 암(진단명:)
ㅁ ⑥ 관절염(퇴행성, 류마티스)	ㅁ ⑬ 기타(진단명:)
ㅁ ⑦ 요통, 좌골통	※ 1가지 진단명만 기재하십시오.

7. 다음은 노인이 기본적 일상생활을 혼자서 어느 정도 수행할 수 있는지에 관한 질문입니다. 해당하는 곳에 ✔표로 표시해 주십시오.

기본적 일상생활 기능	항상 도움을 필요로 한다	도움을 필요로 할 때가 더 많다	혼자서 하는 경우가 더 많다	항상 혼자서 할 수 있다
옷 벗고 입기				
세수하기				
양치질하기				
목욕하기				
식사하기				
체위 변경하기				
일어나 앉기				
옮겨 앉기				
방 밖으로 나오기				
화장실 사용하기				
머리 감기				

7-1. 노인이 다른 사람의 도움을 받지 않으면 기본적 일상생활을 하기 어려워한 시기는 언제부터입니까?

(지금으로부터 년 개월 전부터)

7-2. 노인이 누워 계시거나 집 밖 출입을 못하십니까?

______① 예　　　　　______② 아니오 → 질문 8로

7-2-1. 자리에 누워 계시거나 집밖 출입을 못하신지 얼마나 되었습니까?

(지금으로부터 _____년_____개월 전부터)

※ 조사원은 1개월 미만인 경우 며칠이 되었는지를 질문하여 적어 주세요.

8. 노인이 다음과 같은 사실에 대하여 얼마나 어려워합니까?

	전혀 아니다	조금 아니다	약간 그렇다	완전히 그렇다
1) 방금 전에 들었던 이야기나 일을 잊는다.	0	1	2	3
2) 오늘이 몇 월 며칠인지 모른다.	0	1	2	3
3) 자신이 있는 장소를 모른다.	0	1	2	3
4) 자신의 나이나 생일을 모른다.	0	1	2	3
5) 지시를 이해하지 못한다.	0	1	2	3
6) 주어진 상황에 대한 판단력이 떨어져 있다.	0	1	2	3
7) 의사소통이나 전달에 장애가 있다.	0	1	2	3
8) 계산을 하지 못한다.	0	1	2	3
9) 하루 일과를 이해하지 못한다.	0	1	2	3
10) 가족이나 친척을 알아보지 못한다.	0	1	2	3

9. 건강보험공단의 노인장기요양보험 등급판정에 따른 장기요양등급은 무엇입니까?

(　　　)등급

9-1. 현 등급판정일은 (　　　)년 (　　　)월 (　　　)일

10. 노인의 수입에 대한 질문입니다. 해당되는 것을 모두 표시하고 월평균기준으로 금액도 적어 주십시오.

소득의 종류	유/무	액수(지난달 기준 월 평균액수)
(1) 배우자의 일 · 직업(근로소득)	① 있다 ② 없다	
(2) 저축 · 증권의 이익 배당	① 있다 ② 없다	
(3) 부동산 임대료 · 집세	① 있다 ② 없다	
(4) 자녀로부터 보조	① 있다 ② 없다	
(5) 연금(국민연금 · 공무원연금 등)	① 있다 ② 없다	
(6) 퇴직금	① 있다 ② 없다	
(7) 개인연금(은행, 보험회사 등에 개인적으로 가입한 연금)	① 있다 ② 없다	
(8) 국가부조(국민기초생활보장제도, 기초노령연금, 교통수당 등)	① 있다 ② 없다	
(9) 기타 (무엇:)	① 있다 ② 없다	
	합 계	

II. 주부양자의 일반적 특성과 부양실태

〈노인을 주로 돌보거나 경제적 부담을 하고 있는 주수발자(주부양자)에 관한 내용입니다.〉

1. 귀하의 성별은? _____① 남 _____② 여

2. 귀하의 연령은? 만 _____세

3. 귀하는 노인과 어떤 관계입니까?(가령, 둘째 며느리)(________)

4. 노인과 함께 거주하시고 계십니까? _____① 예 _____② 아니오

5. 귀하는 학교를 몇 년간 다니셨습니까? (교육연수_____년)
   ① 무학 ② 초등졸업 또는 중퇴(___)년

③ 중학졸업 또는 중퇴(___)년 ④ 고교졸업 또는 중퇴(___)년
⑤ 전문대 졸업 또는 중퇴(___)년 ⑥ 대학교 졸업 또는 중퇴(___)년
⑦ 대학원 이상(___)년 ⑧ 기타(___)년

6. 귀하의 결혼상태는?

① 미혼 ② 유배우 ③ 별거ㆍ이혼 ④ 사별

7. 귀하의 요즘 건강상태는 다른 분들과 비교해서 어떻다고 생각하십니까?

① 매우 나쁘다 ② 나쁜 편이다 ③ 보통이다
④ 좋은 편이다 ⑤ 매우 좋다

7-1. 귀하의 건강이 나쁘시다면 노인 부양이 그 원인의 일부라고 생각하십니까?

① 그렇다 ② 아니다

8. 귀하는 경제활동을 하고 계십니까?

① 예 ② 아니오 → 질문 9로

8-1. 귀하가 현재 종사하고 있는 직업은 무엇입니까?

① 자영업 ② 사무관리직 ③ 판매 및 서비스직
④ 생산기능직 ⑤ 단순노무직 ⑥ 전문직
⑦ 공무원 ⑧ 농업/임업/축산업 ⑨ 가정전업주부
⑩ 기타(____)

9. 귀하가 노인을 돌보기 전에 직업이 있었습니까?

① 예 ② 아니오 → 질문 10으로 가시오.

9-1. 귀하가 노인을 돌보기 전에 종사한 직업은 무엇입니까?

① 자영업 ② 사무관리직 ③ 판매 및 서비스직
④ 생산기능직 ⑤ 단순노무직 ⑥ 전문직

⑦ 공무원　　⑧ 농업/임업/축산업　　⑨ 가정전업주부

⑩ 기타(____)

10. 귀하는 노인을 돌보게 되면서 귀하의 경제 활동에 변화가 있었습니까?

① 그렇다　　② 아니다 → 질문 11로 가시오.

10–1. 경제활동의 변화가 있었다면 어떻게 변화였습니까?

① 전일제(정규근무) → 직장을 그만둠

② 전일제 → 시간제(파트타임)

③ 시간제 → 돈벌이를 그만둠

④ 시간제 → 근무시간을 줄임

⑤ 기타(____)

10–2. 경제활동의 변화로 월 평균소득이 얼마 정도 줄어들었습니까?

(변화 연도를 기록하고 당시 금액으로 계산)

(_____ 원) (_____ 년)

11. 노인을 수발하는 데 드는 시간이 얼마나 됩니까?

하루 평균(_____)시간, 일주일에 총(_____ 시간

12. 귀하가 잠시 외출하거나 급한 볼일이 있을 때 귀하를 대신하여 노인을 돌볼 사람이 있습니까?

① 있다　　② 없다 → 질문 13로

12–1. 있다면 누구인지 모두 체크(✔)해 주십시오.

ⓐ 노인의 남편	ⓑ 노인의 부인	ⓒ 동거 아들	ⓓ 동거 딸
ⓔ 동거 며느리	ⓕ 동거 사위	ⓖ 동거 손자녀	ⓗ 별거 아들
ⓘ 별거 딸	ⓙ 별거 며느리	ⓚ 파출부	ⓛ 기타(　　)

12–2. 지난 한 달 동안 귀하를 대신하여 노인을 돌보는 사람이 노인을 돌보는 시간은 총 얼마나 됩니까?

하루 평균(____)시간, 일주일에 총(____)시간,

혹은 한 달에 총(____)시간

(※ 주의: 대신 수발하는 사람 모두의 부양시간 합계)

13. 귀댁의 월 평균 수입은 얼마나 됩니까?(임금, 이자소득, 임대료 등 모든 소득 포함)

지난 한 달 __________ 만 원

13-1. 이 수입으로 한 달을 생활하는 데 충분하십니까?

① 매우 부족 ② 부족한 편 ③ 그럭저럭 지낼 만함

④ 풍족한 편 ⑤ 매우 풍족

14. 귀댁의 월 평균 지출액은 얼마나 됩니까?

지난 한 달 __________ 만 원

14-1. 이 중에서 노인을 위해서만 지출하는 비용(요양보호서비스이용비용, 치료비용, 음식비, 의복비, 용돈 등)은 모두 얼마입니까?

지난 한 달 __________ 만 원

Ⅲ. 이용자원과 보호비용

1. 노인이 현재 주로 이용하고 있는 장기요양보호서비스는 무엇입니까?

ⓐ 방문요양서비스	ⓑ 방문간호서비스
ⓒ 요양보호서비스	ⓓ 요양병원(노인전문병원)서비스

1-1. 이 요양보호서비스의 이용기간: ______년 _____월 _____일부터

______년 _____월 _____일까지

1-2. 지난 한 달 동안 이 요양보호서비스의 이용량과 이용금액을 말해 주십시오.

ⓐ 이용시간: 월 _____회 또는 하루에 _____시간

ⓑ 이용금액: 월 _____원 또는 일일 _____원

ⓒ 이용료 중 비급여금액은 얼마입니까?

월 _____원 또는 일일 _____원

2. 노인이 현재 주로 이용하고 있는 장기요양보호서비스 이외에 부가적으로 이용하는 서비스를 체크(✔)해 주세요.

ⓐ 없음	ⓑ 방문요양서비스	ⓒ 방문목욕서비스
ⓓ 방문간호서비스	ⓔ 주 · 야간보호	ⓕ 단기보호
ⓖ 요양병원(노인병원)서비스	ⓗ 일반 병 · 의원	ⓘ 기타 ( )

2-1. 이 서비스의 이용기간: _____년 ____월 ____일부터

_____년 ____월 ____일까지

2-2. 지난 한 달 동안 이 요양보호서비스의 이용량과 이용금액을 말해 주십시오.

ⓐ 이용시간: 월 _____회 또는 하루에 _____시간

ⓑ 이용금액: 월 _____원 또는 일일 _____원

2-2-1. 추가서비스 이외에 더 있다면 서비스명을 적고 이용량과 이용금액을 추가로 적어 주십시오.

3. 현재의 요양보호서비스를 이용하기 전에는 어떤 서비스를 이용하였는지 있는 대로 표시(✔)해 주세요.

ⓐ 없음	ⓑ 방문요양서비스	ⓒ 방문간호서비스	ⓓ 주 · 야간호서비스
ⓔ 단기보호서비스	ⓕ 공동생활(그룹홈)서비스		ⓖ 소규모요양시설
ⓗ 요양보호서비스	ⓘ 요양병원(노인병원)서비스		ⓙ 기타( )

4. 지난 한 달(1개월) 동안에 노인보호를 위하여 대여하거나 구입한 품목은 무엇이며 이를 위해 얼마의 비용이 들었습니까?

1) 장비 구입비(보행기, 휠체어 등)

물품명(____) 금액 (____)원

2) 소모품(기저귀, 도뇨관, 주사기 등)

물품명(____) 금액 (____)원

3) 가정 내 시설 변경(화장실, 문턱 등 개조)

물품명(____) 금액 (____)원

4) 기타 물품명(____) 금액 (____)원

5. 지난 한달(1개월) 동안의 노인을 위한 약값과 식비, 그리고 노인을 돌보기 위한 교통비는 얼마입니까?

1) 약값(한방약 포함) _____ 원

2) 노인을 위하여 지출한 음식비(노인 이외의 가족 식사비 제외)

_____ 원

3) 노인을 돌보기 위한 가족의 교통비 _____ 원

6. 노인을 돌보는 비용을 주로 누가 부담합니까?[( )안에 부담 백분율% 표시]

① 노인 수입(연금 및 재산소득포함)(%)

② 노인의 배우자(%) ③ 노인의 자녀(%)

④ 노인의 며느리 또는 사위(%)

⑤ 공적부조(기초노령연금 포함)(%)

⑥ 보험(%) ⑦ 기타( )(%)

Ⅳ. 주부양자의 부담 관련 척도

〈노인을 주로 돌보고 경제적 부양을 제공하는 주부양자를 중심으로〉

1. 귀하가 현재 겪는 어려움의 정도를 측정하는 질문입니다. 해당란에 ✔해 주십시오.

	전혀 아니다	별로 아니다	약간 그렇다	완전히 그렇다
1) 귀하는 밤에 자러 갈 때 녹초가 됩니까?	0	1	2	3
2) 귀하는 감당하기 힘들 만큼 많은 일을 하고 있습니까?	0	1	2	3
3) 귀하는 당장 자기 개인시간을 가질 수 없습니까?	0	1	2	3
4) 귀하는 자신의 생활에서 해방되었으면 합니까?	0	1	2	3

5) 귀하는 노인의 수발로 인해 헤어나기 힘든 상황에 빠졌다고 생각합니까?	0	1	2	3
6) 귀하는 이 상황에서 당장 도망치고 싶습니까?	0	1	2	3
7) 귀하는 노인에 대한 신뢰를 얼마나 잃어버렸습니까?	0	1	2	3
8) 귀하는 노인으로 인하여 잘 지내던 사람과 얼마나 멀어졌습니까?	0	1	2	3

2. 귀하가 현재 겪는 어려움의 정도를 측정하는 질문입니다. 해당란에 ✔해 주십시오.

	전혀 아니다	별로 아니다	약간 그렇다	완전히 그렇다
1) 노인의 수발방식에 대하여 다른 가족원과 의견충돌이 있습니까?	0	1	2	3
2) 다른 가족원들이 노인을 수발하는 데 적절한 도움을 주지 않아서 기분 나쁩니까?	0	1	2	3
3) 다른 가족원들이 부양자인 귀하에게 충분히 감사하지 않아서 기분 나쁩니까?	0	1	2	3
4) 귀하는 노인수발로 인하여 돈벌이할 의욕을 잃었습니까?	0	1	2	3
5) 귀하는 일하는 동안에도 노인에 대하여 걱정하고 있습니까?	0	1	2	3
6) 귀하는 일을 하는 중에 노인으로부터 전화를 받거나 노인과 관련된 전화를 받고 있습니까?	0	1	2	3
7) 귀하는 자신의 삶을 잃어버렸습니까?	0	1	2	3
8) 귀하는 스스로를 중요한 사람이 아니라고 생각합니까?	0	1	2	3

3. 귀하는 지난 일주일 동안 다음 상황을 며칠 정도 경험했는지 해당란에 ✓해 주십시오.

	전혀 없음	1일 또는 2일	3일 또는 4일	5일 이상
1) 평소에는 성가지시 않았던 일이 성가시게 느껴졌다.	0	1	2	3
2) 식욕이 없었다(별로 먹고 싶지 않았다).	0	1	2	3
3) 몸치장에 관심이 없었다.	0	1	2	3
4) 다른 사람과 마찬가지로 나도 훌륭하다고 느꼈다.	0	1	2	3
5) 내가 해 왔던 일들로 인해 마음이 괴로웠다.	0	1	2	3
6) 우울했다.	0	1	2	3
7) 내가 하는 모든 일이 힘들다고 느껴졌다.	0	1	2	3
8) 미래에 대해 희망차게 느꼈다.	0	1	2	3
9) 내 인생은 실패했다고 느꼈다.	0	1	2	3
10) 두려움(무서움)을 느꼈다.	0	1	2	3
11) 잠을 설쳤다.	0	1	2	3
12) 나는 행복했다.	0	1	2	3
13) 평소보다 말하기가 싫어졌다.	0	1	2	3
14) 나는 외롭다고 느꼈다.	0	1	2	3
15) 사람들이 불친절하다고 느꼈다.	0	1	2	3
16) 나는 인생을 즐겼다.	0	1	2	3
17) 나는 울고 싶은 충동을 느꼈다.	0	1	2	3
18) 나는 슬펐다.	0	1	2	3
19) 사람들이 나를 싫어한다고 느꼈다.	0	1	2	3
20) 어떤 일을 새로 시도할 수 없었다.	0	1	2	3

저자 소개

박 창 제

서울대학교 보건대학원 석사과정 졸업(보건학 석사)
부산대학교 대학원 박사과정 졸업(사회복지학 박사)
현재 경북대학교 사회복지학부 교수
최근의 논문으로는 "고령자의 재무적 노후준비 경향과 영향요인에 관한 연구: 1998년, 2002년, 2009년, 2015년 비교"(2017), "중고령자의 행복감에 영향을 미치는 여가 요인에 관한 연구"(2019), 역서로 『사회복지 경영론 기초』(2018), 저서로는 『사회복지 프로그램의 경제적 평가방법』(2006) 등이 있음.

김 준 환

고려대학교 대학원 사회학과 석사과정 졸업(문학석사)
고려대학교 대학원 사회복지학과 박사과정 졸업(문학박사)
현재 충청대학교 사회복지학부 교수
최근의 논문으로는 "노년기 교육프로그램 효과에 관한 연구"(2008), "노인장기요양보험제도의 서비스 질 향상방안"(2008), "사회복지종사자의 소진실태와 예방대책"(2012), 저서로는 『지역사회복지론』(2007), 『노인복지론』(2011), 『사회복지실천기술론』(2012) 등이 있음.

모 아 라

숙명여자대학교 아동복지학과 석사과정 졸업(문학 석사)
숙명여자대학교 아동복지학과 박사과정 졸업(문학 박사)
성결대학교 사회복지학과 박사과정 졸업(사회복지학 박사)
현재 한국사회복지교육개발원 원장 / 前 연성대학교 사회복지과 교수
최근의 논문으로는 "노인보호전문기관 고성과 중간관리자의 리더십에 관한 연구"(2022), "초등돌봄서비스의 개선방향에 관한 연구"(2021), 저서로는 『사회복지행정론』(2020), 『가족복지론』(2020) 등이 있음.

김 종 희

이화여자대학교 사회복지학과 학사과정 졸업(문학 학사)
이화여자대학교 사회복지학과 석사과정 졸업(문학 석사)
University of Utah Social Work 박사과정 졸업(사회복지학 박사)
현재 강서대학교 사회복지학과 교수
최근 연구로는 "교육복지안전망 운영 모델 수립"(2021), "연령통합적 사회로의 준비"(2021) 등이 있음.

제4판

사회복지조사론

초 판 1쇄 발행 2009년 8월 28일
초 판 3쇄 발행 2012년 3월 2일
증 보 4쇄 발행 2017년 1월 6일
제3판 1쇄 발행 2020년 2월 18일
제4판 1쇄 발행 2023년 3월 1일

지 은 이 | 박창제 · 김준환 · 모아라 · 김종희
펴 낸 이 | 김기섭
편 집 인 | 김민수 · 오선율
펴 낸 곳 | 창지사 www.changjisa.com
08589 서울시 금천구 가산디지털 1로 83 파트너스타워 1차 9층
전화 (02)719-2211~3
팩스 (02)701-9386
등 록 | 1977년 4월 28일 · 제1-421호

ISBN 978-89-426-1588-9 (93330)

값 20,000원

제2판

R을 이용한 통계수학

권세혁 지음

자유아카데미

사랑하는 미현, 예지 & 레이너에게